연상법 영단어 암기

토익 TOEIC
텝스 TEPS
토플 TOEFL

중급편

연상법 영단어 암기 토익, 텝스, 토플 중급 편

초판 1쇄 발행 2025년 2월 20일

지은이 백영승
펴낸이 장길수
펴낸곳 지식과감성#
출판등록 제2012-000081호

교정 한장희
디자인 윤혜성
편집 이현
검수 이주희
마케팅 김윤길, 정은혜

주소 서울시 금천구 벚꽃로298 대륭포스트타워6차 1212호
전화 070-4651-3730~4
팩스 070-4325-7006
이메일 ksbookup@naver.com
홈페이지 www.knsbookup.com

ISBN 979-11-392-2400-9(13740)
값 17,000원

지식과감성#
홈페이지 바로가기

연상법 영단어 암기

토익 TOEIC
텝스 TEPS
토플 TOEFL

백영승 지음

중급편

약 2,200 단어 수록!

효과가 검증된 빠른 속도의 암기법

좌뇌와 우뇌를 함께 흔들어 지루하지 않습니다.

지식과감성#

이 책은 어떤 책입니까?

영어 시험에서의 고득점을 위해서는 풍부한 어휘력이 가장 중요한 관건임은 잘 알고 계실 것입니다.

저는 서울대학교에서 경제학을 전공하였지만 오랫동안 일선 학원에서 영어 수업을 지도하였습니다.

그러면서 항상 마음속에는 어떻게 하면 학생들이 영단어를 외우는 짐을 덜어 줄 수 있을까 하는 생각이 있었습니다.

여러 가지 방법을 시도해 보았지만 연상법이 제일 좋은 방법이었습니다.

그래서 단어 하나하나를 발음해 보며 가장 빠른 연상어를 찾아내고 또 연상어들이 중복되지 않게 하려고 많은 노력을 기울였습니다.

더하여 한 단어를 외우면 그 단어를 이용하여 또 다른 단어를 외울 수 있도록 많은 단어들을 계단식으로 배치하였습니다.

파생어와 예문들도 사용 빈도가 높은 것들로 주의를 기울여 선택하였습니다.

오랜 경험으로 이 책이 여러분의 마음의 짐을 더는 데 매우 유익할 것이라고 확신합니다.

저자 백영승

영어 공부하는 법

영어는 암기 과목입니다.
영어는 공부하는 방법에 따라 효과가 5배 이상 차이가 나는 과목입니다.
수학은 어려운 것 같아도 공부 과정이 협곡을 따라가는 것 같아 길을 잃고 헤맬 일은 없습니다.
아무 책이든 몇 번 반복하면 되는 것입니다. 이 책에 있는 문제나 저 책에 있는 문제나 개념이나 원리가 같은 다 비슷한 문제들이기 때문에 이 책에 있는 문제들을 풀면 저 책에 있는 문제들도 풀 수 있습니다.

그러나 영어는 공부하는 과정이 넓은 광야를 여행하는 것과 같은 과목입니다.
방법이 잘못되면 길을 잃고 헤매다 지치는 것과 같은 일이 영어 공부 과정에서 나타날 수 있습니다.

암기를 하기 위해서는 적절한 시간 간격을 두고 암기해야 할 내용을 반복해야 합니다.
그런데 우리가 자신이 공부한 많은 영어 교재들을 적절히 반복하기는 거의 불가능합니다.
책의 가짓수가 많아 모든 책들을 반복하기가 현실적으로 어려울 뿐만 아니라 또 그곳에는 반복할 필요도 없는 많은 내용이 섞여 있기 때문입니다.
그러므로 영어책을 공부하면서 형광펜으로 긋고 여백에 어휘를 적고 하는 일은 추천할 만한 방법이 아닙니다.
대부분의 학생들이 영어를 그런 방식으로 공부하기 때문에 어려움을 겪는 것입니다.

대부분의 학생들이 그런 방법으로 공부하기 때문에 공부하고 잊어버리고 공부하고 잊어버리고를 반복합니다.

이제 제가 영어를 공부하는 효과가 검증된 좋은 방법 한 가지를 알려 드리겠습니다.
영어 교재와 함께 두꺼운 대학 노트 한 권과 2색 볼펜을 준비하십시오.
그리고 다음 단계를 따르십시오.

1단계 먼저 시험 볼 때처럼 시간을 정해 놓고 문제를 풀어 보십시오. 시험 볼 때처럼 시간 안에 문제를 푸는 연습을 많이 해야 합니다.

2단계 답지를 보면서 꼼꼼히 채점을 해 가며 관련된 어휘와 표현, 문법들을 분석해 보십시오.

3단계 그리고 지금 공부한 내용 중 문법이 되었든 어휘가 되었든 어떤 표현이 되었든 암기할 필요가 있는 내용을 선택하여 복습하기 좋은 방법으로 노트에 2색 볼펜을 사용하여 예쁘게 정리해 가십시오.
2색 볼펜을 쓰는 이유는 나중에 복습할 때 빨리빨리 눈에 들어오게 하기 위함입니다.
그리고 이때 매번 반드시 번호를 붙여 가며 정리해 가십시오. 그래야 나중에 관리하기가 용이합니다. 이때 번호와 번호 사이에는 반드시 두 줄을 띄우십시오.
그 이유는 나중에 복습할 때 시야를 시원하게 하여 복잡해 보이거나 답답하게 느껴지지 않게 하기 위함입니다. 줄을 띄우지 않고 다

닥다닥 적어 놓으면 나중에 보기에 싫증이 날 수 있습니다. 꼭 제 말씀대로 하십시오. 한 줄도 아니고 세 줄도 아니고 꼭 두 줄을 띄우고 다음 번호를 붙이십시오. 혹시 학교에서 시험 보는 교재를 공부한다면 그 내용의 번호에는 동그라미 표시를 하십시오.

4단계 그리고 이 노트를 복습하는 것입니다. 학교 시험이 임박해지면 동그라미 친 것만 여러 번 복습하면 될 것입니다.

이렇게 공부를 하면 여러 교재를 공부해 가면서 노트의 번호도 비례하여 누적으로 올라갈 것입니다.

공부한 책들은 버려도 좋습니다. 노트만 복습해 가면 되기 때문입니다.

추가하고 복습하고 추가하고 복습해 가는 효율적인 시스템이 형성될 것이며 무엇을 복습할 것인지가 명료해져서 머리가 개운해지는 것을 느낄 것입니다.

그리고 잘 쓰든, 못 쓰든 내 손으로 필기한 공책이라 인쇄된 어떤 책을 보는 것보다 훨씬 더 친근하게 느껴지고 복습 속도가 더 빠르다는 것을 알게 될 것입니다.

많은 교재들을 공부해 가면서 복습할 책은 내가 지어 나간다는 매우 훌륭한 개념이 형성되는 것입니다.

1차 공부할 책과 2차 복습할 책이 있는데 2차 복습할 책은 내가 짓는다는 의미입니다.

적는 시간도 낭비하는 것이 아닙니다. 어차피 영어는 암기 과목이므로 한 번쯤 깨끗하게 적어 보는 것은 암기에도 도움이 되기 때문입니다.

번호가 높아지면서 노트는 책이 되어 가는 것입니다.
제 경험으로 약 2,000번 정도 번호가 올라가면 수능으로는 1, 2등급 정도가 움직입니다.
토익으로는 100점 정도 올라갑니다.

꼭 이렇게 공부해 보십시오.
이 책『연상법 영단어 암기』와 지금 제가 알려 드린 노트 정리법을 잘 활용하시면 여러분은 광야를 걷는 것과 같은 영어 공부 과정에서 결코 길을 잃지 않고 직선 코스로 달리게 될 것입니다.
시간을 많이 절약하게 될 것이며 틀림없이 큰 효과를 보게 될 것입니다.
보통 방법으로 공부하는 사람보다 여러 배의 효과를 보시게 될 것입니다.
다시 말씀드립니다. 이 방법은 효과가 검증된 방법입니다.

저자 백영승

서울대학교에 경제학을 전공하였고
일선 학원에서 오랫동안 영어를 가르쳤습니다.

avenge ⓥ복수하다

[əvéndʒ] * 반지 하나 때문에 복수한다

• She avenged herself on the man who injured to her honor.
그녀는 자신의 명예를 훼손한 남자에게 복수했다.

revenge ⓝⓥ복수, 보복(하다)

[rivéndʒ] * avenge나 revenge나 반지 하나 때문에 복수하기는 마찬가지다

• Taking revenge for yourself, it is presumptuous.
스스로 복수하는 것은 주제넘은 것이다.

retaliation ⓝ보복, 앙갚음

[ritæliˈeiʃn] * 이탈리아에선 보복한다

◦ ⓥretaliate 보복하다

• Retaliation tariffs have become a major trade policy.
보복 관세가 주요한 무역 정책이 되었다.

inquisitive ⓐ호기심이 많은

[inkwízətiv] * 인간이 그저 TV에 호기심이 많아요(북한 말투)

◦ inquisition [ìnkwəzíʃən] ① 조사, 탐구, 탐색 ② 심문, 심리, 심사

• The opposition proposed an national inquisition into that accident.
야당은 그 사건에 대해 국정 조사를 할 것을 제안했다.

adore ⓥ숭배하다(admire, worship), 매우 좋아한다

[ədɔ́:r] * 도어(문) 앞에서 숭배해

* 어두워지면 숭배해

◦ ⓐadorable ① 찬양할 만한 ② 사랑스러운

◦ adorable god 숭배할 만한 신

• We had better not adore protectionism.
보호무역주의를 신봉하지 않는 것이 더 낫다.

• He adores horticulture.
그는 원예를 매우 좋아한다.

adorn ⓥ꾸미다, 장식하다

[ədɔ́:rn]*adore 숭배하기 위해 adorn 장식한다(신전을)

*어! 돈 들잖아 장식하면

◦ ⓝadornment 장식

• The king adorned his room with jewels.
왕은 보석들로 그의 방을 장식했다.

---

break-even point 손익 분기점

• Our financial position has past break-even point.
우리의 재정 상태가 손익 분기점을 지났다.

---

countermand ⓥⓝ(명령 등을) 취소하다, 반대 명령, 취소

[kàuntərmǽnd] *command는 명령하는 것이고
countermand는 그 명령을 취소하는 것이다

• Be careful not to exceed your authority by countermanding my orders.
나의 명령을 철회함으로써 월권을 행사하지 않도록 조심해라.

---

novice ⓝ신참자, 초심자(beginner)

[nάvis] *나의 비서는 초심자다

• He is a novice in tax accounting.
그는 세무 회계의 초보자다.

---

balance sheet 대차대조표

• The balance sheet shows the composition ratio of debt to capital.
대차대조표는 부채와 자본의 구성 비율을 보여 준다.

---

notion ⓝ개념

[nóuʃ-ən] *(어떤) 노선의 개념

◦ ⓐnotional [nóuʃnəl] 관념적인, 개념상의

• The notion of capitalism is not always fair.
자본주의의 개념이 항상 공의로운 것은 아니다.

inhabit ⓥ살다, 거주하다

[inhǽbit] *in(안에서) habit(습관)–습관 안에서 산다 *햇빛 안에서 산다

∘ ⓝinhabitant [inhǽbətənt] ① 주민, 거주자 ② 서식 동물

∘ ⓝhabitat 서식지

• Many sorts of rodents inhabit this forest.
  많은 종류의 설치류들이 이 숲에서 산다.

immemorial ⓐ태곳적부터의

[iməmɔ́:riəl] *이미 모를 너무 오래된 태곳적 일이라

∘ from time immemorial 태곳적부터

• My tribe has lived in this area from time immemorial.
  우리 부족은 태고 시대부터 이 지역에 살고 있다.

refractory ⓐ말을 잘 안 듣는, 다루기 힘든, 난치의

[rifrǽkt-əri] *re 다시 factory 공장 보내 말을 잘 안 들으면

• The refractory fiscal deficit is a big problem in the first half of this year.
  다루기 힘든 재정 적자가 올해 상반기의 큰 문제이다.

none but 오로지(only)

• None but you can do it.
  오로지 너만이 그 일을 할 수 있다.

overtake ⓥ따라잡다, 추월하다

[òuvərtéik] *(속도를) 오버해서 따라잡다

• No overtaking.
  추월금지.

• Total revenue is overtaking the total cost.
  총비용이 총수입을 따라잡고 있다.

hostage ⓝ인질

[hɔ́stidʒ] *호스트(주인이)지? 인질로 잡힌 것이

• The terrorists took a feminine correspondent hostage.
  테러범들은 한 여성 특파원을 인질로 잡았다.

collate ⓥ대조하다, 맞추어 보다

[kouléit] *골랬다(화를 냈다) 자신을 대조해 본다고

◦ collate with -와 맞추어 보다

• Collate the balance sheet with the sales slip.
  대차 대조표를 매출 전표와 맞추어 보아라.

---

take one's leave 작별을 고하다.

• You come to take your leave of me!
  나에게 작별을 고하려 왔구나!

• You take leave of your senses!
  너 미쳤구나!

---

banish ⓥ추방하다, 내어 쫓다(exile, expel)

[bǽniʃ] *(배)베니스로 추방해라

◦ ㊌vanish 사라지다

*banish 추방하니까 vanish 사라진다

◦ ⓝbanishment 추방, 유죄

• The king banished me from the country for treason.
  왕은 나를 반역죄로 국외로 추방했다.

---

construe ⓥ ① 이해하다, 해석하다 ② 가설을 세우다

[kənstrúː] *간수가 사실(true)을 ①이해했다 ②가설을 세우고 나서

• He construed a theory that I cherished secret.
  그는 내가 비밀을 지니고 있다는 가설을 세웠다.

---

wreath ⓝ화관, 화환

[riːθ] *우리 쓰자 화관을

• He was complimented with a wreath.
  그는 화환을 증정받았다.

compliment ⓝⓥ ① 칭찬(하다) ② 경의(를 표하다)

[kámpləmənt] * 캄캄(컴컴)했는데 필라멘트(전구) 만들었다고 칭찬한다

◦ ⓐcomplimentary ① 칭찬하는 ② 우대하는

◦ complement [kámpləmənt] 보충(한다)

* 필라멘트 만든 것을 보충한다 둘을 구분하기 위해 I를 칭찬하고 e를 보충한다

• I must compliment you on your manners.
매너가 참 훌륭하십니다.

---

bite back 어떤 것을 꾹 참다

• She bit back her anger.
그녀는 화가 나는 것을 꾹 참았다.

---

conclude ⓥ마치다, 결론을 내리다

[kənklu:d] * 콩쿨 대회를 결론을 내리다

◦ ⓝconclusion 결론

• The concert was concluded with clapping.
그 음악회는 박수 치는 것으로 끝났다.

---

storm off 뛰쳐나가다

• When we are opposed to his idea. he stormed off.
우리가 그의 의견에 반대했을 때 그는 화를 내며 뛰쳐나갔다.

---

retort ⓥ ① 앙갚음하다, 보복하다 ② 반박하다

[ritɔ́:rt] * 다시 돌아오는 토요일에 보복하겠다

◦ ⓝretorsion(retortion) 보복(관세)

• She bit back a sharp retort.
그녀는 날카롭게 쏘아붙이고 싶은 것을 참았다.

• He snapped out a retort.
그는 서슴없이 말대꾸했다.

fraud ⓝ사기, 협잡

[frɔːd] *프로이드(시인)가 사기 쳤어

• He is accused of fraud.
너는 사기죄로 고발당했다.

---

fraught ⓐ충분한, -투성이인

[frɔːt] *fraud 사기투성이인

• You are going to enter a situation fraught with danger.
너는 위험투성이의 상황으로 들어가려고 한다.

---

keep A from -ing A가 -하는 것을 못 하게 한다

*keep 대신 prevent, stop도 가능함

• The heavy rain kept me from going fishing.
폭우 때문에 나는 낚시를 못 갔다.

---

scorn ⓝⓥ비웃음, 비웃다

[skɔːrn] *score(점수)는 하며 비웃는다

• He scorned me for my low score.
그는 나의 스코어가 낮다고 나를 비웃었다.

---

throng ⓝⓥ군중, 떼 지어 모이다

[θrɔ(ː)ŋ] *암스트롱 주위로 군중이 모인다

• I pushed our way through the throng at the back of the criminal.
나는 범인은 쫓아 인파 사이를 뚫고 나아갔다.

---

prolong ⓥ늘이다, 오래 끌다

[proulɔ́ːŋ] *풀어 (long하게) 연장한다

◦ ⓝprolongation [pròulɔːŋgéiʃən] 연장, 연기, 유예

• I request to prolong the bill's maturity.
어음의 만기를 연장해 주시기를 요청합니다.

convince ⓥ확신시키다

[kənvíns] *콘이 빙수를 확신시켰다(우리 올여름에 잘 팔릴 거야)

◦ ⓐconvincing [kənvínsiŋ] 설득력 있는

◦ be convinced of –을 확신하다

• I am convinced that we should make provisions for economic stagnation.
경기 침체를 대비해야 한다고 확신한다.

---

mercenary ⓐ돈을 목적으로 하는

[mə́:rsənèri] *뭘 써내리? 돈 벌려고 하는데

• Mercenary motives have promoted the development of capitalism.
돈을 벌려는 동기가 자본주의의 발전을 촉진했다.

---

deficient ⓐ모자라는

[difíʃənt] *더 퍼 쓴다 그럼 모자란다니까

*sufficient는 충분한 것이고 deficient는 부족한 것이다

◦ ⓝdeficiency [difíʃənsi] 결핍, 부족

• Deficiency of morality leads to mental frustration.
도덕의 결핍은 정신적 좌절을 가져온다.

---

prominent ⓐ눈에 띄는, 저명한

[prɑ́mənənt] *피라미가 난다 그러면 눈에 확 띄지

◦ ⓝprominence=prominency [prɑ́mənəns] ① 돌출(부) ② 두드러짐, 현저함

• His prominent appearance does not represent his intelligence.
그의 눈에 띄는 외모가 그의 지성을 대변하는 것은 아니다.

---

amuse ⓥ즐겁게 하다

[əmjú:z] *어미 쥐를 즐겁게 해라

◦ amusing story 즐거운 이야기

◦ ⓝamusement 즐거움, 오락

• Expectations of a rebound in stock prices amuse investors.
주가가 반등할 것이라는 기대가 투자자들을 즐겁게 한다.

recoil ⓝⓥ ① 후퇴하다, 움츠러든다 ② 되튀다, 반동

[rikɔ́il] *이 코일이 ①움츠러들더니 ②되튀어 오른다

- He recoiled at the thought that he would not do the project well.
  그는 자신이 그 프로젝트를 잘 해내지 못할 것 같다는 생각에 움츠러들었다.
- This rifle has a powerful recoil.
  이 총은 반동이 크다.

---

mishap ⓝ불운한 일, 재난

[míshæp] *mis 해프닝 즉 잘못된 일, 불행

◦ without mishap 무사히

- When seeing a mishap to a crippled person, immature people may think that it's contemptible.
  다리를 저는 사람의 불행을 볼 때 미성숙한 사람들은 그것이 무시할 만한 일이라고 생각한다.

---

ordain ⓥ ① (신·운명, 법률 등이) 정해 준다 ② –에게 성직을 주다

[ɔːrdéin] *오 (씨 성을 가진) 대인이 (예)정했다

*오대인에게 성직을 준다

- Graduates from theological school expect to be ordained a priest.
  신학 대학 졸업생들은 목사로 임명되기를 기대한다.

---

perennial ⓐ영원히 지속되는

[pəreniəl] *퍼래 늘 즉 영원히 변치 않고 싱싱해

- Global pollution has been a perennial problem.
  지구 오염은 계속되는 문제이다.

---

mammal ⓝ포유동물

[mǽm-əl] *매몰된 포유동물

- A mammal is an animal who is breast fed by its mother.
  포유동물은 어미에 의해 젖이 먹여지는 동물이다.

deter ⓥ제지[만류]하다, 단념시키다

[ditə́:r] * 뒤에 타라고 하면서 (앞으로 타려는 것을) 만류한다

◦ ⓥdeterment [ditə́:rmənt] 제지(하는 것), 방해물

◦ ⓐdeterrent [ditə́:rənt] 단념시키는

• Environmental groups have deterred those who want to develop the area.
한경 단체가 그 지역을 개발하려는 사람들을 단념시켰다.

---

deteriorate ⓥ나쁘게 하다, 떨어지다

[ditíəriərèit] * 더 뛰어내렸다 즉 더 하락했다, 더 나빠졌다

* deter 하랬다, 만류하랬다 더 악화되지 않도록

• Employment conditions of young adults are deteriorated.
청년 고용 상황이 더 악화되었다.

---

composite ⓐⓝ혼합의, 혼성의, 합성물

[kəmpάzit] * 검은 바지였다 혼방으로 짠

• The composite price index of stocks rose a little today.
종합 주가 지수가 오늘 조금 올랐다.

---

candid ⓐ ① 솔직한(frank, outspoken) ② 공평한(impartial)

[kǽndid] * 캔디도 ①솔직한 사람에게 ②공평하게 주어라

◦ to be candid (with you) 솔직히 말하면

• Give me a candid report.
솔직한 보고를 해라.

---

bawl ⓥ고함 치다

[bɔ:l] * 볼이라고 (야구 심판이) 고함을 쳤다

• It's not a matter of bawling.
소리친다고 될 문제가 아니야.

frigid ⓐ추운, 극한의

[frídʒid] *풀이 지다(시들다) 날씨가 추워

• He showed her a frigid manner.

그는 그녀에게 냉랭한 태도를 보였다.

---

divorce ⓝⓥ이혼(하다)

[divɔ́:rs] *더 볼 수 없어 이혼한다

• He divorced his wife.

그는 아내와 이혼했다.

---

detriment ⓝ손해, 손상

[détrəmənt] *대들어 봐야 손해만 많다

• He was engrossed in alcohol abuse to the detriment of his health.

그는 알콜 남용에 빠져 결국에는 건강을 해쳤다.

---

liquid ⓝⓐ액체(의)

[líkwid] *들이키다 액체를

• Liquid medicine is more convenient to take than pills.

물약은 알약보다 섭취하기에 더 편리하다.

---

liquor ⓝ알코올음료, 액체

[líkər] *liquid도 액체고 liquor도 액체다

• What kind of liquor do you like best?

어떤 종류의 술을 가장 좋아하느냐?

---

solicitude ⓝ근심, 우려

[səlísətjù:d] *서울서 두어도 근심이 많다(자식을 서울에 둔 부모의 근심)

• Extreme abnormal climate caused by global warming has emerged as a major solicitude.

지구 온난화로 인한 극단적인 이상 기후가 큰 우려로 부상했다.

scout ⓝⓥ정찰병, 정찰하다

[skaut] *스카우트 한다 정찰병도

• They are scouting about for a lost dog.
그들은 잃어버린 개를 찾기 위해 사방을 수색하고 있다.

futile ⓐ쓸데없는, 무익한(ineffectual)

[fjú:tl] *휴! 틀렸네 효과가 없네

◦ ⓝfutility 쓸데없음, 무익함

• Your efforts to exonerate him turned out to be futile.
그의 무죄를 밝히려는 당신의 노력은 효과가 없는 것으로 판명되었다.

rave ⓥⓝ ① 헛소리를 하다, (미친 사람같이) 소리치다, 고함치다
② 사납게 날뛰기

[reiv] *레이브(rave) 음악은 미친 듯이 소리 지르는 음악

*brave 용감한 척하며 미친 듯이 소리 지른다

◦ rave drug 마약

• The cry of the far right raved itself out.
극우 성향의 외침은 그쳤다.

crave ⓥ열망하다

[kreiv] *crazy하게 보여 너무 열망하면

*크! 레이브 음악을 열망한다

• He craves to be highly regarded for promotion in a yearly evaluation.
그는 연간 평가에서 승진을 위해 높이 평가 받기를 갈망한다.

accounting ⓝ회계

[əˈkauntiŋ] *카운팅하는 회계

• Accounting is deeply related to paying taxes.
회계는 세금을 납부하는 일과 깊은 관련이 있다.

bounteous ⓐ ① 관대한 ② 풍부한, 부유한

[báuntiəs] *봐 운(티었어) 트였어 부유해졌어 관대하니까

∘ ⓝbounty 박애, 관대함(generosity)

- They lives on the bounty of their rich parents.
  그들은 부유한 부모들의 도움으로 살고 있다.
- The abundant amount of sunlight and precipitation in this area produces bounteous crops.
  이 지역의 풍부한 일조량과 강수량은 풍부한 곡식을 생산한다.

---

umpire ⓝⓥ심판자, 심판을 보다

[ʌ́mpaiər] *엄하게 봐야 해 심판자는

- The chief umpire called, "Safe!"
  주심이 세이프를 선언했다.

---

refrain ⓝⓥ ① 그만두다, 삼가다 ② 후렴

[rifréin] *니 플레이는 삼가야 돼(플레이가 너무 격하다고 충고한다)

- For the harmony of our team, refrain from saying provocatively
  우리 팀의 화목을 위하여 도발적으로 말하는 일을 삼가라.

---

eulogy ⓝ찬양, 찬사

[ju:lədʒi] *알러지가 생겨 찬사를 들으면

- I was asked to pronounce a eulogy on the dead.
  나는 고인에 대한 추도 연설을 해 달라는 부탁을 받았다.

---

meek ⓐ온순한

[mi:k] *밍크는 성격이 온순하다

- He has a meek temper.
  그는 온순한 기질을 가지고 있다.

---

chant ⓝⓥ노래(를 부르다)

[tʃænt] *챈스가 왔다 노래를 부를

- The crowd chanted the eulogy of the player.
  군중은 그 선수를 찬양했다.

enchant ⓥ ① 황홀케 하다 ② -이 몹시 마음에 들다

[entʃǽnt] * 인제는 챈트(노래)로 나를 황홀케 하네

◦ be enchanted with -에 홀리다, -에 황홀해지다

• I was enchanted when she confessed that she has missed me.
나는 그녀가 나를 그리워해 왔다고 고백했을 때 황홀했다.

---

oblige ⓥ ① 강제로 시키다 ② 감사한다, 호의를 베푼다

[əbláidʒ] * ob(맥주)를 낮에 먹으라고 ①강요한다 ②감사해하나?

◦ ⓝobligation 의무

◦ oblige 사람 to 부정사: 누구에게 -하도록 시킨다

◦ be obliged to 동사원형: -할 수밖에 없다

• She was obliged to forge books for tax evasion.
그녀는 탈세를 위해 장부를 위조하라는 강요를 받았다.

• I am obliged for the help.
도움에 감사합니다.

---

sanitary ⓐ위생의, 위생적인

[sǽnətèri] * 사내들이 꽤 위생적이야

◦ ⓝsanitation 위생

◦ sanitize 위생적으로 하다

◦ sanitate 위생적으로 하다

• This coffeeshop is well equipped with sanitary arrangements.
이 커피숍은 위생 설비를 잘 갖추고 있다.

---

carcass ⓝ ① 시체 ② 잔해

[kɑ́:rkəs] * car가 컸어 그래서 ①잔해와 ②시체들을 많이 실을 수 있었어

• There were carcasses deposited in the mud.
진흙 속에 퇴적된 시체들이 있었다.

---

hover ⓥ ① 하늘을 떠다니다 ② 맴돌다

[hʌ́vər] * 허벌나게 ①하늘을 떠다니며 ②맴돈다

◦ hovering (항공) 호버링(헬리콥터가 공중에 정지해 있는 상태)

• The dragonfly is hovering over the pond.
잠자리가 연못 위를 맴돌고 있다.

once and for all 영원히, 마지막으로 한 번 더

• Let me say it once and for all, admit your mistake.
마지막으로 한 번 더 말하는데 너의 실수를 인정해라.

---

lecture ⓝⓥ강의, 강연(하다)

[léktʃəːr] * 넥타이 줘 강의하러 가게

• He gave a lecture on foreign affairs.
그는 외교 문제에 대해 강의를 했다.

---

addict ⓥ-에 빠지게 하다

[ədíkt] * 아직도 -에 빠져 있냐?

◦ be addicted to -에 빠지게 되다

◦ ⓝaddiction 열중, 탐닉, 중독

◦ ⓐaddictive (약 따위가) 중독성인, 습관성인

• He addicted himself to bragging about himself.
그는 자신에 대해 자랑하는 일에 빠져 있다.

---

fore 이전의, 앞의

[fɔːr]

◦ foreknow 예지, 선견

◦ foreman 감독

◦ foremost 맨 먼저의, 선두의

◦ head foremost 곤두박질로, 몹시 서둘러

• It is almost impossible to foreknow the occurrence of a large earthquake in advance.
큰 지진의 발생을 미리 아는 것은 거의 불가능하다.

---

heritage ⓝ상속 재산

[héritidʒ] * 허리띠지 상속 재산이 (귀한 허리띠를 상속받았다고)

◦ ⓥinherit 상속하다, 물려받다

◦ heritor [hérətər] 상속인(heir)

◦ heritable [héritəbəl] 물려줄 수 있는, 유전되는

• We should preserve our valuable cultural heritage.
우리는 우리의 소중한 문화유산을 보존해야 한다.

imperative ⓐ ① 어쩔 수 없는 (것), 강제적인(pressing) ② 절박한

[impérətiv] *임이 팔어 TV를 ①어쩔 수 없고 ②절박하니까

◦ an imperative conception 강박 관념

◦ an imperative duty 피할 수 없는 의무

• It is imperative that you must pay his debts for him.
네가 그의 채무를 대신 갚아 주어야 하는 것은 어쩔 수 없는 일이다.

---

outright ⓐⓐⓓ철저한(하게), 완전한(히)

[áutráit] *out 밖에서도 옳으니 완전히 옳다

◦ outright recession 전면적인 경기 후퇴

• Neither contestant won outright.
어느 참가자도 명백한 승리를 거두지는 못했다.

---

momentum ⓝ운동량

[mouméntəm] *순간(moment) 덤(tum)벼들 때 운동량이 많다

◦ gain momentum 탄력을 얻다

• Momentum is proportional to time.
운동량은 시간에 비례한다.

---

innovation ⓝ기술혁신, 개혁

[ìnouvéiʃən] *이 노하우를 배워선 기술혁신을 했다

◦ ⓥinnovate [ínouvèit] 쇄신하다, 혁신하다

• Technological innovations are occurring in the semiconductor industry.
기술혁신이 반도체 산업에서 일어나고 있다.

---

renovate ⓥ혁신하다, 쇄신하다

[rénəvèit] *innovate나 revonate나 혁신하기는 마찬가지다

◦ ⓝrenovation 혁신, 쇄신, 수리

• The government declared fiscal and tax innovation policies.
정부는 재정과 세제 분야에서 혁신 정책을 발표했다.

irrigate ⓥ관개하다, 수로를 내다

[írəgèit] *이리 게이트 쪽으로 수로를 내라

◦ ⓝirrigation [ìrəgéiʃən] 물을 댐, 관개

◦ ⓐirrigative [írəgèitiv] 관개의, 관개용의

- Is it possible to use sewage water for irrigation uses?
  관개 목적으로 하수를 사용하는 것이 가능할까?

---

intrigue ⓥ ① 음모(를 꾸미다) ② 흥미를 일으키다

[intríːg] *트릭이 ①흥미를 일으킨다 트릭은 ②음모다

- He intrigued with her against me.
  그는 그녀와 나에 대해 음모를 꾸몄다.
- The subject intrigued many readers.
  그 주제는 많은 독자들의 흥미를 불러일으켰다.

---

hemisphere ⓝ반구

[hémisfiər] *헤매고 싶어 반쪽 반구의 땅들을

- Extensive flood damage happened in the northern hemisphere countries in Asia.
  아시아 북반구 나라들에서 광범위한 홍수 피해가 발생했다.

---

pediatrician ⓝ소아과 의사

[pìːdiətríʃən] *피디와는 틀리신 소아과 의사(피디와 소아과 의사가 의견이 다르다고)

- Pediatricians need to know how to share their feelings with children.
  소아과 의사는 아이들과 감정을 공유하는 법을 배울 필요가 있다.

---

range from A to B A에서 B까지 걸친다

- Their styles range from abstract to representational.
  이들의 작품 스타일은 추상화에서부터 구상화에 이르기까지 다양하다.

reiterate ⓥ되풀이하다, 반복하다

[riːítərèit] *니 이따위로 했다 다시 되풀이해

- He reiterated the need of "horizontal relationship between two countries."
  그는 두 나라 사이의 수평적 관계의 필요성을 다시 반복했다.

---

inhibition ⓝ금지

[inhəbiʃən] *인허가 비가 비싼 것은 금지하는 것이나 마찬가지다

◦ ⓥinhibit 금지하다
◦ prohibit [prouhíbit] 금지하다
◦ competitive inhibition 경쟁 방해
◦ the inhibition of oxidization 산화 방지, 산화 억제

- You can do what you want without inhibition.
  너는 네가 원하는 것을 거리낌 없이 할 수 있다.

---

prohibit ⓥ금지하다

[prouhíbit] *inhibit도 금지하는 것이고 prohibit도 금지하는 것이다

◦ inhibit [inhíbit] 금지하다
◦ ⓝprohibition 금지

- The traffic law prohibits me from turning left here.
  교통 법규는 여기서 좌회전하는 것을 금한다.
- I inhibit students from using cellular phone while studying.
  나는 학생들이 공부 중에 휴대폰을 사용하는 것을 금지한다.

---

harass ⓥ괴롭히다

[hǽrəs] *해로웠어 괴롭히니

- I was harrassed by din.
  나는 소음에 시달렸다.

---

scent ⓝ냄새, 향기

[sent] *센데 향기가

*1센트에 향기를 판다

- The scent of perfumed oil spread throughout the stage.
  향수의 향기가 무대 전체에 퍼졌다.

crescent ⓝⓐ초승달(모양의)

[krésənt] *그래 scent 향기가 나 초승달 미인에서

- The crescent moon is compared to the eyebrows of a beauty.
  초승달은 미인의 눈썹에 비유된다.

---

ridiculous ⓐ우스꽝스러운

[ridíkjələs] *니들 클났어 웃기기나 하고(공부는 안 하고)

- Don't be ridiculous.
  바보 같은 소리 하지 마라.

---

get on one's nerves 누구를 화나게 하다

- That noise gets on my nerves.
  저 소음이 나의 신경을 건드린다.

---

trial ⓝ ① 재판 ② 시도 ③ 시련, 고난

[trái-əl] *try(시도)해 얼른 ①재판을 ②고난을 면하려면

◦ go to trial 재판에 회부되다

◦ a criminal trial 형사 재판

- The trial of the case has been postponed indefinitely.
  그 사건의 재판이 무기한으로 연기되었다.

---

adjust ⓥ조정하다(표준·요구 따위에)

[ədʒʌ́st] *어! just(단지) 조정만 하려고 한 건데

◦ ⓝadjustment [ədʒʌ́stmənt] 조정

- Financial authoritiesare rapidly adjusting to the sagging consumption demand.
  금융 당국이 감소하는 소비 수요에 빠르게 적응하고 있다.

---

inspect ⓥ조사하다, 검사하다

[inspékt] *인수가 백두산을 조사한다

- He inspected the device for defects.
  그는 무슨 결함이 없는가 하고 그 장치를 자세히 조사했다.

suspect ⓥ-이 아닌가 의심하다

[səspékt] *suspect(의심)하다가 inspect(조사)한다

◦ ⓐsuspicious 의심스러운(dubious, doubtful)

◦ ⓝsuspicion 혐의, 의심

• I can't help being suspicious of your intention.
나는 너의 의도를 의심하지 않을 수 없다.

---

remedy ⓥⓝ개선하다, 고치다(improve), 치료, 의료

[rémədi] *내 머리를 고쳐야 한다

• You should remedy your bad habits.
너는 너의 나쁜 습관을 개선해야 한다.

---

implore ⓥ간청하다, 탄원하다, 애원하다

[implɔ́:r] *임을 풀어 달라고 간청한다

◦ ⓐimploring [implɔ́:riŋ] 애원하는

• Implore God for mercy.
신에게 자비를 구하라.

---

deplore ⓥ한탄하다, 개탄하다, 슬퍼한다

[diplɔ́:r] *implore 간청하다가 안 되어서 deplore 한탄한다

◦ implore 탄원하다, 애원하다

• Today ecologists deplore the general lack of discernment as to how much human life depends on nature.
오늘날 생태학자들은 인간의 삶이 자연에 얼마나 의존하고 있는지에 대한 일반적인 이해 부족을 한탄하고 있다.

---

conversion ⓥ전환, 변환

[kənvə́:rʒən] *큰 버전으로 전환한다

◦ ⓥconvert 전환하다, 변경하다, 변화시킨다

◦ ⓐconvertible [kənvə́:rtəbəl] 바꿀 수 있는

• I can convert grape into alcohol.
나는 포도를 술로 바꿀 수 있다.

divert ⓥ ① 딴 데로 돌리다, 전환하다 ② 기분을 풀다

[daivə́ːrt] *convert나 divert나 전환하기는 마찬가지다

◦ divert oneself in -을 즐기다

◦ ⓐdiverting 기분 전환의, 재미있는

◦ ⓝdiversion ① 딴 데로 돌림 ② 기분 전환

• The commander ordered to divert the course of a river.
그 지휘관은 강의 줄기를 바꾸라고 명령했다.

---

bill ⓝⓥ ① 청구서(를 보내다) ② 전단 벽보(를 붙이다) ③ 지폐 ④ 법안

[bil] *①지폐와 ②청구서에 대한 ③법안을 ④벽보로 붙인다

◦ a bill discounted 할인 어음

• Post no bills.
전단 벽보를 붙이지 마시오.

---

airtight ⓐ밀폐된, 공기가 통하지 않는

• Store airtight until time to use.
사용하기 전까지는 밀폐된 상태로 보관해라.

---

gravity ⓝ ① 진지함 ② 중력

[grǽvəti] *그래 버텨라 ①중력을 ②진지함을 가지고

• It is because of the law of gravity that things are stable and not flying about.
사물들이 안정돼 있고 날아다니지 않는 것은 중력의 법칙 때문이다.

---

supple ⓐⓥ나긋나긋한, 유연한, 유연하게 하다

[sʌ́pəl] *서쪽에 있는 풀이 더 유연하다

• The supple nature appeals to people.
부드러운 특성이 사람의 마음을 끈다.

shuffle ⓥ ① 발을 질질 끌다 ② (카드 등을) 뒤섞다

[ʃʌ́fl] * supple 부드러운 풀 위로 ①발을 질질 끌고 와서 앉아 뭔가를 ②뒤섞고 있다

- A soldier shuffled into the trenchs.
  한 군인이 참호 안으로 발을 끌며 들어왔다.
- He is good at shuffling the cards.
  그는 능숙하게 카드를 섞는다.

---

supplement ⓥⓝ보충, 보충하다

[sʌ́pləmənt] * 섣불리 만들면 보충해야 해

* 부드럽게(supple) 만들면 보충해야 해

◦ ⓐsupplementary [sʌ̀pləméntəri] 보충의

◦ ㊌complement [kɑ́mpləmənt] 보충물, 보충하다

- Calcium supplements stabilize the nerves and help you sleep well.
  칼슘 보조제는 신경을 안정시켜 숙면을 도와준다.

---

symptom ⓝ증상, 징후

[símptəm] * 심부터(심장에서부터) 옴 증상이(증상이 심장에서부터 온다고)

- Eye tremors are symptoms often caused by magnesium deficiency.
  눈 떨림은 마그네슘 결핍으로 종종 야기되는 증상이다.

---

pedestrian ⓝⓐ보행자, 보행하는

[pədéstriən] * 피해서 들어온 보행자

◦ a pedestrian bridge (보행자용) 육교

- Pedestrian tour gives you a chance to appreciate nature.
  도보 여행은 자연을 감상할 기회를 준다.

---

costume ⓝⓥ복장, 옷(을 입히다), 전통 의상

[kɑ́stjuːm] * cost 듬 의복에

◦ national costume (국가의 특징을 나타내는) 전통 의복

- Her costume represents Korean culture.
  그녀의 의상은 한국 문화를 대표한다.

predict ⓥ예측하다

[pridíkt] *pre는 '미리'를 의미하는 접두사, dict는 '말하다'를 의미하는 접미사

• No one predicts what the stock market will be like tomorrow.
아무도 내일 주식 시장이 어떻게 될지 예측할 수 없다.

---

stigma ⓝ치욕, 오명

[stígmə] *수치구마('수치이구만'의 경상도 사투리) 치욕

• The bribe brought stigma on me.
그 뇌물은 나에게 치욕을 가져다주었다.

---

prosperous ⓐ번영하는(successful, thriving, flourishing)

[prάspərəs] *팔아서 팔아서 번영하는

◦ ⓝprosperity [prαspérəti] 번영, 번창

◦ ⓥprosper 번영하다(시키다), 성공하다

◦ ㊒thrive 번창하다(flourish)

• Gardening has become a prosperous business in this region.
원예가 이 지역에서 번창하는 사업이 되었다.

---

thrive ⓥ번창하다, 번영하다

[θraiv] *쓸어와 봐 돈을, 번영하게

• Your business is thriving.
사업이 번창하고 있군요.

---

drought ⓝ ① 가뭄 ② 부족

[draut] *들이 아웃됐다 ①가뭄 때문에, 가뭄 때문에 모든 것이 ②부족하다

• It is useless to sow seeds in the soil parched by drought.
가뭄으로 바싹 말라 버린 흙에 씨를 뿌리는 것은 소용이 없다.

---

durable ⓐ오래 견디는, 내구력이 있는

[djúərəbəl] *두어라 그리고 볼래 얼마나 내구력이 있나

◦ ⓝduration [djuəréiʃən] 지속, 계속

• Something that is durable is strong and lasts a long time without breaking or becoming weaker.
내구력이 있는 것은 강하고 깨지거나 약해지는 일 없이 오래 견딘다.

put off 연기하다, 미루다

◦ postpone 연기하다

• Don't put off responding quickly
신속하게 답장하는 일을 연기하지 마라.

---

defend ⓥ막다, 방어하다

[difénd] *더 팬다 방어하면(그냥 맞아야지)

◦ legal defense 정당방위

◦ ⓝdefense 방어, 수비(=defence)

◦ ⓝⓐdefendant [diféndənt] 피고(의)

◦ ⓐdefensive 방어적인

• We should make efforts to defend our nation from enemy's aggression.
우리는 적의 침략으로 우리의 나라를 지키기 위해 노력해야 한다.

---

insure ⓥ ① -의 보험을 계약하다 ② 보증하다(guarantee)

[inʃúər] *인제 sure하게 했다 즉 ①보증했다 ②보험 계약해 놓았으니

◦ ⓝinsurance [inʃúərəns] 보험(계약), 보험업

◦ ㊐ensure [enʃúər] 책임지다, 확실하게 하다

• You should insure this building against fire.
너는 이 건물을 화재 보험에 들어야 한다.

---

subtract ⓥ빼다, 감하다

[səbtrǽkt] *써 봐 트랙터를 노동력을 줄이게

◦ ⓝsubtraction 빼기, 감하기

◦ ㊀add [æd] 더하다

◦ ㊐deduct [didʌ́kt] 빼다

• Subtract 3 from 5.
5에서 3을 빼라.

roar ⓥ ① 으르렁거리다 ② 고함치다

[rɔːr] ＊노를 발하다 ①으르렁거리고 ②고함치며

∘ ⓝroaring [rɔ́ːriŋ] 포효 소리, 고함

∘ ⓝuproar 소란, 소동

∘ in (an) uproar 큰 법석을 떨어

• I heard the waves roaring.
노호하는 파도 소리를 들었다.

---

tragedy ⓝ비극, 비극적 이야기

[trǽdʒədi] ＊들어주다 비극적 이야기를

∘ ㊥comedy [kámədi] 희극

∘ ⓐtragic 비극의, 비극적인

• The riot was caused by the tragedy of Hindus-Muslims conflict.
그 폭동은 힌두교도와 무슬림의 갈등이라는 비극에 의해 일어났다.

---

sporadic ⓐ산발적인, 가끔 일어나는

[spərǽdik] ＊수프로 닭이 가끔 나온다(닭 수프가 가끔 나온다고)

• On Thursday, sporadic conflicts broke out.
목요일에 산발적인 충돌이 발생했다.

---

territory ⓝ영역, 영토

[térətɔ̀ːri] ＊테러들이 영역을 점거했다

• There is still a war of conquest to expand the territory.
영토를 넓히려는 정복 전쟁이 지금도 여전히 일어나고 있다.

---

figure out ⓥ ① 이해하다 ② 계산하다 ③ 풀다, 해결하다

＊ 피겨에서 아웃되는 규칙을 ①이해한다 이해했으니 ②계산하고 ③푼다

• He figures out the total money that I have borrowed.
그는 내가 빌린 모든 돈을 계산한다.

• He tried to figure it out himself.
그는 스스로 그것을 해결하려고 시도했다.

• I can't figure out what you are talking about.
나는 네가 무슨 이야기 하는지 모르겠다.

hypocrite ⓝⓐ위선자(의)

[hípəkrìt] *히포크라테스는 위선자다

◦ ⓐhypocritical 위선의

◦ ⓝhypocrisy [hipákrəsi] 위선, 위선(적인) 행위

• Hypocrisy is more vile than outright attack.
위선은 노골적인 공격보다 더 나쁘다.

---

disown ⓥ제 것이 아니라고 부인하다

[disóun] *이 오원은 제 것이 아니라고 부인하다

• Do you mean to disown your debt?
빚을 부정할 셈이냐?

---

impart ⓥ ① 나누어 주다 ② 알리다

[impá:rt] *임이 있는 part로 나누어 준다

◦ (cf) impartial 공평한

◦ give an impartial verdict 공평한 판결을 내리다

◦ ⓝimpartation, impartment 나누어 줌, 분급, 전달

• He imparted admonition to sons.
그는 아들들에게 훈계를 했다.

---

weep ⓥ눈물을 흘리다, 울다

[wi:p] *우리(we)는 입으로 운다

◦ weep-wept-wept

• She wept her fill.
그녀는 실컷 울었다.

---

whip ⓥ채찍질하다

[hwip] *weep 운다 whip 채찍질하니

◦ with whip and spur 황급히, 즉시, 당장에

• Get this thing out of the way with whip and spur!
이 물건을 당장 치워!

• It is not recommendable way to apply the whip.
겁을 줘서 복종시키는 것은 추천할 만한 방법이 아니다.

spurt=spirt ⓥⓝ분출, 분발, 역주, 뿜어 나오다, 분출(噴出)하다

[spəːrt] *달리기할 때 마지막으로 스퍼트한다는 말은 마지막으로 힘을 분출하여 역주한다는 뜻임

*start 할 때는 힘을 spurt 분출해야 한다

◦ make a spurt 역주하다

• Lava is spurting from the volcano.
용암이 화산에서 분출하고 있다.

---

spur ⓝ박차, 자극

[spəːr] *spirt=spurt 뿜어 나오다 spur 박차, 자극을 가하자

◦ on the spur of the moment 순간적인 충동에서

• You shouldn't make serious oath on the spur of the moment.
심각한 맹세를 충동적으로 해서는 안 된다.

---

certificate ⓝⓥ증명서(를 주다), 인증(하다)

[sərtífəkit] *썼다 피켓에 증명서를

◦ ⓝcertification [sə̀ːrtəfəkéiʃən] 증명, 검정

◦ a medical certificate 진단서

◦ death certificate 사망 진단서

◦ a marriage certificate 혼인 증명서

• You must send this number to your certificate authority.
인증 기관에 이 숫자를 보내야 합니다.

---

hideous ⓐ무서운(frightful, horrible), 끔찍한(revolting)

[hídiəs] *이 뒤에서 무서운 것이 나온다

*hide 숨겼어 무서운 것을

◦ ㊥horrible [hɔ́ːrəbəl] 무서운

◦ make the night hideous 밤늦게까지 법석을 떨다

• I saw a hideous scene last night.
나는 지난밤 무서운 장면을 보았다.

approach ⓥ-에 접근하다

[əpróutʃ] *앞으로 차 접근하면

- The stock price is approaching the upper limit.
  주가가 상한가에 접근하고 있다.

---

reproach ⓥ비난하다, 꾸짖다

[ripróutʃ] *approach 접근하면 reproach 꾸짖을 거야

- Don't reproach anyone on the basis of speculation.
  추측에 근거하여 누구를 비난하지 마십시오.

---

starve ⓥ굶어 죽다

[stɑ:rv] *스타를 봐 굶어 죽네(요즘 인기가 떨어졌나 봐)

◦ ⓝstarvation [stɑ:rveiʃ-ən] 굶주림, 기아

- The death by starvation is the other alternative.
  다른 선택이란 굶어 죽는 것이다.

---

consume ⓥ다 써 버리다, 소비하다

[kənsú:m] *콘(옥수수)을 숨어서 다 소비한다

◦ consumer 소비자

◦ ⓝconsumption [kənsʌ́mpʃən] 소비

- Consumption promotes production.
  소비는 생산을 촉진한다.

---

affect ⓥ ① 영향을 미치다, 감동을 주다 ② -인 체하다

[əfékt] *a fact 하나의 팩트가 ①감동을 준다

*fact ②인 체한다

◦ ⓝaffectation [æ̀fektéiʃən] -인 체함

◦ ⓝaffection [əfékʃən] ① 애정 ② 감동 ③ 영향 ④ 병(disease)

◦ ⓐaffectionate [əfékʃənit] 애정 깊은

- This medicinal herb may affect your sex drive.
  이 약초는 당신의 성욕에 영향을 줄 수도 있다.
- I am affectionate to her.
  나는 그녀에게 애정을 품고 있다.

• The cancer has affected his liver.
그는 간암에 걸렸다.
• She was affected at the news.
그 소식을 듣고 감동받았다.

defect ⓝⓥ ① 결점 ② 도망하다
[difékt] *effect는 효과이고 defect는 ①결점이다 결점이 있으니 ②도망가자
◦ in defect of -이 없어서
◦ ⓐdefective ① 결함(결점)이 있는 ② 심신 장애자
• He failed in defect of wisdom.
그는 지혜가 없어서 실패했다.

masquerade ⓝⓥ가장무도회(가장하다)
[mæ̀skəréid] *마스크라도 쓰고 가장해야지
• They masquerade under the cloak of lawyers.
그들은 무허가 변호사다.

massive ⓐ덩치(부피)가 큰
[mǽsiv] *매를 씹어 덩치가 큰 아이는(덩치가 큰 아이는 매를 때려도 꿈쩍도 안 한다고)
◦ in a mass 하나로 합쳐서
◦ ⓝmass ① 덩어리, 모임, 집단 ② 부피, 크기
• A massive bear is protecting the cubs.
덩치가 큰 곰이 새끼들을 보호하고 있다.

exempt ⓥ면제해 주다 ⓐ면제된
[igzémpt] *이그젬(시험)도 면제해 준다
◦ goods exempt from taxes 면세품
◦ ⓝexemption [igzémpʃən] (의무 등의) 면제(from)
• I am exempt from the exam because I was recognized for my career.
나는 경력을 인정받았기 때문에 시험도 면제받는다.

pious ⓐ경건한, 충성심이 있는

[páiəs] *파이를 어서 주어 경건한 사람에게

• She played a pious fraud not to hurt the accuser.
그녀는 고발한 사람에게 피해를 주지 않으려고 선의의 속임수를 썼다.

fraud ⓝ사기

[frɔːd] *(시인) 프로이드가 사기 치다

• He changed his residence several times in fraud of me.
그는 나를 속이기 위해 거주지를 여러 번 바꾸었다.

defraud ⓥ사기 치다

[difrɔ́ːd] *뒤로 fraud 한다=뒤로 사기 친다

◦ defraud the revenue 탈세하다

◦ defraud A of B A에게서 B를 속여 빼앗다

• Everyone involved was charged with conspiracy to defraud.
관련된 모든 사람이 사취 공모죄로 기소되었다.

conspire ⓥ ① 공모하다, 음모를 꾸미다 ② 모의하다

[kənspáiər] *큰 스파이야 ①공모하여 ②음모를 꾸민 것이

◦ ⓝconspiracy [kənspírəsi] 음모, 공모

◦ ⓝconspirator [kənspírətər] 공모자

• They conspired to exclude counterforce.
그들은 반대 세력을 배제하려고 음모를 꾸몄다.

undergo ⓝⓥ(영향)받다, (시련 등을) 경험하다, 겪다

[ʌndərgóu] *아랫길로(under) 내려가서(go) 많은 일을 겪었다

◦ undergo surgery 수술을 받다

• I have undergone intensive training to improve my quickness and endurance.
나는 순발력과 집중력을 키우는 강도 높은 훈련을 받았다.

declare ⓥ선언하다

[diklέər] * 뒷거리에서 선언한다

◦ ⓝdeclaration [dèkləréiʃən] 선언(서), 공표

◦ a declared atheist 공공연한 무신론자

• He declared that she had nothing to do with the heritage.
그는 그 여자는 상속 재산과는 아무 관련이 없다고 선언했다.

---

shred ⓝ끄트러기, 조각, 파편

[ʃred] * she(그녀)가 빨간(red) 조각을 가지고 있다

• He took the contract out of my hands and ripped it into shreds.
그는 계약서를 나의 손에서 빼앗아 갈기갈기 찢었다.

---

litter ⓝⓥ ① 쓰레기 ② 어지럽히다

[lítər] * 1리터의 ①쓰레기로 ②어지럽힌다

◦ litter bin 쓰레기통

• Do not litter up the classroom. Otherwise, you guys have to clean up.
교실을 더럽히지 마라. 그렇지 않으면 너희들이 청소를 해야 한다.

---

glitter ⓥⓝ반짝거리다, 화려함

[glítər] * litter 쓰레기 속에서 뭔가 반짝인다

* 글이 더 화려하게 반짝인다(글솜씨가 좋아졌다)

◦ ㊎glint ⓝⓥ반짝이다, 빛나다, 반짝임

• Don't be deceived the by superficial glitter of show business.
연예 업계의 피상적인 화려함에 속지 마라.

---

glimpse ⓥ흘끗 보다

[glimps] * 올림프스 산을 흘끗 보다

◦ by glimpses 흘끗흘끗

• When I caught a glimpse of a her face, I knew she was very pretty.
내가 그녀의 얼굴을 흘끗 보았을 때 나는 그녀가 대단히 아름답다는 것을 알았다.

rill ⓝⓥ작은 시내, 개천, 작은 시내가 되어 흐른다

[ril] *릴낚시를 한다 작은 개천에서

• A rill is a small stream.
시내는 작은 내이다.

shrill ⓐ날카로운

[ʃril] *쉬(그녀가) rill 냇가에서 날카로운 소리를 낸다

• A shrill scream suggested that something was wrong.
날카로운 비명 소리가 뭔가 잘못되었다는 것을 암시했다.

souvenir ⓝ기념물, 선물

[sù:vəníə:r] *수건과 비누야 기념품으로 준 것이

◦ present 사람 with 무엇: 누구에게 무엇을 선물하다

• They presented everyone present with souvenirs.
그들은 참석한 모든 사람에게 기념품을 선물했다.

immature ⓐ미숙한

[ìmətjúər] *입 맞춰 미성숙한 애들이

◦ ⓝimmaturity [ìmətjú(:)rəti] 미숙(상태), 미완성

◦ 반mature ① 익은, 성숙한 ② 심사숙고한 ③ (어음 등이) 만기가 된(due)

◦ maturity [mətjú-ərəti] 성숙, 숙성

• Immature birds follow their mother to feed themselves.
미성숙한 새들이 어미 새를 따라다니며 밥을 얻어먹는다.

induce ⓥ ① 꾀다, 설득하다 ② 야기하다, 유발하다, 시키다

[indjú:s] *안으로 드슈(드세요)하며 ①권유하여 ②야기한다

◦ ⓝinducement 유인(誘引), 권유

• Nothing shall induce me to change my mind.
어떤 일이 있어도 나는 마음을 안 바꾼다.

deduce ⓥ추론하다, 연역하다

[didjú:s] *induce는 설득하는 것이고 deduce는 추론하는 것이다

◦ ⓐdeductive [didʌ́ktiv] 추리의, 연역적인

• From his remarks we deduce that he won't compromise his principles.
그의 말에서 그가 자기의 신념을 굽히지 않을 것이라고 추론한다.

---

property ⓝ ① 재산 ② 소유권

[prápərti] *팔아 버릴 테야 재산이나 소유권을

◦ ㊌fortune [fɔ́:rtʃ-ən] 재산

◦ proprietor [prəpráiətər] 소유자, 경영자

◦ lost property ① 분실물 ② 분실물 보관소

• He has a small property in his inheritance.
그는 유산 받은 적은 재산이 있다.

---

stall ⓝ ① 마구간 ② 한 구획 ③ 상품 진열대

[stɔ:l] *install 설치한다 ①마굿간의 한 ②구획에 ③상품 진열대를

◦ a flower stall 꽃 가게

• The negotiations got stalled.
교섭은 교착 상태에 빠졌다.

• All the street stalls were pulled down simultaneously.
노점이 일제히 철거되었다.

---

manipulate ⓥ ① 조종하다, 조작하다 ② 능숙하게 다루다

[mənípjəlèit] *많이(many) (많이) 풀었다 (문제를) 그래서 ①능숙하게 조작하고 ②다룰 줄 알게 되었다

◦ ⓝmanipulation [mənìpjəléiʃən] 교묘히 다루기

• He embezzled a large sum of money by manipulating accounts.
그는 계정을 조작하는 방법으로 거액의 돈을 횡령했다.

---

obsess ⓥ(귀신·망상 따위가) 들리다, 붙다

[əbsés] *어부 셋이서 귀신 들렸다

◦ ⓝobsession [əbséʃən] (귀신·망상·공포 관념 따위가) 사로잡음

• He was obsessed with winning at all costs.
그는 무슨 비용을 치르고서라도 이겨야 한다는 생각에 사로잡혀 있다.

rubbish ⓝ쓰레기, 잡동사니

[rʌ́biʃ] *rub 문질러 비우세요 쓰레기를

- There is a pile of rubbish on a yard.
  마당에 쓰레기 더미가 있다.

mangle ⓥ토막으로 베다, 망쳐 버리다

[mǽŋgəl] *맹글려면(만들려면) 토막 내야 돼

- My work got mangled because of your interference.
  나의 작품이 너의 간섭 때문에 엉망이 되었다.

jury ⓝ배심(원)

[dʒúəri] *judge 판사이고 jury는 배심원이다

- The jury decided that he was guilty.
  배심원은 그가 유죄라고 말했다.

jurisdiction ⓝ사법권, 재판권

[dʒurisdikʃən] *jury+diction 배심원의 구술은 사법권이 있다

- The jurisdiction of judges is based on the Constitution.
  판사의 사법권은 헌법에 근거한 것이다.

dosage ⓝ ① 투약 ② 약 1회분 투약량

[dóusidʒ] *도우시지 ①약 1회분 ②투약하도록

◦ dose [dous] ① 약 1회분 양 ② 약간의 경험

- Take the recommended dosage.
  정해진 용량을 복용하세요.

criminal ⓐ범죄의 ⓝ범인(offender)

[krímənl] *그럼 너를 범인이래?

◦ crime [kraim] 범죄

- What is the best way of dealing with young criminals?
  어린 범죄자들을 다루는 가장 좋은 방법은 무엇일까?

culprit ⓝ죄인, 범인

[kʌ́lprit] *걸핏하면 나보고 범인이래

• The detective identified me as a culprit.
형사는 나를 범인으로 지목했다.

---

proffer ⓥ제안하다, 내밀다

[prɑ́fər] *offer나 proffer나 ①제안하고 ②내밀기는 마찬가지다

• What advice would you proffer to the first person on stage?
무대에 처음 서는 사람에게 당신이라면 어떤 충고를 해 주시겠어요?

---

solvent ⓐⓝ ①녹일 수 있는, 용매제 ② (법률) 지불 능력이 있는

[sɔ́lv-ənt] *솔벤트는 ①녹일 수 있는 용매다 채무도 녹인다 즉 ②지불 능력이 있다

• Those who are solvent can get a loan from the bank.
지불 능력이 있는 사람들은 은행으로부터 대출을 받을 수 있다.

• That stain may be cleaned up with solvent.
그런 얼룩은 용매제로 씻길 수 있다.

---

pretext ⓝ변명, 핑계(for)

[prí:tekst] *미리 text에 변명을 달아 놓았다

◦ make a pretext for -에 대해 변명하다

• He made a pretext for his blunder.
그는 자신의 실수에 대해 변명을 했다.

---

letup ⓝ감속, 정지

[létʌ̀p] *up 시켜라 감속되고 있잖아

◦ without (a) letup 끊임없이

• Temporary letup is essential for long-term operation.
일시적 감속은 장기적인 운행을 위해 필수적이다.

---

encroach ⓥ잠식하다, 침입해 오다.

[enkróutʃ] *안으로 걸쳐 잠식해 들어오다

• Urban culture encroaches on traditional society's culture.
도시 문화가 전통 사회의 문화를 잠식해 들어온다.

aspersion ⓝ중상, 비방

[əspə́:rʃən,-ʒən] *어서 person(개인)에 대해 비방해라

- I do not want to cast any aspersion on a failed person.
  나는 실패한 사람에 대해 비방하고 싶지는 않다.

---

protrude ⓥ내밀다, 불쑥 내밀다

[proutrú:d] *프로도 rude(무례)하게 혀를 쑥 내밀었다

- Hold on to the little stone that protrudes from the wall.
  그는 벽에 튀어나와 있는 작은 돌을 꽉 잡아라.

---

feeble ⓐ연약한

[fí:bəl] *피부를 연약한 피부를

- He is feeble in mind.
  그는 정신 박약아다.

---

attribute ⓥⓝ ① -의 탓으로 돌리다 ② -가 있다고 생각하다 ③ 특징, 특성

[ətríbju:t] *애들이 배웠다 누구 ①탓으로 돌리는 일을

*애들이 배웠다 그 결과 어떤 ②특성이 ③있다고 생각한다

- ◦ ⓝattribution [ætrəbjú:ʃən] (원인 따위를 -에) 돌림
- ◦ physical attribute 신체적 특징
- ◦ be attributed to -에 기인하다
- Attribute his success to hard work.
  그의 성공을 근면한 노력의 탓으로 돌려라.
- Don't attribute evil motive to him.
  그에게 악의가 있다고 생각하지 마라.

---

tentative ⓐ시험적인, 임시적인

[téntətiv] *텐트에 TV를 시험적으로 둬 봐

- ◦ a tentative theory 가설
- The two countries reached a tentative agreement on the border dispute.
  두 나라는 국경 분쟁에 대해 임시 합의에 도달하였다.

eloquent ⓐ유창한, 웅변의

[éləkwənt] *앨리는 권투만 잘하는 것이 아니라 말도 유창하게 잘한다

◦ ⓝeloquence [éləkwəns] 웅변, 유창함

◦ ⓝelocution [èləkjúːʃən] 웅변술

◦ be eloquent of –을 생생하게 묘사하다

• He was eloquent of the happenings.
그는 그 사건에 대해 생생하게 설명했다.

tense ⓐ팽팽한, 긴장한

[tens] *ten을 세라 긴장될 때는

◦ ⓝtension 긴장

◦ dramatic tension 극적 긴장감

• There was a dramatic tension in the national emergency.
국가 비상사태에 극적인 긴장감이 흘렀다.

tensible ⓐ잡아 늘일 수 있는

[ténsəb-əl] *tense 팽팽하게 써 볼려면 잡아 늘일 수 있어야 한다

• The spring is tensible.
용수철은 잡아 늘일 수 있다.

ostensible ⓐ외견상의

[ɑsténsəbəl] *잡아 늘일 수 있다 외견상으로

• They arrived ostensibly for peace negotiations.
그들은 외견상으로는 평화 협상을 위해 도착했다.

anarchy ⓝ무정부 상태

[ǽnərki] *애나 키워 무정부 상태에서 (애나 키우면서 조용히 살라고)

◦ ⓑanarchism 무정부주의

◦ anarchist 무정부주의자

• Moral anarchy prevails among young people.
도덕적 혼란이 젊은이들 사이에 만연해 있다.

dummy ⓝⓐ ① (양복점의) 동체(胴體) 모형, 장식 인형 ② 대역, 바꿔친 것 ③ 가짜의, 모조의

[dʌ́mi] * 더미(무더기)로 있군 가짜들이

• There is little point in dummy saying hello.
모조 인형이 인사하는 것은 별 의미가 없다.

---

lavish ⓐ아낌없는, 풍부한 ⓥ낭비하다, 아낌없이 주다

[lǽviʃ] * 내 비서는 아낌없이 펑펑 쓰는 형이다

◦ lavish something on 누구에게 무엇을 아낌없이 주다

• The lavish expenditure of the budget is a burden on the people.
예산의 낭비는 국민에게 부담이 되는 일이다.

• Everyone tries to lavish something on their loved ones.
누구나 사랑하는 사람에게는 무언가를 아낌없이 주려고 한다.

---

swindle ⓥ사취하다, 사기 치다(defraud) ⓝ사기(deceit)

[swíndl] * 속인들 즉 사기를 친들

• I think everyone who swindles others should pay multiple times.
나는 다른 사람들을 사기를 치는 자는 여러 배를 갚아야 한다고 생각한다.

---

limb ⓝ(사람·동물의) 수족, 손발

[lim] * 림(한자: 다다를 臨)한다 손발을 사용하여

• He has a pain in the limbs.
그는 다리에 고통을 느낀다.

---

postpone ⓥ연기하다, 미루다

[poustpóun] * 보고 싶은 것을 연기하다

◦ put off 연기하다

• We should postpone the soccer match as it is raining today.
우리는 비가 오고 있기 때문에 축구 경기를 연기해야 한다.

reckless ⓐ ① 분별없는, 무모한 ② 개의치 않는, 신경 쓰지 않는

[réklis] *왜 그랬어? ①분별없이 ②신경 안 쓰고 일하니까 그러잖아

◦ reck -에 주의하다

• He dismantled an explosive being reckless of danger.
그는 위험을 개의치 않고 폭발물을 해체했다.

---

hold up ⓥ ① 지지하다(support) ② 강탈하다(rob)

• I will hold up your opinion.
나는 너의 의견을 지지한다.

• He held up the central bank.
그는 중앙은행을 강탈했다.

---

off-hand 즉석의, 즉석에서

*손(hand)에서 떨어지자(off)마자 즉석에서

• She accepted my propose off hand.
그는 즉석에서 나의 청혼을 받아들였다.

---

immense ⓐ ① 매우 큰 ② 훌륭한

[iméns] *이면수(생선 이름 '임연수어')가 ①매우 크고 ②훌륭하다

◦ ⓥimmensity [iménsəti] 광대, 무한

• His performance was immense.
그의 연기는 훌륭했다.

• The king has conquered an immense territory.
왕은 광대한 영토를 정복했다.

---

illusion ⓝ환영, 환상, 착각

[ilúːʒən] *이루어진 환상

◦ ⓐillusory 환영의, 착각의

◦ optical illusion 착시(錯視)

• He keeps the illusion that he will succeed in the entertainment industry.
그는 자신이 연예계에서 성공할 것이라는 착각을 하고 산다.

bring about 일으키다, 해내다

• Food that is a few days old at room temperature can bring about food poisoning.
상온에서 며칠 지난 음식은 식중독을 일으킬 수 있다.

---

wreckage ⓝ ① 난파 ② 난파 화물 ③ 파괴, 파멸

[rékidʒ] *웩하지 난파선에서 멀미로

◦ ⓝwrecking [rékiŋ] 난파, 난선

◦ ⓝⓥwreck [rek] 난파, 파멸, 난파시키다

• Special measures must be taken for the reversal of the rapid trend toward total environmental wreckage.
총체적인 환경의 파멸을 향한 이 빠른 추세에 대해 역전을 일으키기 위해 특별한 조처가 취해져야 한다.

---

fore 앞서의, 이전의

[fɔːr]

◦ foresight 선견지명

◦ foretaste 미리 맛보다, 시식하다

◦ foretell 예언하다

◦ foretoken 전조, 조짐

◦ forewarn 미리 경고하다

◦ foreshadow -의 전조가 되다

• You should have recognized the foretokens of a heart attack.
너는 심장마비의 전조 현상을 인지했어야 하는데.

---

nomad=nomade ⓝ유목민

[nóumæd] *미치지 않은(no mad) 유목민

• Nomads move with the seasons.
유목민들은 계절에 따라 이동한다.

---

wage ⓝⓥ ① 임금 ② 전쟁 등을 수행하다

[weidʒ] *왜 이제 ①임금을 주냐? 임금 때문에 ②전쟁을 벌인다

• I am satisfied with my living wages.
나는 생활에 필요한 최저 임금으로 만족한다.

rage ⓝⓥ ① 분노(하다), 격노 ② 유행

[reidʒ] *wage(임금) 때문에 rage ①격노하는 것도 ②유행이다

- He flew into a rage.
  그는 벌컥 화를 냈다.
- Omitting breakfast is the rage.
  아침을 거르는 일이 유행이다.

---

wager ⓝ노름 ⓥ내기(걸다)

[wéidʒəːr] *wage(임금) 가지고 wager 노름을 한다

- He wagerd me one dollar wager.
  그는 나에게 1달러 걸었다.

---

obviously ⓐⓓ명백하게

[ábviəsli] *앞이 보였으리 명백하게

- It is obvious that different genes are responsible for different traits.
  다른 유전자가 다른 특성들의 원인이라는 것은 명백하다.

---

beware ⓥ조심하다

[biwέər] *비 와! 조심해

- Beware of the dog.
  개 조심.

---

absurd ⓐ불합리한

[æbsə́ːrd] *어불성설도 불합리하다

◦ ⓝabsurdity 불합리

- Don't be absurd.
  엉터리없는 소리하지 마.

---

response ⓝ ① 응답, 대답 ② 감응, 반응

[rispáns] *뤼쓰가 빤쓰에게 응답한다

◦ ⓥrespond 응답하다

◦ in response to -에 응하여, -에 답하여

- Don't respond to the questions from someone who intends to criticize.
  비난하려는 의도를 가진 사람의 질문에 답하지 마라.

despond ⓥ낙담하다, 실망하다

[dispɑ́nd] *respond 응답하는 것을 듣고 despond 실망했다

◦ ⓐdespondent 실망한, 낙담한

• The despondent one needs encouragement to make them feel proud.
실망한 사람은 자긍심을 갖도록 돕는 격려를 필요로 한다.

---

unanimous ⓐ만장일치의

[ju:nǽnəməs] *유난히 많았어 아니, 거의 만장일치였어

◦ a unanimous vote 전원 일치의 표결

• We are unanimous for expelling him.
우리는 그를 제명하는 것에 대해 의견이 일치한다.

---

ardor ⓝ열정

[ɑ́:rdər] *아더 왕의 열정

◦ ㈜fervor [fə́:rvər] 백열(상태), 작열, 열정

◦ ⓐardent [ɑ́:rdənt] 열렬한

• You look like an ardent patriot.
너는 열렬한 애국자처럼 보인다.

---

prejudge ⓥ미리 판결하다, 예단하다

[pri:dʒʌ́dʒ] *'미리'를 의미하는 'pre'와 '판단하다'를 의미하는 'judge'의 결합

◦ ⓝprejudication [pri:dʒù:dikéiʃən] 미리 예단함, 판례, 예심

◦ prejudice [predʒudis] ⓝ편견 ⓥ편견을 갖게 하다

• He worked his whole life to correct the iniquity of racial prejudice.
인종적 편견의 부당성을 바로잡기 위해 평생 동안 활동했다.

---

creek ⓝ시내, 크리크, 샛강

[kri:k] *그리 크지는 않네 샛강이

• The big river is clean only when the creek is clean.
샛강이 깨끗해져야 큰 강이 깨끗해진다.

inherit ⓥ ① 상속하다 ② (체격·성질 따위를) 물려받다

[inhérit] * 인제 헤아렸다 얼마나 상속받았는지

◦ ⓝinheritance [inhéritəns] 상속, 상속 재산

• The next regime will inherit a controversial complex matter.
차기 정부가 논쟁이 될 만한 복잡한 문제를 넘겨받게 되었다.

---

flame ⓝ(종종 pl.) 불길, 불꽃, 화염

[fleim] * 불 내음(불냄새) 난다 화염에서

* blame 비난한다 불냈다고

• I saw someone moving in the flames.
화염 속에서 누군가가 움직이는 것을 보았다.

---

flare ⓝ너울거리는 불길 ⓥ타오르다

[flɛər] * flame도 불길이고 flare도 불길이다

• Flares engulfed houses and parks.
불길이 주택과 공원들을 집어삼켰다.

---

blare ⓥ나팔이 울려 퍼지게 하다

[blɛər] * 불래요? 나팔이 울려 퍼지게

* flare 불이 타오른다고 blare 나팔을 분다

• The army moved forward as the trumpets blare.
나팔이 울려 퍼질 때 군대는 앞으로 나아갔다.

---

rebut ⓥ반박하다, 항변하다

[ribʌ́t] * 다시(re) but(그러나) 하며 항변한다

• I rebutted his persistence that I neglected my duty seriously.
나는 내가 심각하게 나의 임무를 소홀히 했다는 그의 주장을 반박했다.

---

cease ⓥ그만두다, 그치다(stop)

[si:s] * 시소 놀이 이젠 그만해라

◦ ceaseless [sí:slis] 끊임없는, 부단한(incessant)

• The commander ordered to cease fire.
지휘관이 사격을 중지하라고 명령했다.

morbid ⓐ병적인, 병에 관한

[mɔ́:rbid] *몹시도 병적인

◦ ⓝmorbidity [mɔ:rbídəti] ① 병적임, 불건전 ② (어떤 병의) 사망률

• Persons preoccupied with embarrassment and morbid fears may be spaced out at times.
때때로 당황하거나 심한 공포에 사로잡힌 사람은 멍해질 수 있다.

---

noteworthy ⓐ주목할 만한

[nóutwə̀:rði] *노트 워디에(어디에) 주목할 만한 점이 있니?

◦ ⓐnotable 주목할 만한(remarkable)

• He has no noteworthy feature.
그는 주목할 만한 특징이 없다.

---

increment ⓝ증진, 증대, 증가

[ínkrəmənt] *안으로 끌어모은다 그래서 증가했다

• An increment is an increase of some amount.
Increment는 어떤 양의 증가분이다.

---

stately ⓐ위풍당당한

[steitli] *state 말한다 위풍당당하게

• He spoke for himself in a stately manner.
그는 위풍당당한 태도로 자신을 변호했다.

---

due to- -에 기인하는 또는, -때문에

• The failure is due to his ignorance.
실패는 그의 무지 탓이다.

---

trespass ⓥ ① (남의 권리 따위에) 침입하다, 침해하다 ② 방해하다

[tréspæs] *들어와서 pass한다 그것은 남의 땅을 ①침입하여 ②방해하는 것이다

◦ commit a trespass 불법 침입하다

• At times "No Trespassing" signs are for the purpose of protecting a lawn.
때때로 출입 금지 표시는 잔디를 보호하기 위해 있다.

decay ⓝⓥ쇠하다, 썩다, 부패(하다), 타락(하다)

[dikéi] * 뒤를 캐 보니 타락했네

* O.K는 좋은 것이고 디케이는 썩은 것이다

• The development of mechanical civilization brought about the decay of traditional handicrafts.
기계 문명의 발달은 전통적인 수공업의 쇠퇴를 가져왔다.

phantom ⓝ ① 환영(幻影), 유령 ② 환상, 환각

[fǽntəm] * 팬텀(전폭기)기는 환상의 전투기이다

• Her case turned out to be a phantom pregnancy.
그녀의 경우는 상상 임신으로 판명되었다.

eligible ⓐ ① 자격이 있는 ② 바람직한, (특히 결혼 상대로서) 적당한

[élidʒəbəl] * 엘리자를 볼 ①자격이 있는 ②바람직한 남자 (엘리자에게 어울리는 남자)

◦ be eligible for 자격이 있다

◦ ⓝeligibility 피선거 자격, 적임, 적격성

• Recommend someone who is eligible for the position.
그 직책에 자격이 있는 사람을 추천해 보세요.

odor ⓝ ① 냄새, 향기, 향료 ② 평판

[óudər] * 오! 더난다 ①냄새가 냄새는 ②평판과 같다

• Cigarette's odor is toxic.
담배 냄새는 독하다.

• The odor of burning leaves spreads in the air.
나뭇잎 태우는 냄새가 공중에 퍼진다.

furnish ⓥ갖추어 주다

[fə́ːrniʃ] * 퍼니춰(가구)를 갖추어 준다

• Furnish my house with furniture.
나의 집에 가구를 비치하세요.

organic ⓐ ① 유기적인, 유기농의 ② 고유한, 근본적인

[ɔːrgǽnik] *5개년 계획으로 ①유기농 사업을 하는데 ②근본적으로 ③고유성이 있다

- Organic farming is in vogue.
  유기농 농업이 보급되고 있다.

---

knack ⓝ솜씨, 요령

[næk] *크! snack 만드는 솜씨

◦ ⓐknacky [nǽki] 요령 있는, 숙련된

- I don't have the knack for keeping pets.
  나는 애완동물을 다루는 데는 재주가 없다.

---

undo ⓥ ① 원상태로 돌리다 ② 풀다

[ʌndúː] *하기 전의 상태로 돌린다

- Undoing the chain and turning the key, he opened the door.
  체인을 풀고 키를 돌리면서 그는 문을 열었다.

---

concur ⓥ일치하다(with)

[kənkə́ːr] *큰 코와 마음이 일치한다 (큰 코라는 별명을 가진 사람)

◦ ⓝconcurrence ① 동시 작용 ② 의견의 일치

◦ ⓐconcurrent [kənkə́ːrənt] ① 동시에 발생하는 ② 일치한

- I don't concur with you on this point.
  나는 이 점에 있어서는 너와 의견이 일치하지 않는다.

---

coffin ⓝⓥ관(에 넣다)

[kɔ́ːfin] *커피는 관에 넣어라

- Put the keepsakes together in the coffin.
  유품들을 관속에 같이 넣어라.

---

nag ⓝⓥ잔소리(하다)

[næg] *내! 그 잔소리 듣기 싫어

◦ ⓐnaggy 잔소리가 심한

◦ ⓐnagging ① 성가시게 잔소리하는 ② (기침, 병이) 떨어지지 않는

- Parents are nagging because of concerns.
  부모님들은 염려 때문에 잔소리를 한다.

collide ⓥ충돌하다

[kəláid] * 글라이더가 충돌하다

◦ ⓝcollision [kəlíʒən] 충돌

• The car collided with the bus.
승용차와 버스가 충돌했다.

---

pith ⓝ수목의 심, 골수

[piθ] * 피스(작은 나사)를 수목의 심까지 박는다

◦ to the pith 골수까지, 근본으로부터, 완전히

◦ of great pith and moment 극히 중요한

• Listening to the sound of conscience is of great pith and moment.
양심의 소리에 귀를 기울이는 것은 극히 중요하다.

---

compel ⓥ억지로 시킨다

[kəmpél] * 컴컴한 데서 팰려고 하며 억지로 시킨다

◦ ⓐcompelling [kəmpéliŋ] -하지 않을 수 없는, 강제적인

• He was compelled to go.
가지 않을 수가 없었다.

---

impel ⓥ재촉하다, 강제로 시키다(force)

[impél] * 임이 팰려고 하며 나를 재촉하네

* impel이나 compel이나 모두 강요하고 재촉하는 것이다

• My conscience impelled me to reveal the truth.
나의 양심이 나로 하여금 진실을 밝히도록 강요했다.

---

immune ⓐ ① 면한, 면제받은 ② 면역성의

[imjú:n] * 이문(이익)이다 ①면제 되었으니, 이문을 준다 인간의 ②면역계는

◦ ⓝimmunity [imjú:nəti] (책임·의무의) 면제(from), 면역(성)

• Not even the wealthy are immune.
심지어 부유한 사람들도 예외가 아니다.

• Mankind's immunity system is adequately provided with protective devices against outward invasions.
인간의 면역계는 외부의 침입에 대항하는 보호 장치를 적절하게 갖추고 있다.

• I received immunity from conscription.
나는 병역을 면제받았다.

taint ⓝ더러움, 감염 ⓥ더럽히다

[teint] *paint는 그리는 것이고 taint는 더럽히는 것이다

• His fame as a composer was tainted with scandal.
작곡가로서의 그의 명성은 스캔들로 더럽혀졌다.

---

patent ⓝ특허

[péitənt] *페이(월급) 턴다 특허를 내기 위해(월급을 털어 특허권 수수료를 낸다)

◦ patent attorney (미국) 변리사(辨理士)

◦ patentee [pætəntí:] 특허권(소유)자

• My patent was copied by a large company.
나의 특허는 대기업에 의해 모방되었다.

---

reef ⓝ ① 암초 ② 금 등의 광맥

[ri:f] *leaf가 ①암초에도 난다 암초에도 ②광맥이 있다

◦ strike a reef 암초에 걸리다

• A ship struck a reef.
배가 암초에 걸렸다.

---

cliff ⓝ절벽

[klif] *칼리프(아슬람의 지도자)가 절벽 위에 서 있다

• I felt like I was hanging on to the edge of a cliff.
절벽 끝에 매달린 심정이었다.

---

dissent ⓥ의견을 달리하다

[disént] *뒤로 sent(보내는 것에) 나는 반대한다

◦ ⓐdissenting [diséntiŋ] 의견을 달리하는

◦ ㉥consent [kənsént] 동의하다

• He dissented from my opinion.
그는 나와 의견을 달리한다.

---

foe ⓝ적(enemy, opponent, antagonist)

[fou] *포로 적을 쏘다

• Smoking is the foe of health.
흡연은 건강의 적이다.

grain ⓝ ① 낟알, 곡물 ② 극히 조금

[grein] *그 rain(비) 때문에 ①곡물이 잘 되었다 곡물이 ②아주 조금이다

- He left without a grain of affection.
  그는 조금의 애정도 없이 떠났다.

---

barely ⓐⓓ ① 가까스로, 간신히 ② 숨김없이

[bɛ́ərli] *배우리 ①가까스로 ②숨김없이

- He barely escaped accident.
  그는 간신히 사고를 면했다.

---

prodigious ⓐ ① 거대한, 막대한(vast, enormous) ② 비범한

[prədídʒəs] *풀어서 뒤졌어 ①방대한 구역을 ②비범한 방법으로

◦ ⓝprodigy [prɑ́dədʒi] 경이(wonder), 비범(한 사람)

- Prodigious buildings collapsed by earthquake
  거대한 건물들이 지진에 의해 붕괴되었다.

---

prodigy ⓝ ① 천재 ② 경이로움(wonder)

[prɑ́dədʒ] *브라더(형)지 ①천재로서 ②경이로움을 가진 사람이

- He deserves to be called a musical infant prodigy.
  그는 음악의 신동이라고 불릴 만하다.

---

limp ⓥ ① 절뚝거리다 ② (작업·경기 등이) 지지부진하다

[limp] *림프액에 문제가 생기면 ①절뚝거리고 모든 일이 ②지지부진해진다
*limb 손발을 limp 절뚝거린다

◦ limb [lim] 손발

- My horse came to me with a limp.
  나의 말이 절뚝거리며 나에게 다가왔다.

---

waver ⓥ흔들리다, 목소리가 떨리다, 망설이다

[wéivə:r] *wave(파도)가 흔들린다 흔들리는 것은 망설이는 것이다

◦ ㊐quaver [kwéivər] 흔들리다

- I don't want you to waver in your resolution.
  결심에서 흔들리지 않기를 바란다.

rule out 배제하다, 제외하다

*rule에 따라 out시켰다 즉 제외시켰다

• Anyone under the age of twenty is ruled out by the regulations.
20세 미만의 사람은 누구나 규정에 의해 제외된다.

---

beckon ⓥ ① 손짓하다 ② 유혹하다

[békən] *베이컨 들고 ①손짓하며 ②유혹한다

• She beckoned to me to come nearer.
그녀는 나에게 더 가까이 오라고 손짓했다.

---

regiment ⓝⓥ ① 연대(로 편성하다) ② 조직화하다, 통제하다

[rédʒəmənt] *레저(여유 시간)가 많다 ①연대로 가면 ②조직하고 통제만 하면 되니까

• I was assigned to a regiment of foot.
나는 보병 연대에 배속되었다.

---

oblivious ⓐ ① (-이) 염두에 없는 ② -을 기억하지 않는(of)

[əblíviəs] *오비를 비웠어(마셨어) 그랬더니 기억이 안 나

∘ ⓝoblivion [əblíviən] 망각, 잊힘

• I was oblivious of my promise.
내가 약속을 잊고 있었다.

---

obliterate ⓥ싹 잊어버리다, 지우다, 말살하다(blot out), 제거하다

[əblítərèit] *OB(맥주) 1리터 냈다 싹 잊어버리고 지우자고

*oblivious 기억이 안 나 obliterate 싹 지우고 나서는

∘ ⓝobliteration [əblìtəréiʃən] 삭제, 망각

• The fugitive seemed to have obliterated his footprints to sidestep his pursuer.
도망자는 추적자를 따돌리기 위해 자신의 발자국을 지운 것 같았다.

---

intervention ⓝ사이에 낌, 간섭

[ìntərvénʃən] *인터뷰에선 사이에 끼지 마라

• The border dispute was used in the disguise of military intervention.
국경 분쟁이 군사개입의 구실로 이용되었다.

ingredient ⓝ재료, 성분

[ingríːdiənt] *안 그래도 안 들어간다 그런 재료나 성분들은

• These are the ingredients making noodle.
이것들이 국수를 만드는 재료들이다.

---

cuisine ⓝ요리 솜씨, 요리(법)

[kwizíːn] *귀해진 요리법

• The hotel restaurant is noted for its excellent cuisine.
그 호텔은 훌륭한 음식으로 유명하다.

---

vicious ⓐ ① 사악한, 악의가 있는 ② 나쁜, 결점 있는

[víʃəs] *비셔어 ①악한 사람이 자기의 ②나쁜 결점에 대해

◦ ⓝ vice ① 악함 ② 결함

• Stop hatching a vicious plot.
사악한 음모를 꾸미지 마라.

---

regime ⓝ ① 정권, 정부 ② 제도

[riʒíːm] *이 짐을 정부가 떠맡아야 한다

• The rotten regime should be changed.
부패한 정권은 교체되어야 한다.

---

cooperate ⓥ협조하다

[kouάpərèit] *co '공통, 상호' 등의 뜻을 가진 접두사

*함께 operate(작동시킨다) 협조해서

◦ ⓝcooperation 협조

◦ coauthor 공저자

• Cooperate with me.
나에게 협력해라.

• Work in cooperation with him.
그와 협력하며 일해라.

collaborate ⓥ공동으로 일하다, 협력[협동]하다, 공동 연구하다

[kəlæbəreit] *co(함께) labor했다 공동으로 일했다

◦ ⓝcollaboration [kəlæ̀bəréiʃən] 함께 일하기, 협력

◦ in collaboration with -와 협력하여

◦ collaborative 협력하는, 합작의, 공동 제작의

◦ a collaborate investigation 공동 조사

• Researchers around the world are collaborating to develop a new vaccine.
새로운 백신 개발을 위해 전 세계의 연구자들이 협력하고 있다.

---

correspond ⓥ ① -와 일치한다 ② -에 상응하다 ③ 교류한다, 서신 왕래한다

[kɔ̀:rəspɑ́nd] *co 서로 respond 응답한다 ① 일치하고 ② 상응하게 ③ 교류하고 서신 왕래했기 때문에 가능했다

◦ ⓝcorrespondence 일치, 조화

◦ correspondent 통신인

◦ corresponding 상응하는

• Our word should correspond with action.
우리는 말과 행동은 일치해야 한다.

---

grievance ⓝ불평, 불만의 씨

[grí:vəns] *그리번 씨는 불만이 많다

• A legitimate grievance should be thoughtfully considered.
정당한 불평은 사려 깊게 고려되어야 한다.

---

legitimate ⓐ합법적인, 정당한

[lidʒítəmit] *이 짓 더 못해 합법적으로 해야지

• Legitimate strikes are protected by law.
합법적인 파업은 법에 의해 보호된다.

---

saturate ⓥ ① 흠뻑 적시다 ② 포화 상태를 만들다

[sǽtʃərèit] *새가 추워 내려왔다 흠뻑 젖어서

• Most movies are saturated with immorality and violence these days.
요즘 대부분의 영화들은 부도덕과 폭력으로 가득 차 있다.

persist ⓥ ① 고집하다, 끝까지 주장하다 ② 지속하다

[pəːrsíst] * 벌서는 시스터 ①고집부리는 일을 ②지속하다

◦ ⓝpersistence=persistency [pəːrsístəns], [-ənsi] 끈덕짐, 고집

◦ ⓐpersistent ① 고집하는, 완고한 ② 영속하는

• When bleeding persisted, she knew the situation was serious.
출혈이 계속되자 그녀는 상황이 심각하다는 것을 알았다.

---

immature ⓐ미성숙한, 미성년의

[ìmətjúər] * 입 맞춰 미성숙한 애들이

◦ ㉥mature 성숙한

◦ ⓝimmaturity [imətjú(:)ərəti] 미숙(상태), 미완성

• My son's still just an immature youth.
나의 아들은 아직 미숙한 젊은이에 불과하다.

---

ooze ⓥ스며 나오다, 새어 나오다

[uːz] * 우주로 자꾸 새어 나간다

• Oil oozed through the crack.
갈라진 틈으로 기름이 새 나왔다.

---

jangle ⓥ땡땡 울린다, 요란하게 울린다

[dʒǽŋgəl] * 쟁그랑거린다 요란하게 울린다

• I could hear the sound jangling in the dark.
나는 어둠 속에 계속 요란하게 울리는 소리를 들을 수 있었다.

---

mite ⓝ ① 진드기 ② 아주 적은 양

[mait] * 말(馬)에 있다 ①진드기가 ②조금

• They were angry not a mite.
그들은 조금도 화가 안 났다.

---

smite ⓥ세게 때리다, 쳐부수다, 쳐 죽이다

[smait] * mite 진드기를 세게 때려 죽이다

◦ smite the enemy 적을 쳐부수다

• He won a great prize for smiting the enemy.
그는 적을 쳐부순 대가로 큰 상을 받았다.

smock ⓝ작업복

[smɑk] *smoke(연기) 나는 데서 작업복 입고 일한다

• He usually wears smocks.
  그는 주로 작업복을 입는다.

---

swirl ⓥ소용돌이치다

[swəːrl] *시월에는 날씨가 소용돌이친다

• The water swirled down the drain.
  물이 소용돌이치며 배수구로 빠졌다.

---

astute ⓐ기민한, 빈틈없는

[əstjúːt] *어서 튀었다 기민하게

• Astute decision is needed.
  기민한 결정이 필요하다.

---

set aside 따로 챙겨 두다

• We should set aside a definite, amount of time each day for reading the Bible.
  우리는 성경을 읽기 위해 매일 확정적인 시간을 따로 떼어 놓아야 한다.

---

nestle ⓥ깃들이다, 편안하게 눕다

[nésəl] *새 둥지 nest를 들어와 편안하게 눕다

∘ nestling [néstliŋ] 갓 깬 새끼새

• I nestled down in bed.
  나는 편안하게 침대에 누웠다.

---

deficit ⓝ부족액, 적자

[défəsit] *다 퍼 썼다 그래서 적자가 발생했다

∘ trade deficits 무역 적자

• The country's fiscal deficit is bigger than last year.
  국가의 재정 적자가 작년보다 더 늘었다.

chasm ⓝ깊게 갈라진 틈

[kǽzəm] *캐라 좀 깊게 갈라진 틈이 생기게

- The chasm of opinion is so large that it will be difficult to reach an agreement.
  의견 차이가 너무 커서 합의에 이르기가 어려울 것 같다.

dubious ⓐ의심쩍은, 수상한, 모호한

[djú:biəs] *두고 보았어 의심스러우니까

- This report is of dubious authenticity.
  이 보고의 진위는 확실치가 않다.

screech ⓝⓥ날카로운 소리(를 지르다)

[skri:tʃ] *scratch(할퀴다) 하니까 screech 날카로운 소리를 낸다

- Arrows poured down like rain with a screech.
  화살들이 소리를 내며 비처럼 쏟아졌다.

flux ⓝ물의 흐름

[flʌks] *flow 역시 흐름이다

- The economic situation is in a state of flux.
  경제 상황이 끊임없이 변하고 있다.

stem ⓝⓥ ① 줄기, 대 ② 종족 ③ 저지하다 ④ --에서 나온다

[stem] *스태미나에 좋다고 그 ①종족은 ②줄기를 먹는다 그런데 그것을 ③저지해야 한다

- The scientists then removed stem cells from each embryo.
  과학자들을 각 배아에서 줄기세포를 제거했다.
- Much of our anxiety stem from our love for money.
  우리의 고민의 대부분은 돈에 대한 사랑에서 기인한다.
- Execute emergency measure to stem the bleeding.
  피가 흐르는 것을 막기 위해 응급조치를 해라.

swap ⓥ맞바꾸다, 교환하다

[swɑ:p] *수업과 맞바꾸다

• I don't like mine. Can I swap with you?
내 것은 맘에 안 들어. 나하고 바꾸겠니?

go for something ① -을 좋아하다 ② -을 얻기 위해 투쟁하다 ③ 팔리다

• I don't go for modern art.
나는 현대 미술은 좋아하지 않는다.

• She is going for the tennis championship this year.
그녀는 올해 테니스 챔피언십(우승)을 위해 투쟁하고 있다.

• How much did the antique go for?
그 골동품은 얼마에 팔렸냐?

amalgamate ⓥ합병하다

[əmǽlgəmèit] *아! 맬 거 맸다 모두 묶어 합병하려고

*아말감(치과 치료)은 합병하는 치료이다

◦ ⓝamalgamation [əmæ̀lgəméiʃən] (회사·사업의) 합동, 합병

• The two financial companies were amalgamated into one investment finance.
두 금융 회사가 하나의 투자 금융으로 합병되었다.

longitude ⓝ경도

[lándʒətjù:d] *long하게(길게) 지도 위에 두다 경도는

◦ latitude [lǽtətjù:d] 위도

• The motion of satellites is used as basic data for determining longitude.
위성들의 움직임은 경도를 결정하는 기본적인 자료로 사용된다.

opaque ⓐ불투명한

[oupéik] *오펙(OPEC:석유 수출국 기구)의 전망이 불투명하다

• I like opaque glass from the bathroom window.
나는 화장실 창문으로는 불투명한 유리를 좋아한다.

purchase ⓥ사다, 구입(하다)

[pə́:rtʃəs] *벌 줬어 그런 것 구입했다고

*벌써 chase 쫓아갔다 구입하려고

• We purchased freedom with sacrifice.
우리는 희생을 치르고 자유를 샀다.

---

prose ⓝⓥ산문(을 쓰다)

[prouz] *풀어 (써)야지 산문이니까

◦ verse [və:rs] 운문, 시(*벌써 시를 다 지었니?)

• He writes prose better than verse.
그는 시보다 산문을 더 잘 쓴다.

---

phase ⓝ ① 단계, 국면 ② 면, 상

[feiz] *페이지가 어떤 단계, 국면으로 넘어간다

◦ phasedown 단계적 삭감

• With the breakdown of the ceasefire negotiations, the war has entered a critical phase.
휴전 협상의 결렬로 전쟁은 중대한 국면으로 접어들었다.

---

deluge ⓝⓥ대홍수, 범람(하다)

[délju:dʒ] *델러(데릴러) 오지유? 홍수 났으니까

• Due to the abnormal climate, major deluges occur frequently.
이상 기후로 인해 대홍수가 빈번하게 발생하고 있다.

---

put 사람 out 누구를 혼란시키다, 기분 나쁘게 하다

• She is in a bad mood. She must have been put out by something.
그녀는 기분이 안 좋다. 무엇인가에 의해 자극받았음에 틀림없다.

---

grapple ⓥ ① 붙잡다(grasp) ② 격투하다, 완수하려고 애쓰다

[grǽpəl] *그래 애플을 ①붙잡으려고 ②분투 노력해라

• They encouraged each other to grapple the hope that they would be rescued.
그들은 자신들이 구출될 것이라는 희망을 잡기 위해 서로 격려했다.

• They grappled with the new project.
그는 새로운 사업을 완수하려고 애썼다.

staple ⓐⓝ중요한 (상품)

[stéip-əl] *새 테이프를 붙여라 중요한 상품에는

- Bamboo products are the staple of Dam Yang.
  대나무 제품은 담양의 주요 산물이다.

---

elapse ⓥ시간이 경과한다

[ilǽps] *일 없이 시간이 경과한다

◦ elapse=lapse

- Several months elapsed without incident.
  별일 없이 몇 달이 지나갔다.

---

lapse ⓥⓝ ① (시간의) 경과(하다) ② 착오 ③ 정도(正道)에서 벗어남, 타락 ④ (습관 따위의) 쇠퇴, 폐지(되다)

[læps] *①시간이 지났더니 ②부패해서 ③소멸되었다 ④착오였어

- You will recognize after the lapse of time that you are wrong.
  시간이 흐른 후에 너는 네가 잘못되었다는 알게 될 것이다.
- It may be a lapse of memory.
  기억 착오일 수도 있다.
- A momentary lapse brought him to disgrace.
  순간적인 실수로 그는 불명예를 겪었다.
- I had allowed my membership to lapse.
  나는 나의 회원 자격이 소멸되도록 놔두었다.

---

manifest ⓐ명백한, 분명한 ⓥ명백히 하다, 증명하다

[mǽnəfèst] *매너가 fast하고 명확해

◦ ⓝmanifestation [mæ̀nəfəstéiʃən] 표현, 명시

- It is important to manifest whether it is under pressure or deliberate.
  압력을 받아서 한 일인지 의도적이었는지를 명확히 하는 것이 중요하다.

---

ranch ⓝⓥ목장(을 경영하다)

[ræntʃ] *달렸지(ran) 목장 길을

- My uncle runs a ranch in the countryside.
  삼촌은 시골에서 목장을 경영한다.

come up with 내놓다, 제안하다, 생산하다

- She came up with a new idea for increasing sales.
  그녀가 매출 증가를 위한 새로운 아이디어를 내놓았다.

---

understudy ⓥ대역의 연습을 하다 ⓝ임시 대역 배우

[ʌ́ndərstʌ̀di] *공부 중에 있는 대역 배우

- I am an extra understudy.
  나는 임시 대역 배우이다.

---

contagion ⓝ전염(병)

[kəntéidʒən] *컨테이너 이전할 때 전염됐다

◦ ⓐcontagious 전염성의

- An outbreak of the highly contagious bird flu is spreading in South Korea.
  한국에 전염성이 강한 조류 독감이 확산되고 있습니다.

---

arithmetic ⓝ산수, 셈

[əríθmetik] *어려서 매 탁 맞으면서 산수를 공부했다

- I don't think arithmetic is a very interesting subject for elementary school students.
  산수는 초등학생들에게 별로 흥미로운 과목은 아닌 것 같다.

---

icicle ⓝ고드름

[áisikəl] *아이스(얼음) 큰 고드름은 크는 아이스다

- Icicles grows from the roof.
  고드름이 지붕에서부터 자란다.

---

mirth ⓝ명랑, 환희

[mə:rθ] *birth 탄생의 mirth 환희

◦ ⓐmirthful 환희의, 즐거운

- The birth of their first son was a great mirth for the couple.
  첫아들의 출생은 그 부부에게 큰 기쁨이 되었다.

dire ⓐ ① 대단히 심한, 무서운(terrible) ② 기분 나쁜, 우울한(dismal)

[daiər] *다이어(다이어몬드)를 ①무서워해 나는 다이어만 보면 ②기분 나빠

- I am in dire need of your support.
  나는 너의 지원을 절실히 필요로 한다.
- I'm in dire straits.
  나는 곤경에 빠져 있다.

---

delude ⓥ속이다

[dilú:d] *뒤로도 속인다

◦ ⓝdelusion [dilú:ʒən] 미혹, 기만, 망상

- There are symptoms of the delusion of persecution.
  피해망상증의 징후가 있다.
- It was a strategy to delude the enemy.
  그것은 적을 속이려는 전략이었다.

---

prevail ⓥ ① 우세하다 ② 유행하다 ③ 유력하다 ④ 설득하다

[privéil] *미리 베일을 쓰는 것이 요즘 ①유행이라고 ②설득한다

◦ ⓐprevailing [privéiliŋ] ① 우세한 ② 효과 있는 ③ 유행하는

◦ ⓐprevalent [prévələnt] (널리) 보급된

- Insomnia has been prevalent like a hidden epidemic.
  불면증이 보이지 않는 전염병처럼 유행이 되어 왔다.

---

eternal ⓐ영원한

[itə́:rnəl] *이 터널은 끝이 없다

◦ ⓝeternity [itə́:rnəti] 영원, 무궁

- This tunnel looks eternal.
  이 터널은 끝이 없어 보인다.

---

perpetual ⓐ ① 영구의, 영속하는 ② 부단한, 끊임없는

[pərpétʃuəl] *파와 배추를 끊임없이 먹어라

- The top of Greenland is covered with perpetual snow.
  그린랜드의 정상은 만년설로 덮여 있다.

sabotage ⓝⓥ방해(하다), (노동 쟁의) 업무 방해, 파괴 행위

[sǽbətɑ̀:ʒ] *사보(회사 신문) 태우지 ①업무 방해하려고 이것은 ②파괴 행위야

• Far-right crowds gathered to sabotage the peace talks.
극우 성향의 군중들이 평화 회담을 방해하려고 모였다.

---

hold out ① 내밀다 ② 저항하다(resist)

• He held out his hand.
그는 손을 내밀었다.

• How long can you hold out?
너는 얼마나 오래 저항할 수 있느냐?

---

orbit ⓝⓥ궤도(에 진입시키다)

[ɔ́:rbit] *오! 빗나갔다 궤도에서

◦ ⓝorbiter [ɔ́:bitər] (궤도에 오른) 인공위성, 궤도 비행체

◦ ⓐorbiting [ɔ́:rbitiŋ] 궤도를 선회(旋回)하는

• We succeeded in putting the satellite into orbit.
우리는 인공위성을 궤도에 올려놓는 데 성공했다.

---

pelt ⓥⓝ ① 던지며 공격하다 ② 억수같이 퍼붓다, 질주 ③ 생가죽

[pelt] *벨트를 ①생가죽으로 만들어진 벨트를 ②내던지다

• I ran at full pelt.
나는 전속력으로 달렸다.

• The pelt is impervious to water.
그 가죽은 물이 스며들지 않는다.

---

ornament ⓝⓥ장식(품), 장식하다

[ɔ́:rnəmənt] *오! 너무 많다 장식품이

*오너(사장)에게 많다 장식품이

◦ ⓐornamental [ɔ̀:rnəméntl] 장식의, 장식적인

◦ an ornamental plant 관상식물

• She ornamented her office with paintings.
그녀는 사무실을 그림들로 장식했다.

physicist ⓝ물리학자, 유물론자

[fízisist] *삐지셨다 물리학자가(실험에 실패해서)

◦ physics 물리학, 물리적 현상

• He is an outstanding and renowned physicist.
그는 탁월하고 유명한 물리학자이다.

---

hoary ⓐ ① 회백색의, 백발의 ② 고색이 완연한(ancient)

[hɔ́:ri] *호리호리한 백발인 사람

◦ hoaryheaded 흰머리의, 백발의

• This masterpiece is hoary with antiquity.
이 걸작품은 오래되어 고색이 완연하다.

---

surplus ⓝⓐ나머지(의), 잔여(殘餘)(의)

[sə́:rplʌs] *서로 플러스했다 남는 것들끼리

• Last year, the trade surplus was $5 billion.
작년 무역 수지 흑자가 50억 달러였다.

• Don't buy surplus to your needs.
너의 필요 이상으로 구매하지 마라.

---

defile ⓥ ① 더럽히기, 더럽히다, 훼손하다 ② 일렬종대로 하다

[difáil] *뒤에 있는 파일들을 ①일렬종대로 늘어놓고 모두 ②훼손시켜라

• He who touches pitch shall be defiled therewith.
피치(원유 찌꺼기)를 건드리는 사람은 그 때문에 더러워질 것이다.

---

superfluous ⓐ남는, 여분의, 불필요한

[su:pə́:rfluəs] *슈퍼로 불렀어 남는 것 가져가라고

◦ surplus [sə́:rplʌs] 나머지, 잔여(殘餘)

• I was called to the supermarket to take superfluous stuff.
나는 여분의 물건을 가져가도록 슈퍼마켓으로 불려 갔다.

elegant ⓐ우아한, 고상한(graceful)

[éligənt] *엘리펀트(코끼리)가 우아하게 생겼다

◦ ⓝelegance, elegancy [éligəns] 우아함

• That woman in a plain but elegant dress really stands out.
소박하지만 우아한 드레스를 입고 있는 저 여인이 참으로 돋보인다.

---

arrogant ⓐ거만한

[ǽrəgənt] *elegant(우아)하다고 arrogant(거만)해진다

◦ ⓝarrogance [ǽrəgəns]=arrogancy[-i] 오만, 거만

◦ ㊌haughty [hɔ́:ti] 오만한, 거만한

• The conventional wisdom that doctors are arrogant is wrong.
의사들은 거만하다는 통념은 잘못된 것이다.

---

haughty ⓐ오만한, 건방진

[hɔ́:ti] *호사한 티 입고 오만하게 군다

• He showed a haughty attitude at first.
그는 처음에 거만한 태도를 나타냈다.

---

disdain ⓝⓥ경멸(하다), 무시하다

[disdéin] *this 대인을 무시하다니!

• They disdained laying down their arms and gave a fierce martyrdom.
그들은 항복을 거부하고 장렬한 순교를 하였다.

---

solemn ⓐ장엄한, 심각한, 엄숙한

[sɑ́ləm] *예루 살렘은 ①장엄하고 ②엄숙해

◦ ⓝsolemnity [səlémnəti] 장엄, 엄숙

◦ a solemn ritual 엄숙한 의식

• Mother put on a solemn look.
엄마는 근엄한 표정을 지으셨다.

---

as it were 말하자면(so to speak)

• You are, so to speak, a walking dictionary.
너는 말하자면 걸어 다니는 사전이다.

modify ⓥ변경하다, 수정하다

[mɑ́dəfài] *마더가 파이를 수정한다

◦ ⓝmodification [mɑ̀dəfikéiʃ-ən] 수정, 변경

• Scientists modify their views by the emergence of new evidence.
과학자들은 새로운 증거의 출현에 의해 종종 자신들의 견해를 수정한다.

---

as regards- –에 대하여 말한다면

• As regards his birth, he was born of mongoloid and white parentage.
너의 태생에 대해 말하자면 황인과 백인 사이의 혼혈이다.

---

in terms of- –에 의하여, –으로 환산하면, –의 견지에서

• He expressed his idea in terms of action.
그는 행동으로 생각을 표현했다.

• If computed in terms of tonnage, it will aggregate 100 tons.
용적 톤수로 환산하면 그것은 100톤에 달할 것이다.

• He sees everything in terms of money.
그는 모든 것을 돈이라는 관점에서 본다.

---

congregate ⓥ모이다 ⓐ집단적인

[kɑ́ŋgrigèit] *깡그리 게이트(정문)에 ①모였다 ②집단적으로

◦ ⓝcongregation 모임(assembly), 회중

• The people congregated in the park.
사람들이 공원에 운집했다.

---

aggregate ⓥ ① –을 모으다, 모이다 ② 총계(–이 되다)

[ǽgrigèit] *왜 그리 게이트에 ①모여 있니? 게이트에 다 모이니 ②총계 몇이나 되냐?

◦ aggregate demand 총수요

◦ in (the) aggregate 전체로서

◦ ⓝaggregation 집합(체)

• The money collected aggregated one million dollars.
모인 돈은 총계 100만에 달했다.

• The amount of money raised in the year is $100 million in aggregate.
모금된 돈의 양이 총계 1억 달러이다.

stick ⓝⓥ ① 막대기, 지팡이 ② 찌르다 ③ 고착하다, 고정하다

[stik] *스틱(막대기)으로 ①찌르고 ②막대기에 ③고착하다

◦ stick to -에 고착하다

◦ stickability [stìkəbíləti] 참을성, 인내력

• He sticks to a job.
그는 직업에 충실하다.

• Stick this note on the noticeboard.
게시판에 이 공고를 붙여 놓아라.

---

mill ⓝ ① 방앗간, 공장 ② 공공기관

[mil] *밀 빻는 ①방앗간은 ②공장도 되고 ③공공기관도 된다

◦ millstone 맷돌, 분쇄기

◦ a divorce mill 이혼 재판소

• Water mill is not seen any more.
물레방앗간은 더 이상 보이지 않는다.

• She is a wife in the mill.
그녀는 신부 수업 중이다. (예비 신부이다)

---

devoid ⓐ-이 없는

[divɔ́id] *뒤를 보아도 아무것도 없다

◦ void ① 빈, 공허한 ② (직위 따위가) 공석인 ③ 무효의

◦ ㉥valid [vǽlid] 유효한

◦ be devoid of -이 없다

◦ void hours 빈 시간

• The agreement document was void because it did not meet the prerequisites.
그 합의 문서는 전제 조건을 충족하지 못해서 무효가 되었다.

---

soothe ⓥ(사람·감정을) 달래다(comfort), 위로하다(console)

[su:ð] *수도 없이 위로하다

◦ ㉾console [kənsóul] 위로하다

• We soothed them not to lose Desire for Living.
우리는 삶의 의욕을 잃지 않도록 그들을 격려했다.

forbear ⓥ억제하다, 삼가다, 참다, 견디다

[fɔːrbɛ́əːr] *곰(bear)을 잡기 위해서(for) 참는다

◦ forbear-forbore-forborne

◦ ⓝforbearance [fɔːrbɛ́-ərəns] 자제(심)

◦ ㊜bear [bɛər] 참다

• I couldn't forbear reproaching him.
나는 그를 비난하지 않을 수 없다.

---

impend ⓥ(위험·사건 따위가) 절박하다

[impénd] *임을 팬다 정말 상황이 절박하다

◦ ⓐimpending 절박한(impendent), 박두한(imminent)

• The war impends.
전쟁이 임박해 있다.

---

merge ⓥ ① 합병하다 ② 점차 -으로 바뀌다

[məːrdʒ] *멀지 않아 합병하여, -으로 바뀔 것이다

• Two parties were merged before the election.
두 당은 선거 전에 합병되었다.

• Fear was gradually merged into rage.
공포는 분노로 점차 바뀌었다.

---

grim ⓐ ① 엄(격)한, 모진(severe, stern) ② 냉혹한, 무자비한(cruel) ③ 굳센, 불굴의

[grim] *그림의 분위기가 ①냉혹하고 엄한데 ②굳세다

◦ ⓝgrimace [gríməs] 얼굴을 찡그림

◦ make grims 얼굴을 찌푸리다

• You must not confuse dream with grim reality.
너는 꿈과 냉정한 현실을 혼동해서는 안 된다.

---

rigid ⓐ굳은, 단단한

[rídʒid] *의지도 굳은

◦ ㊥pliable [pláiəbəl] 부드러운(soft), 휘기 쉬운

• Rigid rules are necessary for order.
질서를 위해 엄중한 규칙이 필요하다.

swear ⓥ ① 맹세하다, 선서하다 ② 신을 모욕한다

[swɛər] *스스로 외워 ①선서를 한다 ②신을 모독하는 선서를

◦ swear-swore-sworn

◦ swear word 욕설

• I swear to his innocence.
나는 그의 무죄를 단언한다.

---

commission ⓝ ① 임무 ② 위임 ③ 위원회 ④ 죄를 저지름 ⑤ 약속

[kəmíʃən] *컴 와서 미션을 ①위임받고 ②약속을 했는데 ③죄를 지었다

◦ ⓥcommit ① 죄를 저지르다 ② 위임하다 ③ 약속하다

◦ on commission ① 위탁을 받고 ② 수수료를 받고

◦ a commission of inquiry 조사 위원회

• I had a commission to help him with his English.
나는 그가 영어를 공부하는 것을 도와주겠다고 약속했다.

• He has committed all the judging to his son.
그는 아들에게 모든 판단하는 일을 위임했다.

• I sold books on commission.
나는 책들을 위탁 판매했다.

---

booty ⓝ노획물

[bú:ti] *부티가 난다 노획물이

• I made booty of good shoes.
나는 좋은 신발을 구했다.

---

slander ⓥ중상(하다)

[slǽndər] *슬슬 lander를 중상한다

• Slander is the type of defamation that you hear.
명예 훼손은 당신이 듣는 또 다른 모략의 한 종류이다.

---

lag ⓥ뒤처지다

[læg] *leg(다리) 때문에 뒤처진다

◦ laggard [lǽgə:rd] ① 낙후자 ② (경제활동의) 늦는 분야

◦ ⓐⓝlagging 늦음, 더딘

• I lagged behind in moving boxes.
상자들을 옮기는데 내가 뒤처졌다.

murmur ⓥ중얼거린다

[mə́:rmə:r] *뭐, 뭐라고 중얼거린다(mumble)

◦ ⓐmurmurous 살랑거리는, 투덜[중얼]거리는

• The librarian admonished not to murmur.
사서는 학생들에게 속삭이지 말라고 주의를 주었다.

• I enjoy listening to the murmur of a stream.
나는 시냇물의 졸졸 흐르는 소리를 듣는 것을 즐긴다.

---

make-shift ⓝⓐ임시변통의 수단, 임시의

*먼저 shift 키를 움직여라 임시변통으로

• Whenever there is a financial crisis, the government takes only makeshift measures.
금융 위기가 발생할 때마다 정부는 땜질 처방만 일삼고 있다.

---

profound ⓐ ① 심오한 ② 충심에서 우러나오는

[prəfáund] *프로(전문가)가 found(발견)했다 심오한 것을

• His decision is based on a profound moral conviction.
그의 결정은 심오한 도덕적 신념에 근거해 있다.

---

retail ⓝⓐ소매(의)

[rí:tei] *detail한 것은 소매로 판다

◦ retailer 소매상인

◦ a retail dealer 소매상(商)

• A retail price index is higher than expected.
소매 물가 지수가 예상치보다 높다.

---

rampage ⓝⓥ마구 날뜀(날뛰다)

[rǽmpeidʒ] *ram(숫양)이 페이지 위를 마구 날뛰며 다닌다

• A funeral was hold for the students killed by a lunatic's shooting rampage.
한 미치광이의 총기 난사에 의해 살해된 학생들을 위한 장례식이 열렸다.

caress ⓝⓥ애무(하다)

[kərés] * 커서 하랬어 애무는

◦ caress a child 애의 머리를 쓰다듬다

• Caressing by force is illegal sexual molestation.
강제로 만지는 것은 불법적인 성추행이다.

---

conjecture ⓝⓥ추측(하다)

[kəndʒéktʃər] * 큰 적자가 날 것이라고 추측한다

• We conjectured that our project would bear a big deficit.
우리는 우리의 프로젝트가 큰 적자를 감수하게 될 것이라고 추측했다.

---

sagacious ⓐ총명한, 기민한

[səgéiʃəs] * 서 계셨어 총명한 사람이

◦ ⓝsagacity [səgǽsəti] 총명, 명민

• A sagacious person has the ability to behave with discernment.
현명한 사람은 분별 있게 행동할 능력을 가지고 있다.

---

vital ⓐ ① 생명의, 생기가 넘치는 ② 결정적인

[váitl] * 봐라 이틀 후면 ①생기가 넘치게 될 거야, 봐라 이틀이 ②결정적인 기간이다

◦ ⓝvitality [vaitǽləti] 생명력, 활력

◦ ⓥvitalize [váitəlàiz] 활력을 부여하다

◦ vital force 생명력

• The heart is one of the vital organs thought to benefit from exercise.
심장은 운동으로부터 유익을 얻는다고 여겨지는 생명 기관들 중의 하나이다.

• How vital our sun is to the earth.
우리의 태양은 지구에 얼마나 필요한가!

---

see off 배웅하다

• I was seeing a friend of mine off when my teacher saw me at the bus stop.
선생님이 나를 보셨을 때 나는 친구 한 명을 배웅하고 있었다.

animosity ⓝ적의, 증오

[æ̀nəmάsəti] *아니? 맞섰다고 적의를 가지고?

◦ ㊒animus [ǽnəməs] 적의, 증오

• Failure to control animosity leads to great disaster.
증오를 제어하지 못하면 큰 재난을 초래하게 된다.

---

slaughter ⓝⓥ ① 도살(butchering)(하다) ② 살해(하다)

[slɔ́:tə:r] *슬로탄(수류탄) 터져 사람을 죽였다

• There was a large scale of slaughter.
대규모의 살육이 있었다.

---

interpret ⓥ ① -의 뜻을 해석하다 ② 이해하다 ③ -의 통역을 하다

[intə́:rprit] inter 사이에서 풀었다 ①통역하고 ②해석해 주어서

◦ ⓝinterpretation [intə̀:rprətéiʃən] ① 해석, 설명 ② 통역

◦ interpreter [intə́:rprətər] ① 해석자, 설명[판단] ② 통역(자)

• The correct interpretation of his action is vague.
그의 동작의 정확한 의미가 모호하다.

• I read the story many times to interpret the hidden meaning of a parable.
그 우화의 숨은 의미를 이해하려고 그 이야기를 여러 번 읽었다.

---

befall ⓥ-에게 일어나다, 생기다

[bifɔ́:l] *비가 fall(떨어져) 어떤 일이 생기다

◦ befall-befell-befallen

• A disaster befell to me.
나에게 재난이 닥쳤다.

• The suspicion that he's conspiring with the enemy befell beyond my cognizance.
그가 적과 음모를 꾸민다는 사실은 나의 인식 밖에 있었다. 즉 상상도 하지 못했다.

mutual ⓐ상호의

[mjúːtʃuəl] *맞출 서로 상호 간에

◦ mutual insurance 상호 보험

◦ ⓝmutuality [mjùːtʃuǽləti] 상호 관계, 상호 의존

• The spirit of mutual cooperation made us get to the solution.
상호 협력의 정신이 우리들을 해결책에 이르게 했다.

---

rally ⓥⓝ다시 모으다(모이다), 집회

[rǽli] *날래 집합하라우(북한 말씨)

• Mass rally in support of the armistice put pressure on the Prime Minister.
휴전을 지지하는 대중 집회가 총리에게 압력을 주었다.

---

mimicry ⓝ흉내, 모방

[mímikri] *매미가 cry하는 것을 흉내 낸다

• He was born with a knack for mimicking other people's voices.
그는 다른 사람의 목소리를 모방하는 재주를 가지고 태어났다.

---

illustrate ⓥ ① 설명하다 ② 삽화를 넣다, 예를 들어 설명하다

[íləstrèit] *일어서랬다 ①설명하려면, 설명하려면 ②예도 들고 삽화도 넣으면서 설명해라

◦ illustrated 삽화가 든, 그림[사진]이 든

◦ ⓝillustration ① 삽화, 도해 ② 예해(例解), 실례

◦ in illustration of -의 예증으로서

• The incident illustrates the need for better security measures.
그 사건은 더 나은 안전 조치의 필요성을 실증한다.

---

probe ⓥⓝ탐사(하다), 조사, 탐침

[proub] *problem을 ①조사한다 ②탐침을 써서

• The doctor probed the wound for signs of infection.
의사는 부상 부위에 감염 징후가 있는지 살폈다.

swell ⓝⓥ ① 부풀어 오름, 팽창하다 ② 증가하다

[swel] * 스스로 잘(well) ①부풀어 올라 ②증가한다

◦ ⓝswelling [swéliŋ] 증대, 팽창

◦ swell with the ranks of -에 가담하다

• Her eyes were red and swollen from crying.
그녀의 눈은 울어서 충혈되고 부었다.

• He is swollen with pride.
그는 자만심으로 가득 찼다.

---

uproot ⓥ뿌리 뽑다(rootup)

[ʌprúːt] * root(뿌리)를 위로(up) 하는 것이므로 뿌리 뽑는 것이다

• Human governments can't uproot poverty.
인간 정부들은 빈곤을 근절할 수 없다.

• Millions of people were uprooted by the war.
수백만의 사람들이 전쟁으로 삶이 뿌리째 뽑혔다.

---

penance ⓝ ① 후회, 반성 ② 고행

[pénəns] * 펜으로 너는 쓰라 ①참회(반성)문을 ②고행하며

◦ do penance for one's sins 자기의 죄를 속죄하다

• The criminal collected his salary and gave it to me to do penance for his sins.
그 범죄자는 자기의 죄를 속죄하기 위해 월급을 모아서 나에게 주었다.

---

inherent ⓐ본래부터 가지고 있는, 고유의

[inhíərənt] * in(안에) here(여기)에 본래부터 있었다

• Heart muscle cells have inherent power of rhythmic contraction.
심장 근육 세포는 리듬에 맞춰 수축하는 본래의 힘을 가지고 있다.

---

trait ⓝ특성, 특질

[treit] * 틀에 있다(틀에 박혀 있다) 어떤 특성이

◦ a trait of humor 유머 기질

• One of his predominant traits is his positive temperament.
그의 눈에 띄는 특징들 중 하나는 그의 긍정적인 기질이다.

traitor ⓝ반역자, 배반자

[tréitəːr] *반역자 특성(trait)이 있다

◦ ⓐtraitorous [tréit-ərəs] 배반하는

• The traitors supplicated the king to acquit their sons.
반역자들은 왕에게 자기 아들들의 무죄를 탄원했다.

---

bound ⓥ ① bind(묶다)의 과거, 과거 분사형 ② -할 것 같다 ③ 튀어 오르다 ④ 경계(선) ⑤ -를 향해 가는

[baund]

• It was bound to happen sooner or later.
그것은 조만간 발생할 가능성이 컸다. (=우리가 그것을 예상했어야 했다)

• It is bound to rain soon.
곧 비가 올 것이다.

• He often passes the bounds of common sense.
그는 종종 상식의 선을 넘는다.

• This train is bound for New York City.
이 열차는 뉴욕행 열차입니다.

---

reckon ⓥ ① 세다, 계산하다 ② -으로 간주하다

[rék-ən] *"내 껀"(내 것은) 하며 ①계산하더니 자기 것으로 ②간주한다

• I reckon that he would state in the negative.
나는 그가 부정적으로 진술할 것이라고 생각한다.

• The charges are reckoned from August.
요금이 8월부터 계산된다.

---

accumulate ⓥ축적하다, 쌓이다

[əkjúːmjəlèit] *어 꾸물거리다 냈더니 (액수가) 엄청 쌓였다

◦ an accumulated fund 적립금

◦ ⓝaccumulation 축적

• He accumulated a lot of fortune in an dishonest way.
그는 부정직한 방법으로 많은 재산을 축적했다.

conquer ⓥ정복하다

[káŋkər] *콩고를 정복하다

◦ conqueror [káŋkərər] 정복자

◦ ⓝconquest [káŋkwest] 정복

• He conquered his physical disabilities.
그는 신체장애를 극복했다.

---

grab ⓥ ① 움켜잡다 ② 횡령하다, 가로채다

[græb] *손잡이 grip을 ①움켜잡고 ②가로챘다

• He grabbed her by the arm.
그는 그녀의 팔을 붙잡았다.

• He grabbed the property from his clan.
그는 문중의 재산을 횡령했다.

---

grasp ⓥ ① 붙잡다(grip) ② 완전히 이해하다

[græsp] *grab나 grasp이나 잡기는 마찬가지다 꽉 잡는 것은 이해하는 것이다

• He grasped me by the arm.
그는 내 팔을 잡았다.

---

grip ⓝ ① 꽉 쥠, 지배 ② 이해력

[grip] *grab도 잡는 것이고 grasp도 잡는 것이고 grip도 잡는 것이다

◦ at grips (어떤 문제 등과) 맞붙어, 씨름하며(with)

◦ have a good grip on -을 잘 파악[이해]하고 있다

• The old male lion is losing his grip.
늙은 수사자는 통솔력을 잃고 있다.

---

rip ⓥ ① 째다, 쪼개다, 찢다 ② 벗겨 내다

[rip] *grip 잡고 rip ①찢고 ②벗긴다

• They ripped off the wallpaper.
그들은 벽지를 벗겨 냈다.

detest ⓥ매우(몹시) 싫어하다(dislike, hate)

[ditést] *뒤에서 테스트하는 것을 몹시 싫어한다

◦ ⓝdetestation [dì:testéiʃən] 증오, 혐오(hatred)

• Your arrogance is detestable to the classmates.
 너의 교만함은 급우들의 미움을 받는다.

---

fort ⓝ보루, 요새, 성채

[fɔ:rt] *포(대포)도 있다 요새에

◦ fortress [fɔ́:rtris] 요새(지), 성채

◦ hold the fort 자기 입장을 고수하다

• The fort protects the enemy.
 그 요새가 적들을 보호한다.

---

fortress ⓝ요새지, 성채

[fɔ́:rtris] *fort나 fortress나 모두 요새다

• Our mission is to defend a fortress to the last.
 우리의 임무는 요새를 사수하는 것이다.

---

reclaim ⓥ ① 교정하다, 개심케 하다 ② 항의하다

[rikléim] *다시 요구(claim)해서 즉 ①항의해서 ②고치게 했다

• Her devoted love reclaimed me from a life of sin.
 그녀의 헌신적 사랑은 나를 죄의 생활에서 개심케 했다.

---

reinforce ⓥ강화하다(strengthen)

[rì:infɔ́:rs] *레인이(비가) force를(힘을) 강화시킨다(비가 식물에게 힘을 준다고)

◦ ⓝreinforcement 강화, 보강

• I reinforced his will with much encouragement.
 나는 많은 격려로 그의 의지를 강화시켰다.

---

constable ⓝ경찰관, 경관

[kɑ́nstəbl] *간수와 테이블에 앉아 있는 사람은 경찰관이다

◦ outrun the constable (경찰을 피해) 달아나다

• The constable tried to prosecute the suspect.
 경관이 피의자를 기소하려고 했다.

nominate ⓥ지명하다

[nɔ́mənèit] *놈이었다 나를 지명한 자가

◦ ⓝnomination [nɑ̀mənéiʃ-ən] 지명[임명](권), 추천

◦ nominee 후보자

• The president put off the nomination for prime minister.
대통령은 총리의 지명을 연기했다.

---

dispense ⓥ ① 분배하다, 나누어 주다 ② 조제하다, 시약[투약]하다

[dispéns] *이(this) pens(펜들) ①나누어 주고 ②약 조제법을 쓰라고 한다

◦ dispense with -없이 지내다(do without), -을 필요 없게 만들다

◦ dispensable [dispénsəbəl] ① 없어도 되는, 필수적이 아닌 ② 분배할 수 있는

◦ indispensable 필수적인

• I can not dispense with the Bible.
나는 성서 없이는 살 수 없다.

• The new skill dispenses with much labor.
새로운 기술은 많은 노동을 필요 없게 만든다.

---

esteem ⓝⓥ ① 존경(하다), 존중(하다)(respect) ② -로 생각한다

[istí:m] *이 씨는 팀에서 ①존경받는다고 ②생각한다

◦ self-esteem 자부심

• I esteem it worthless.
나는 그것을 무가치하다고 생각한다.

• I esteem him for his honesty.
나는 그의 정직성을 높이 평가한다.

• In my esteem this theory is defective.
나의 생각에는 이 이론은 결함이 있다.

---

serpent ⓝ뱀

[sə́:rp-ənt] *살핀다 뱀이 있나

• People threw stones at the serpent.
사람들이 뱀에게 돌을 던졌다.

auspice ⓝ(보통 복수형) 찬조, 후원

[ɔ́:spis] * 어서 piece 한 조각 후원해라

• The project is under the auspice of the state.
  그 사업은 주의 후원을 받는다.

---

stroll ⓥ산책하다

[stroul] * 수도를 산책하다

◦ go for a stroll 산책하다

• He makes it a rule to stroll about in the suburbs.
  그는 교외로 나가 산책하는 것을 습관으로 한다.

---

awkward ⓐ섣부른, 서투른, 거북한

[ɔ́:kwərd] * 옥에 가도 거북하고 섣부르다

• He feels awkward before a large audience.
  그는 많은 청중 앞에서는 거북스럽게 느낀다.

• He is awkward with writing.
  그는 쓰는 것이 서툴다.

---

awning ⓝ(비나 해를 가리기 위해 창에 댄) 차일

[ɔ́:niŋ] * (오닝) 비가 오닝? 차일을 쳐라

• There was a lot of delicious food under the awning.
  천막 아래에는 많은 맛있는 음식들이 차려져 있었다.

---

avalanche ⓝ눈사태

[ǽvəlæ̀ntʃ] * 애벌렌지 눈사태로 죽은 것이

• They have issued an avalanche warning.
  그들은 눈사태 경고를 발하였다.

---

scold ⓥ꾸짖다

[skould] * 스쿨(학교)도 꾸짖는 곳이다 * cold 하게 꾸짖는다

◦ scolding [skóuldiŋ] 잔소리, 질책

◦ scold at each other 서로 욕지거리하다

• Critically scolding can make your child feel depressed.
  비평적으로 꾸짖는 일은 당신의 자녀를 낙담하게 만들 수 있다.

gulp ⓥ ① 꿀꺽꿀꺽 마시다, 꿀떡꿀떡 마심 ② 억제하다, 참다

[gʌlp] *걸 프렌드가 ①꿀꺽꿀꺽 마신다 계속 ②억제했었나 봐

◦ ⓟgobble [gάbəl] 게걸스레 먹다, 꿀떡 삼키다

◦ at a gulp 한입에, 단숨에

• Being thirsty, I gulped down water.
목이 말랐기 때문에 나는 물을 꿀꺽꿀꺽 마셨다.

---

gobble ⓥ게걸스레 먹다, 꿀떡 삼키다

[gάbəl] *가불해서 게걸스레 먹는다

• It doesn't look dignified for your girl friend to gobble her food like that!
너의 여자 친구가 음식을 그렇게 게걸스럽게 먹는 것은 품위 있어 보이지 않는다.

---

paw ⓝ(발톱 있는 동물의) 발 ⓥ발로 할퀴다

[pɔː] *포(쥐포, 육포)를 ①발로 ②잡고 할퀸다

• There is living a shaggy monster with huge paws in the cave.
동굴 안에 거대한 발톱을 가지고 있고 털이 많은 괴물이 살고 있다.

---

claw ⓝ발톱 ⓥ발톱으로 할퀴다

[klɔː] *paw도 발톱이고 claw도 발톱이다

• The lion is known by his claw.
사자는 발톱을 보면 안다. 즉 한 일을 보면 열 일이다.

---

flaw ⓝⓥ흠, 결함, 하자(를 내다)

[flɔː] *claw 발톱으로 flaw 흠을 낸다

• The greatest flaw in his personality is a proud characteristic.
그의 성격의 가장 치명적인 흠은 교만한 특성이다.

---

preach ⓥ설교하다, 전도하다, 설명하다, 설득하다

[priːtʃ] *뿌리쳐 설교하는 것을

◦ preacher [príːtʃər] ① 설교자 ② 주창자, 훈계자

◦ preaching 설교

• The pastor preached on the importance of prayer.
교직자가 기도의 중요성에 대해 설교했다.

anecdote ⓝ일화

[ǽnikdòut] *워낙 독특한 일화

- The anecdote is simple, but it tells us how he treats people.
  그 일화는 간단하지만 그것은 그가 사람들을 대하는 방식을 알려 준다.

passive ⓐ ① 소극적인 ② 수동형의

[pǽsiv] *패스해 봐 소극적인 사람에게도

◦ passive smoking 간접흡연

- In spite of passive disposition, he endeavored to overcome his defects.
  소극적인 성격임에도 불구하고 그는 자신의 단점을 극복하려고 노력했다.
- Many non-smokers are suffering from passive smoking.
  많은 비흡연자들이 간접흡연의 피해를 받고 있다.

impassive ⓐ ① 무감각한(unemotional) ② 의식이 없는

[impǽsiv] *passive는 수동적인 것이고 impassive는 더 심하여 무감각한 것이다

- Watching the violent films may make one impassive to the sufferings of others.
  폭력적인 영화를 보는 것은 다른 사람의 고통에 대해 무감각하도록 만들 수 있다.

discriminate ⓥ구별하다, 판별하다

[diskrímənèit] *이(this) 크림이 더 낫다고 구별하고 판별한다

◦ ⓝdiscrimination [diskrìmənéiʃən] 구별, 식별(력)

- The computer also lacks the ability to discriminate between Sense and Sensibility
  컴퓨터 역시 이성과 감성을 구별할 능력이 모자란다.

munch ⓥ우적우적 먹다

[mʌntʃ] *뭔지를(무언가를) 우적우적 먹고 있다

- The horses munch grass while the sun warms their broad backs.
  말들은 햇빛이 그들의 넓은 등을 데울 때 풀을 우적우적 먹는다.

pregnant ⓐ ① 임신한 ② 풍부한

[prégnənt] *미리(pre) 그 여인도 ①임신해서 ②풍만해졌다

◦ ⓝpregnancy [prégnənsi] 임신, 풍부

• My wife is seven months pregnant.
나의 아내는 임신 7개월이다.

---

mundane ⓐ세속의, 현실적인, 일상적인

[mʌ́ndein] *먼데이(월요일)에는 ①일상적인 ②세속 일을 한다

• In a world defined by discord, brutality has become mundane.
갈등으로 정의되는 세계에서 잔인성은 일상적인 일이 되었다.

---

abduct ⓥ유괴하다

[æbdʌ́kt] *어부가 닥터를 유괴한다

◦ ⓝabductee 유괴된 사람

◦ ⓝabduction 유괴

• The criminal who had abducted a child was arrested.
어린이를 유괴한 범인이 체포되었다.

---

radical ⓐ ① 근본적인, 철저한 ② 급진적인

[rǽdikəl] *ready(준비)할걸 근본적이고 철저하게

• There should be a radical reformation in your eating habits.
너의 식습관에 근본적인 개혁이 있어야 한다.

---

all but 거의

• He was all but drowned.
그는 하마터면 익사할 뻔했다.

---

provoke ⓥ(감정 따위를) 유발시키다(bring about), 성나게 하다

[prəvóuk] *부러(일부러) 볶아서 ①유발시키고 때로는 ②성나게 한다

◦ ㊌enrage [enréidʒ] 노하게 하다

◦ ⓐprovocative [prəvɑ́kətiv] 성나게 하는, 약 올리는

◦ ⓝprovocation [prɑ̀vəkéiʃən] 성나게 함

• I was provoked by his rudeness.
나는 그의 무례함 때문에 화가 났다.

• Hiding terrorists provoked a war.
테러분자들을 숨겨준 것이 전쟁을 유발시켰다.

---

evoke ⓥ감정을 불러일으키다

[ivóuk] *이것이 볶아서 감정을 나게 한다

*provoke도 감정을 일으키는 것이고 evoke도 감정을 일으키는 것이다

• Her letter evoked my curiosity.
그녀의 편지는 나의 호기심을 불러일으켰다.

---

distribute ⓥ ① 분배하다 ② 살포하다 ③ 분류하다

[distríbju:t] *이 트리(나무)에게서 배웠다 ①분배하고 나누어 주는 법을, 분배하려면 ②분류해야 한다

◦ ⓝdistribution ① 분배 ② 분포 ③ 분류

• The distribution of relief funds must be made quickly and equitably.
구호 기금을 분배하는 일은 신속하고 공평하게 이루어져야 한다.

---

emission ⓝ방사, 발산, 발행

[imíʃən] *이 미션(임무)은 발산하는 것이야

◦ ⓥemit (빛·열·냄새·소리 따위를) 내다, 발하다, 방출하다

◦ emission restrict 배출 가스 규제

• CO_2 emissions from residential heating account for one part of air pollution.
주거 난방으로부터의 이산화탄소 배출량은 공기 오염의 한 가지 원인을 설명한다.

---

supersede=supercede ⓥ-에 대신하다

[sù:pəərsí:d] *슈퍼 씨다(개량종 씨앗이다) 이것으로 대체해라

◦ ⓝsupersedure [sù:pərsí:dʒər] 대신 들어섬, 교체

• The inferior seeds has been superseded by the superior seeds.
열등한 씨앗들이 우수한 씨앗들로 교체되었다.

advent ⓝ출현, 도래

[ǽdvent] *adventure 모험 시대가 도래했다

∘ the advent of new technology 신기술의 출현

• With the advent of virtual currency, the economic and financial landscape has changed.
가상 화폐의 출현으로 경제 금융의 판도가 바뀌었다.

---

plough ⓥ쟁기질하다(plow)

[plau] *플라우어를 심으려고 쟁기질한다

• Plough the field before sowing.
파종하기 전에 밭을 갈아라.

---

out of order 고장 난

• My phone is out of order.
나는 전화기가 고장 났다.

---

resource ⓝ근원, 원천

[ríːsɔːrs] *이 소스의 근원, 원천

• Natural resources are running out.
천연자원들이 고갈되고 있다.

---

staff ⓝ ① 막대기, 지팡이(stick) ② 참모, 간부

[stæf] *스탭진은 ①간부들을 가리키는 말인데 그들은 ②막대기를 들고 다닌다

• I am on the editorial staff.
나는 편집부원이다.

• He is the Chief of Naval Staff.
그가 해군 참모 총장이다.

---

coma ⓝ혼수상태

[kóumə] *꼬마가 혼수상태에 있다

• She has been in a drug-induced coma for three days.
그녀는 3일 동안 약물로 인한 혼수상태에 있다.

pawn ⓝ저당(물), 볼모

[pɔːn] * 폰을 저당 잡히다

◦ put something in pawn 무엇을 전당 잡히다

• I put my gold ring in pawn because I had no money.
돈이 없어서 금반지를 저당 잡혔다.

---

counterfeit ⓐ모조의

[káuntərfit] * 카운터에 일 피트짜리 모조품이 서 있다

◦ a counterfeit note 위조지폐

◦ counterfeit illness 꾀병

• The prosecution sued them for making counterfeit currency.
검찰이 그들을 모조 화폐를 만든 혐의로 기소했다.

---

reign ⓝⓥ통치, 지배, 통치하다

[rein] * 레닌이 다스린다 * rain을 다스린다

◦ reigning [réiniŋ] 군림하는, 행세하는

• In democracy, the people has the reign.
민주주의에서는 국민이 통치권을 갖는다.

---

compulsory ⓐ강요된, 강제인

[kəmpʌ́lsəri] * 컴컴한 곳에서 벌서라고 강요한다

◦ ⓝcompulsion [kəmpʌ́lʃən] 강요, 강제

◦ ⓐcompulsive [kəmpʌ́lsiv] 강제적인

• Military education was compulsory when we were students.
군사 교육이 우리가 학생일 때는 의무적이었다.

---

procedure ⓝ진행 절차, 과정, 발전

[prəsíːdʒər] * 풀어 써 줘 진행 과정을

◦ ⓥproceed ① 계속 나아가다 ② 처리하다

◦ ⓝproceeding [prousíːdiŋ] 진행, 행동, 조처

• Proceed with your story.
이야기를 계속하시오.

numerous ⓐ수많은, 많은(many), 무수한, 다수의

[njúːm-ərəs] *너무 많았어 수없이

◦ ⓐnumeral 수의, 숫자상의(numerary)

◦ ⓥnumerate [njúːmərèit] 세다, 계산하다

• Not many years ago, we could see numerous windmills.
수년 전만 해도 우리는 많은 풍차를 볼 수 있었다.

---

courteous ⓐ예의 바른, 정중한

[kɔ́ːrtiəs] *코트(court 법정)에서 예의 바르게 처신해라

◦ ⓝcourtesy [kɔ́ːrtəsi] 예의 바름, 정중함

◦ to return the courtesy 답례로서

• Answer in courteous words even if you feel unfair.
네가 부당하다고 느끼더라도 정중한 말로 대답해라.

---

garment ⓝⓥ의복(을 입히다)

[gáːrmənt] *가면도 의복에 해당된다

• It is reasonable to wear warm undergarments in winter.
겨울에 따뜻한 내복을 입는 것은 합리적이다.

---

apparel ⓝⓥ의복, 의상, 입히다, 치장하다

[əpǽrəl] *앞에를 ①옷을 입혀 ②치장하다

◦ intimate apparel 실내복, 잠옷

• Don't go out in intimate apparel.
잠옷을 입고 외출하지 마라.

---

surmount ⓥ ① 산에 오르다 ② 극복하다

[sərmáunt] *서라 mountain에 ①극복하며 ②올라가서

◦ ⓐsurmountable 극복할 만한

• Distressing as they are, the problems are not insurmountable.
괴롭히기는 하지만 문제들이 극복할 수 없는 정도는 아니다.

licit ⓐ합법의, 적법한

[lísit] * 니 사이트는 합법이다

◦ ⓑillicit 불법의

• There was an illicit trade in stolen vehicles.
도난 차량의 불법 거래가 있었다.

---

bulge ⓥ부풀어 오르다 ⓝ부풀어 오른 것

[bʌldʒ] * 벌이 쥐를 부풀어 오르게 한다(쏘아서)

• There was a bulge in the birthrate last year.
작년에 출생률에 급등이 있었다.

---

clamor=clamour ⓝ소란, 시끄러움 ⓥ시끄럽게 떠들다

[klǽmər] * 클레 모어(무기)가 터지면 시끄러운 소리가 난다

* 그래 모여 있으니 소란스럽다

◦ ⓐclamorous 떠들썩한

• The workers clamoured for the increase of wages.
노동자들은 임금의 인상을 요구했다.

---

resume ⓥ ① (자리 따위를) 되찾다, 계속하다 ② 이력서

[rizú:m] * 다시 좀 ①계속해라 ②이력서도 다시 쓰고

• He resumed a story after a moment's thought.
그는 잠깐 생각하고 나서 이야기를 다시 계속했다.

---

auction ⓝ경매

[ɔ́:kʃən] * 옥신각신하며 경매한다

• I bought the painting at auction.
경매로 그 그림을 샀다.

---

posture ⓝⓥ ① 자세(를 취하다) ② 태도 ③ 사태, 상황

[pɔ́stʃər] * 포수가(사냥꾼) 취해 ①자세나 ②태도를 ③상황에 맞게

• I was suddenly attacked and took the posture of defense.
갑작스러운 공격을 받고 나는 방어 자세를 취했다.

flop ⓥ툭 떨어뜨리다, 쿵 쓰러지다

[flɔp] *drop이나 flop이나 떨어지기는 마찬가지야

• He flopped himself down.
그는 털썩 주저앉았다.

---

profane ⓐ신성 모독적인, 세속적인

[prəféin] * 프로가 폐인됐다 신성 모독했다가

• The story is profane and offensive.
그 이야기는 상스럽고 불쾌하다.

---

nuisance ⓝ귀찮음, 난처함, 불쾌함, 골칫거리

[njú:s-əns] *새로(니유) 쓴 사람이 골칫거리야

◦ the index number of nuisance 불쾌지수

◦ public nuisance 공해

• Fliess are a nuisance.
파리는 귀찮은 존재다.

---

reserve ⓝⓥ ① 떼어두다, 남겨 두다 ② 예약하다 ③ 비축, 예비

[rizə́:rv] *re(다시)serve한다 ①예약하여 ②남겨 놓았다가

◦ ⓝreservation [rèzə:rvéiʃ-ən] ① 보류 ② 조건, 단서(但書) ③ 예약 ④ 사양

• This table is reserved.
이 좌석은 예약된 것입니다.

---

repose ⓝⓥ휴식(하다)

[ripóuz] *이 포즈는 휴식하는 포즈구나

• His expression in repose reassured me.
그의 온화한 표정은 나를 안심시켰다.

• Repose yourself at home.
편안히 쉬어라.

---

vicinity ⓝ ① 가까움, 근접 ② 가까운 곳

[visínəti] *빛이 났다 가까운 곳에서

• There isn't a famous place in the vicinity.
부근에는 좋은 명소가 없다.

furious ⓐ성난, (바람·폭풍우 따위가) 사납게 몰아치는, 맹렬한

[fjú-əriəs] *불이었어 맹렬한 타오르는 성난 불

◦ ⓝfury ①격노 ②격정, 맹렬함

• Fanned by the wind, the flames advanced furiously.
바람에 의해 부채질되어 불길은 맹렬하게 더 타올랐다.

---

formidable ⓐ무서운(굉장한)

[fɔ́:rmidəb-əl] *폼이 더블로 무섭다

◦ a formidable enemy 강적

• Bankruptcy is no longer a formidable threat to me.
파산은 더 이상 나에게 심각한 위협이 되지 않는다.

---

squeeze ⓥ ① 죄다, 압착하다 ② 헤집고 나아가다

[skwi:z] *사이에 끼어 ①죄어 온다 죄어 오는데 ②헤집고 나아간다

• Squeeze water from the wet towels.
젖은 수건에서 물을 짜내라.

• Squeeze clothes and socks into a small bag.
작은 가방에 옷과 양말 등을 쑤셔 넣어라.

---

prostrate ⓐⓥ엎어진, 엎어지게 하다, 넘어뜨리다, 뒤엎다

[prɑ́streit] *pros(포로들)을 스트레이트로 쳐서 넘어뜨린다

◦ ⓝprostration [prɑstréiʃən] ① 엎드림 ② 피로, 쇠약

• She was prostrated with grief.
그녀는 비탄에 쓰러졌다.

---

pledge ⓝⓥ ① 담보, 저당 ② 맹세(하다), 서약(하다)(vow)

[pledʒ] *풀리지 ①담보를 잡히고 ②맹세하면

◦ be in pledge 저당 잡혀 있다

◦ take a pledge 맹세하다

• They kept my watch as a pledge.
그들은 나의 시계를 저당 잡았다.

• The children pledged allegiance to the flag.
어린이들은 국기에 대해 충성을 맹세했다.

versatile ⓐ재주가 많은

[vɔ́:rsətl] *벌써 틀려 재주가 많은 사람은

◦ ⓝversatility [vɔ̀:rsətíləti] 재주가 많음

- This cellular phone is easy to use and versatile.
  이 휴대폰은 사용하기에 쉽고 기능이 많다.

---

hold on ① 기다리다(wait) ② –을 붙잡다(grasp, apprehend) ③ 계속하다(continue)

- He told me to hold on for two hours.
  그는 나에게 두 시간 동안 기다리라고 말했다.
- Hold on this stick tightly.
  이 스틱을 꽉 잡아라.
- You must hold on in this job.
  너는 이 일을 계속해야 한다.

---

anonymous ⓐ익명의, 무명의

[ənánimәs] *어! 나는 못 써 그러니 익명으로 해

- I got an anonymous letter.
  나는 익명의 편지 한 통을 받았다.

---

frigid ⓐ추운, 극한의, 무뚝뚝한

[frídʒid] *풀이 지다(시들다) 날씨가 추워

- He showed her a frigid manner.
  그는 그녀에게 냉랭한 태도를 보였다.

---

zoom ⓝⓥ ① 급상승, 급하강(하다) ② 붕 하고 달리다

[zu:m] *줌 렌즈는 배율을 ①급상승(하강)시키는 렌즈다

*줌 렌즈로 찍는다 ②붕 하고 달리면서

- Traffic zoomed past us.
  차들이 쌩하고 우리를 지나갔다.
- To zoom out, double click on the telescope mark below.
  차트를 축소하려면 아래에 있는 망원경 표시를 클릭해라.
- A car zoomed past me.
  차 한 대가 내 앞을 붕 하고 지나갔다.

indebted ⓐ ① 빚진 ② 감사하는

[ɪndetid] *①빚진 사람이 ②감사한다

- Don't forget anyone to whom you are indebted.
  은혜를 입은 사람을 잊어서는 안 된다.
- We are indebted to science for this.
  이것은 과학의 덕이다.

---

dismantle ⓥ(설비, 기계) 등을 제거하다, 분해하다

[dismǽntl] *이것을 맨들고 다시 분해하여 제거하네

- Now that the show is over, dismantle scenery.
  쇼가 끝났으므로 무대 장치를 해체해라.

---

dispel ⓥ일소하다, 쫓아버리다

[dispél] *this(이) 패를 쫓아내라

- I breathed deeply to dispel misgivings before running.
  나는 달리기 전에 불안을 떨쳐버리려고 심호흡을 했다.

---

repel ⓥ ① 쫓아내다 ② 반박하다

[ripél] *dispel도 쫓아내는 것이고 repel도 쫓아내는 것이다

- Glaciers prevent global warming by repelling sunlight.
  빙하는 햇빛을 밀어 냄으로써 지구 온난화를 예방한다.

---

give out ① 힘이 다하다(wear out) ② 나누어 주다(distribute)

- After intense physical training, his strength gave out.
  강도 높은 체력 훈련 후에 그의 힘은 다하였다.
- Teacher gave out programs to us.
  선생님께서 우리에게 프로그램을 나누어 주었다.

---

substitute ⓥⓝ바꾸다, 대신하다, 대리인, 대체물

[sʌ́bstitjù:t] *써 보셨다 텄다(틀렸다) 대체해야겠다

- ⓝsubstitution 대리, 대용, 대체, 교환(for)
- substitute A for B(replace B by A) B 대신 A를 쓰다
- You can substitute cream for milk.
  너는 밀크 대신 크림을 쓸 수 있다.

recline ⓥ기대다, 의지하다, 의지하게 하다

[rikláin] * 리(니,너), 클라인데(클 나이인데) 의지만 하면 어떡해?

• He reclined against a fence not to tumble.
그는 엎어지지 않기 위해 울타리에 기댔다.

hoard ⓐⓥ저장물(저장하다)

[hɔːrd] * 호두를 저장하다

◦ hoarding 축적, 사재기

• A hoard of money can't be our life aim.
돈의 축적이 우리의 인생 목표가 될 수는 없다.

retain ⓥ보류하다, 보유하다

[ritéin] * 유태인이 보유한다

◦ retainer [ritéinəːr] 보유자

• I am feeling growing pressure to retain control.
나는 지배력을 유지하기 위해 점증하는 압력을 느끼고 있다.

with a view to -할 목적으로

• He's painting the house with a view to selling it.
그는 그 집을 팔 생각으로 페인트칠을 하고 있다.

excursion ⓝⓥ소풍 (가다)

[ikskə́ːrʃən] * 커서는 ex(밖으로) 소풍을 간다

◦ go on an excursion 소풍 가다

• We put off going on an excursion because of heavy rain.
우리는 폭우 때문에 소풍을 가는 것을 연기했다.

nourish ⓥ부양하다, 영양분을 공급하다, 거름을 준다

[nə́ːriʃ] * 나리 쉬해서 거름을 좀 주시지요(오줌으로 거름을 좀 주라고)

◦ ⓝnourishment [nə́ːriʃmənt] 자양물, 조장함, 양육, 영양 상태

• Milk nourishes a baby.
우유는 아기에게 영양분을 공급한다.

rescue ⓥ구조하다

[réskju:] *내 새끼를 구출해라

• I rescued a drowning lamb.
나는 물에 빠진 어린 양을 구했다.

---

vague ⓐ ① 어렴풋한, 애매한 ② 말 등이 분명치 않은

[veig] *배우고도 에이그 ①분명치 않고 ②애매해

◦ a vague rumor 막연한 소문

◦ ㊌obscure [əbskjúər] 어두운, 불명료한

◦ ㊍definite [défənit] 명료한, 명확한

• The officials tend to make a vague answer when speaking in public.
공무원들은 공개 석상에서 연설할 때 애매한 대답을 하는 경향이 있다.

---

analogy ⓝ ① 유사함, 비슷함 ② 유추

[ənǽlədʒi] *오늘과 낼과 어제가 ①비슷해 ②유추하는 방식이

◦ have analogy to -와 유사하다

◦ forced analogy 무리한 유추, 억지 적용

◦ ⓐanalogous [ənǽləgəs] 유사한

◦ on the analogy of -에서 유추하여

• This is analogous to that.
이것과 저것은 유사하다.

• Don't make a conclusion on the analogy of supposition.
가정에서 유추해서 결론을 내리지 마라.

---

analyse=analyze ⓥ ① 분석하다, 분해하다 ② 조사하다

[ǽnəlàiz] *애매한 너를 나 이제 분석해 보아야겠어

*analogy 유사함을 analyse 분석해 보자

◦ ⓝanalysis 분석

◦ ㊑analogy [ənǽlədʒi] 유사함

• He analyzed it for its real value.
그는 그것의 진가를 알아내기 위해 그것을 조사했다.

• Water can be analyzed into oxygen and hydrogen.
물은 산소와 수소로 분해할 수 있다.

• Let us analyze some of the ways he carry out the experiment.
그가 실험을 수행한 방법 몇 가지를 분석해 봅시다.

imply ⓥ ① 의미하다 ② 암시하다 ③ -을 필연적으로 수반하다

[implái] *임이 플라이하겠다고 암시했다(임이 떠나겠다고 은근히 말하다)

◦ ⓐimplicit ① 암시적인, 함축적인 ② 무조건적인(absolute)

• You imply that I don't tell the truth.
너는 내가 진실을 말하지 않고 있다는 듯이 암시한다.

• The health implies nourishing food and clean water.
건강은 영양가 있는 음식과 깨끗한 물을 전제로 한다.

---

laud ⓥ찬미하다, 기리다

[lɔːd] *lord(주)를 laud 찬미하라

◦ ⓝlaudation [lɔːdéiʃ-ən] 찬미

• He lauded our efforts to settle a conflict.
그는 그 어려운 갈등을 해결하려는 우리의 노력을 칭찬하셨다.

---

overcast ⓥⓐ ① 구름으로 덮다, 흐리게 하다 ② 흐린

[òuvərkǽst] *무언가를 위로 던지니까 어두워졌다

• The sky is overcast.
하늘이 매우 흐리다.

• Why do you have such an overcast face.
왜 그런 음울한 얼굴을 하고 있니?

---

drizzle ⓝ이슬비

[drízl] *둘이 즐기는 이슬비

• Overcast skies will persist with drizzle and patches of fog developing.
구름이 많은 하늘이 이슬비와 안개가 증가하면서 계속될 것입니다.

---

cooperate ⓥ협조하다

[kouάpərèit] *co '공통, 상호' 등의 뜻을 가진 접두사
*함께 operate(작동시킨다) 협조해서

◦ ⓝcooperation 협조

◦ coauthor 공저자

• Work in cooperation with him.
그와 협력하며 일해라.

corporation ⓝ회사, 법인

[kɔ̀:rpəréiʃən] * cooperate 협조해서 세운 법인

◦ corporate 법인[회사](조직)의(corporative), 단체의

◦ corporate bonds 사채(社債)

• Write down an advertising phrase that fits the image of our corporation.
우리 법인의 이미지에 적합한 광고 문구를 적어라.

---

prelude ⓝ전주곡, 서곡(overture)

[prélju:d] * pre (미리) 넣어 두는 전주곡

◦ interlude ① –동안 ② 막간의 주악

• The accident became a prelude to the World War.
그 사건이 세계 대전의 전주곡이 되었다.

---

infamous ⓐ수치스러운, 악명 높은

[ínfəməs] * 인품 없어 ①악명이 높고 ②수치스러워

◦ ⓝinfamy [ínfəmi] 악평, 불명예

• Would you stop infamous behavior?
수치스러운 행동을 중지하시지요.

• He had long been held in the most infamous concentration camp.
그는 가장 악명 높은 강제 수용소에 오랫동안 수용되어 있었다.

---

privilege ⓝ특권, 특전(prerogative) ⓥ–에게 특권을 주다

[prívəlidʒ] * 미리(프리) 버리지 특권을

◦ privileged [prívəlidʒd] 특권이 있는

◦ parliamentary privilege 의회 의원의 면책 특권

• It's my privilege to speak in front of you.
여러분들 앞에서 연설하게 되어 영광입니다.

• Parliamentary privilege does not justify blaming the other side without evidence.
국회 의원 면책 특권이 증거 없이 상대편을 비난하는 것을 정당화하지 않는다.

strain ⓥ ① 잡아당겨 팽팽하게 하다, 긴장시키다 ② 무리해서 상하게 하다

[strein] *새 train을 ①잡아당겨 팽팽하게 한다 너무 무리하게 잡아당겨 ②상했다

◦ strained [streind] 긴장한, 긴장된, 부자연스러운

◦ under the strain 긴장한 탓으로

• He strained his muscle.
그는 무리를 해서 근육을 상했다.

• Can the wire ropes take the strain?
그 쇠줄들이 견딜까?

---

droop ⓥ축 처지다, 수그리다, 시들다

[dru:p] *두릅(먹는 두릅)이 시들었다

• The slight droop in the outer corners of her eyes is very cute.
그녀는 눈꼬리가 살짝 처진 것이 아주 귀엽다.

• He drooped to the dust.
그는 굴복했다.

---

plight ⓝⓥ ① 곤경, 어려움 ② 맹세하다, 약혼하다

[plait] *flight(비행) 중에 ①어려움이 발생했다 어려움이 있어도 ②맹세로 ③약혼한 것은 지켜야 한다

• What a plight to be in.
참 비참하군.

• They are plighted lovers.
그들은 약혼한 연인들이다.

---

intermediate ⓐⓝ ① 중간의, 중등학교의 ② 중간물, 중개자

[ìntərmí:diət] *inter –사이에, 중간에, 상호 간에

◦ withthout interlude 간단 없이, 끊임없이

◦ interplay 상호작용

◦ interpose 사이에 끼워 넣다

◦ interposition 삽입

◦ interpret [intə́:rprit] 해석하다, 통역하다

• This vocabulary book is for intermediate learners of English.
이 어휘집은 중급 수준의 영어 학습자들을 위한 것이다.

blister ⓝⓥ물집, 물집이 생기게 하다

[blístər] *불리셨다 물집을

• This brings on itching and blisters.
이것은 가려움증과 물집을 일으킨다.

swamp ⓝⓥ늪, 습지, 물에 잠기게 하다

[swɔmp] *swam했다(수영했다) ①늪에서 ②물에 잠겨서

◦ ⓐswampy [swɔ́mpi] 늪의, 늪이 많은

• My school was swamped in the river by the flood.
나의 학교는 홍수 때문에 강에 잠겼다.

collapse ⓝⓥ붕괴(한다)

[kəlǽps] *어렵쇼 붕괴되네

◦ collapsible [kəlǽpsəbəl] 접는 식의

◦ a collapsible chair 접이식 의자

• By coincidence, the building collapsed at that time.
우연의 일치로 건물이 바로 그때 붕괴되었다.

contend ⓥ ① 다투다 ② 주장하다 ③ 논쟁한다

[kənténd] *콘(옥수수)이 ten(열 개)인데도 서로 먹으려고 ①다투고 ②논쟁한다(서로 먹으려고)

◦ ㊥content 만족한

◦ ⓝcontention ① 말다툼 ② 논쟁 ③ 주장

• We have contended for freedom.
우리는 자유를 위해 투쟁해 왔다.

extrovert ⓝ외향적인 사람 ⓥ외향적이게 하다

[ékstrouvə̀:rt] *바깥으로(extro) 돌아보다 즉 외향적인 사람

◦ introvert 내성적인 사람

• At times you are extroverted and affable.
때때로 너는 외향적이고 상냥하다.

affable ⓐ상냥한

[ǽfəbəl] *예뻐 볼 상냥하니까

• She looks affable.
그녀는 상냥해 보인다.

represent ⓥ ① 묘사하다, 말하다 ② 대표하다, 나타내다

[rèprizént] *re(다시) present(참석)한다 ①대표하여 ②말하고 ③묘사하려고

◦ ⓝrepresentation ① 표현 ② 초상(화), 조각상 ③ 설명, 진술 ④ 상연, 연출 ⑤ 대표

◦ ⓝⓐrepresentative ① 대표적인 ② 표시하는 ③ 대표자 ④ 견본

• An elephant is a representative of immense land animals.
코끼리는 거대한 육지 동물의 대표자다.

predict ⓥ예언하다, 예고하다

[pridíkt] *'미리'를 의미하는 'pre'와 '구술하다'를 의미하는 'dict'의 결합

◦ ⓝprediction 예고

• The weather forecast predicts sunshine for tomorrow.
일기 예보는 내일은 쾌청할 것이라고 한다.

stubborn ⓐ완고한, 고집 센

[stʌ́bəːrn] *터번을 쓴 사람은 고집이 세다

◦ ㊤obstinate [ɑ́bstənit] 완고한, 고집 센, 강퍅한

• Those who are stubborn have no friends.
고집 센 사람은 친구가 없다.

obstinate ⓐ고집이 센, 완고한

[ɑ́bstənit] *앞섰다니? 고집이 센 사람이(고집 센 사람이 앞서면 안 되는데)

• It was extremely difficult to persuade the obstinate old man.
고집 센 노인을 설득하기는 극도로 어려웠다.

• Clothes with obstinate stains have no choice but to be discarded.
지워지지 않는 얼룩이 있는 옷은 폐기할 수밖에 없다.

dwindle ⓥ줄다, 작아지다

[dwíndl] *들어오는 wind(바람)를 줄여라

• The gap is dwindling.
격차가 점점 줄어들고 있다.

smash ⓥ부서뜨리다

[smæʃ] *스매싱을 세게 해서 부서뜨린다

• They appeared with the weapon for smashing in his hand.
손에 부서뜨리는 기계를 가지고 나타났다.

colleague ⓝ동료, 친구, 동업자

[káli:g] *college 가고 친구들은

◦ ⓢcompanion [kəmpǽnjən] 동료(*company(회사)에 온 친구)

• I entered college with my colleagues.
친구들과 함께 대학에 입학했다.

vulgar ⓐ저속한, 세속적인

[vʌ́lgər] *벌거벗은 것은 저속한 것이다

• It's vulgar to go out in revealing clothes.
노출이 심한 옷을 입고 외출하는 것은 저속한 행동이다.

dormant ⓐ잠만 자는, 무활동의, 게으른(sluggish inactive)

[dɔ́:rmənt] *돈 많다고 잠만 자냐?

• The woodpeckers hurry in search of larvae that lie dormant.
딱따구리들은 잠자고 있는 애벌레들을 찾아 바삐 돌아다닌다.

trial ⓝ ① 공판, 재판 ② 시도 ③ 시련

[trái-əl] * 시도(try)하겠다 ①재판을 ②시련이 있어도

◦ trial and error 시행착오

◦ trial run 시운전

◦ bring a person to a trial 누구를 공판에 붙이다

• My life is full of trials.
나의 인생은 시련들로 가득 차 있다.

• He was employed on trial.
그는 시험적으로 고용되었다.

---

wary ⓐ경계하는, 신중한

[wέ-əri] * war(전쟁)이리 그러니까 경계해야지

• They give me a wary look.
그들은 나를 경계하는 듯한 눈초리로 보았다.

---

vindicate ⓥ정당성을 입증하다, 변호하다, 옹호하다

[víndəkèit] * 빈대가 cat(고양이)를 옹호했다

◦ ⓝvindication 정당성에 대한 설명(입증)

• Subsequent events vindicated his innocence.
그 후에 일어난 일이 그의 무죄를 입증하였다.

---

point out 지적해 준다

• All the circumstances point you out as the culprit.
모든 정황이 너를 범인으로 지목한다.

---

legacy ⓝ유산, 유증

[légəsi] * 내 것이야 이 유산은

• He donated his legacy to charity.
그는 그의 유산을 자선 단체에 기부했다.

conspicuous ⓐ눈에 띄는

[kənspíkjuəs] *큰 스핑크스가 눈에 띈다

◦ be conspicuous for -으로 유명하다

• He tends to make himself conspicuous.
그는 별나게 행동하는 경향이 있다.

lodge ⓝⓥ ① 오두막집 ② 투숙하다(board)

[lɑdʒ] *낮에 ①오두막집에 ②투숙했다

• He lodged at a hotel.
그는 호텔에 투숙했다.

fluctuate ⓥ오르내리다, 변동하다

[flʌ́ktʃuèit] *플럭플럭 (춤) 추었다 즉 오르내렸다(ups and down)

◦ ⓝfluctuation 변동

• During the crisis, oil prices fluctuated between $20 and $40 a barrel.
그 위기 중에는 유가가 배럴 당 20달러에서 40달러까지 등락을 거듭했다.

creep ⓥ ① 기다, 포복하다(crawl) ② 살금살금 걷다

[kriːp] *그리 입구로 기어가라

• I don't know how he crept out.
나는 그가 어떻게 빠져나갔는지 모르겠다.

indispensable ⓐ불가결의, 꼭 필요한

[ìndispénsəbəl] *인디아에서도 펜을 사 보려고 한다 꼭 필요하니까

◦ ㊥dispensable 없어도 되는, 대수롭지 않은

• The price of things indispensable to life affect greatly the lives of the people.
생필품 가격은 사람들의 생활에 영향을 크게 끼친다.

anchorage ⓝ닻 내림, 정박

[ǽŋkəridʒ] *앵커리지에 정박한다

∘ anchor 닻

• The merchant ship is at anchorage to load supplies.
  그 상선은 보급품을 싣기 위해 정박 중이다.

• The ship is dragging anchor.
  그 배가 표류하고 있다.

---

engender ⓥ낳다, 생기게 하다

[endʒéndər] *gender(남성이나 여성을) 있게 하는 것이니까 낳는 것이다

• Detestation often engenders violence.
  증오는 종종 폭력을 낳는다.

---

prodigal ⓐ낭비하는

[prάdigəl] *브라더가 걸(소녀)에게 낭비하고 다녀

∘ ⓥprodigalize [prάdigəlàiz] 낭비하다

• He has been prodigal with public funds.
  그가 공공 기금을 낭비했다.

---

burden ⓝ무거운 짐, 부담

[bə́:rdn] *벗어 든 무거운 짐

• Don't lay burden on me.
  나에게 부담을 주지 마라.

---

deport ⓥ ① 처신하다(종종 oneself를 수반) ② 국외로 추방하다

[dipɔ́:rt] *뒤 port(항구)를 통해 ①국외로 추방한다 ②처신을 잘해야지

∘ deportation order 추방 명령

• He deports himself like a benevolent man.
  그는 자비로운 사람답게 처신한다.

• He deported the criminals from his country.
  그는 범죄자들을 자신의 나라에서 추방했다.

gnaw ⓥ쏠다, 갉아 먹다

[nɔː] *노를 갉아 먹다

• The dog was gnawing a bone.
그 개는 뼈다귀를 물어뜯고 있었다.

---

assign ⓥ임명하다, 할당하다

[əsáin] *어! 싸인을 하고 일을 할당해 주네

◦ ⓝassignment ① 할당 ② 직위 ③ 숙제

• My father assigned me to accomplish the very works.
나의 아버지는 나를 바로 그 일을 완수하도록 임명하였다.

• My first assignment was to deliver military funds.
나의 첫 번째 임무는 군자금을 전달하는 일이었다.

• I was assigned to the division one week before.
나는 일주일 전에 그 사단에 배속되었다.

---

bankrupt ⓝ파산자 ⓥ파산시키다

[bǽŋkrʌpt] *뱅크 없다(잔고없다) 파산했다

◦ ⓝbankruptcy 파산

◦ go bankrupt 파산하다

• I couldn't pay the bank loan interest and ended up bankrupt.
나는 은행 대출 이자를 낼 수 없었고 결국 파산했다.

---

afloat ⓐ ① 떠다니는 ② 해상에

[əflóut] *아플로도 ①해상에 ②떠다닌다

• A ship is afloat in the river.
배 한 척이 강에 떠 있다.

---

set out 출발하다

• He set out to meet her.
그는 그녀를 만나기 위해 출발했다.

sweep ⓝ청소부 ⓥ청소하다

[swi:p] *수입을 얻는다 청소해서

• Did you sweep the floor?
바닥 청소는 했어요?

restrain ⓥ ① 제한하다, 구속한다, 억누르다 ② -에게서 빼앗다(of)

[ristréin] *rest(휴가)를 rain이 ①제한하고 ②빼앗아 간다(비 때문에 휴가를 제한당하고 거의 빼앗겼다고)

◦ ⓝrestraint [ristréint] 제지, 금지, 억제(작용/력)

• He prayed in restraint of his feelings.
그는 자신의 감정을 억제하기 위하여 기도하였다.

• They restrained him of his money.
그들은 그에게서 돈을 빼앗다.

• Restraining thoughts is essential for a moral life.
생각을 억제하는 것은 도덕적인 삶을 위해 필수적이다.

blunder ⓝⓥ ① 큰 실수(를 하다) ② 일 등을 그르치다, 기회 등을 놓치다

[blʌ́ndər] *불난다 ①큰 실수를 하여 그래서 ②기회를 놓쳤다

◦ commit a blunder 큰 실수를 하다

• He blundered away his chances.
그는 실수로 좋은 기회를 놓쳤다.

fill out 기입하다

• Please fill out this landing card.
이 입국신고서를 작성하세요.

• Please fill out this registration form.
이 등록신청서 좀 작성해 주세요.

confound ⓝⓥ ① 혼동시키다, 당황(하게)하다 ② 뒤섞다

[kənfáund] *콘이 발견되자(found) 당황하였다(콘을 숨겨 놓았었나 봐)
* 발견된 콘을 뒤섞었다

◦ ⓐconfounded 혼란한, 당황한

◦ ㊒confuse 당황하게 하다(disconcert)

• He confounded means with end.
그는 수단을 목적과 혼동했다.

revolt ⓝⓥ반란, 반란을 일으키다

[rivóult] *re 다시 볼트를 집어 던지며 반란을 일으킨다

- The opposition party leader stirred the people to revolt.
  야당 지도자가 사람들을 선동하여 반란을 일으키게 했다.

---

blush ⓥ얼굴을 붉히다, 부끄러워하다

[blʌʃ] *브러쉬질을 하며 얼굴을 붉히네(브러쉬질을 하며 수줍어 얼굴을 붉히는 여자)

- Blush at your inappropriate behavior.
  너의 부적절한 행실을 부끄럽게 여겨라.

---

flush ⓥⓐ ① 왈칵 흐르다, 분출하다(spurt) ② 얼굴이 붉어지다(blush) ③ 물이 가득 찬, 풍부한

[flʌʃ] *blush나 flush나 ①얼굴을 붉히기는 마찬가지다 얼굴을 붉히다가 눈물이 ②왈칵 분출하여 ③가득 차게 된다

- Don't forget to give the toilet a flush.
  변기의 물을 내리는 것을 잊지 마라.
- Her face flushed red.
  그녀의 얼굴이 붉어졌다.
- He is flush of money.
  그는 돈이 많다.
- He is flush with money.
  그는 돈을 잘 쓴다.
- When you are in the first flush of romance, you don't see the other person's fault.
  사랑이 한창일 때에는 상대의 흠이 보이지 않는다.

---

go for nothing 아무 소용도 없다

- All my trouble went for nothing.
  나의 모든 노력은 아무 소용이 없었다.

---

admonish ⓥ훈계하다, 꾸짖다

[ædmániʃ] *애도 많으셔 훈계할 일도 많겠어

◦ ⓝadmonition [æ̀dməníʃən] 훈계

- I admonished her not to hurry.
  나는 그 여자에게 서둘지 말라고 훈계했다.

repudiation ⓝ거절, 거부

[ripjùːdiéiʃ-ən] *reputation(평판) 때문에 거부한다

◦ ⓥrepudiate 거부하다, 부인하다

• We should always repudiate valueless words and cling to valuable words of truth.
우리는 항상 무가치한 말들을 거부하고 진리의 가치 있는 말에 고착해야 한다.

---

chronic ⓐⓝ ① 만성의, 만성병 ② 오래 끄는(내란 등) ③ 상습적인

[krɔ́nik] *크롬과 니켈은 ①오래 끄는 ②만성병을 일으킨다

◦ a chronic disease 만성병

• She has a chronic hereditary disease.
그녀는 만성적인 유전병을 가지고 있다.

---

mitigate ⓥ완화시키다, 누그러뜨리다(soften, relieve)

[mítəgèit] *미치겠다 고통을 누그려뜨려다오

• Your dentist can mitigate the pain of your teeth.
치과 의사가 치아의 고통을 완화시킬 수 있다.

---

fray ⓥⓝ ① 문지르다, 닳게 하다, 신경이 날카로워지다 ② 소동, 논쟁

[frei] *pray 기도는 ①신경이 날카로워질 때 손을 ②문질러서 손을 ③닳게 하는 일이다

• As situation get harder and harder, tempers began to fray.
상황이 더 악화됨에 따라 신경들이 날카로워지기 시작했다.

• It's a trend to fray your jeans.
청바지를 너덜너덜하게 하는 것이 유행이다.

---

equilibrium ⓝ평형 상태, 균형

[ìːkwəlíbriəm] *이걸 입으렴 균형이 맞잖아

◦ ⓐequivalent [ikwívələnt] 동등한

• The weight is in equilibrium state.
무게가 평형 상태에 있다.

exploit ⓝⓥ ① 공훈 ② 개발 ③ 개발(개척)하다 ④ 착취하다

[éksplɔit] * explore(탐험하다) + it 즉 그 곳을 탐험하여 ①개발하고 ②공훈을 세웠다 그 과정에서 ③착취도 했다

◦ ⓝexploitation [èksplɔitéiʃən] 이용, 개발

◦ exploit an oil field 유전을 개발하다

• Rain forests will all but disappear because of the present rate of exploitation.
열대 우림은 현재의 개발 속도 때문에 거의 사라질 것이다.

• His exploits had a tremendous impact upon the ancient world.
그의 업적은 고대 세계에 엄청난 영향을 끼쳤다.

---

stag ⓝ수사슴

[stæg] * 새 tag 꼬리표 붙인 수사슴

• That stag looks like a new leader of a group.
저 수사슴이 그룹의 새 리더처럼 보인다.

---

stagger ⓥ비틀거리다(totter) ⓝ비틀거림

[stǽgəːr] * stag 숫사슴이 비틀거린다

• I was staggered to hear that he was murdered.
나는 그가 살해되었다는 말을 듣고 어리둥절했다.

---

persecute ⓥ박해하다, 괴롭히다

[pə́ːrsikjùːt] * 벌세우고 박해하냐 cute(귀여운)한 것을

◦ ⓝpersecution [pə̀ːrsikjúːʃən] (특히 종교상의) 박해

• Christians in the 1st century were persecuted for refusing to worship an emperor.
1세기 그리스도인들은 황제 숭배를 거절한 것 때문에 박해를 받았다.

---

lurk ⓥ ① 숨다, 잠복(하다) ② 슬며시 움직이다

[ləːrk] * luck(행운)이 ①숨어 있다가 ②슬며시 움직인다

◦ ⓐlurking [lə́ːrkiŋ] 숨어 있는, 잠복(용)의

• Soldiers lurk in the mountains.
군인들이 산에서 잠복한다.

delegate ⓥ ① 파견하다, 대표자(로 보내다)(dispatch) ② 위임하다

[déligit] * 데려갔다 ①대표자로 파견할 때 그리고 ②위임했다

◦ represent 대표하다

◦ ⓝdelegation 대표단, 대표 파견

• We delegated him to perform a task.
우리는 임무를 수행하도록 그를 대표자로 파견했다.

• It may be a lack of humility to find it difficult to delegate authority to others.
권한을 다른 사람에게 위임하는 것을 어려워하는 것은 일종의 겸손의 부족일 수 있다.

---

legation ⓝ공사관

[ligeiʃn] * deligation은 대표이고 legation은 공사관이다

• They attacked Iran's legation.
그들이 이란의 공사관을 공격했다.

---

molten ⓐ녹은(melted)

[moultn] * 물 탄 녹은 것

• Rivers of molten lava flowed into the valley.
녹은 용암이 강을 이루며 계곡으로 흘러들었다.

---

evolution ⓝ전개, 진화, 점진적 발전

[èvəlú:ʃən] * 애벌레에선 점진적 변화(진화)가 일어난다

• I do not believe in the theory of evolution.
나는 진화론을 믿지 않는다.

---

molest ⓥ(성)폭행하다

[məlést] * 몰래스트 (몰래 하셨다) 성폭행을

• He was accused of molesting a 13-year-old boy.
그는 13살 난 소년을 성희롱한 혐의로 고소되기도 하였다.

juncture ⓝ ① 접합, 접속, 연결 ② 중대한 시기

[dʒʌ́ŋktʃər] *정처 없이 떠돌다 적당한 곳에 ①접속한다 ②중대한 시기가 오면

- I decided to increase investment at this juncture.
  나는 이 중대한 시기에 투자를 늘리기로 결정했다.

---

ponder ⓥ숙고하다

[pándər] *판다 곰이 깊이 생각하고 있다

◦ ⓐponderous [pándərəs] ① 대단히 무거운 ② 답답한, 지루한

- Ponder upon that problem before a conclusion.
  결론을 내리기 전에 그 문제를 깊이 생각해 보아라.

---

tuition ⓝ교수, 수업, 수업료

[tjuːíʃ-ən] *튀어 선생님이 수업료만 챙겨서

- She has private tuition from a famous professor.
  그녀는 유명한 교수로부터 개인 지도를 받는다.

---

intuition ⓝ직관력, 직감

[ìntjuíʃən] *tuition 수업(료) 내고 직관력을 배운다

- We seems to have sixth sense called psychic intuition.
  우리는 영적 직감이라고 하는 육감을 가지고 있는 것 같다.
- You're so insecure to prioritize intuition over logic.
  논리보다 직관을 우선시하다니 참 불안정하다.

---

institution ⓝ ① (학술·사회적) 학회, 협회, (공공) 시설, 기관 ② 제도, 관례, 관습, 법령 ③ (학회 등의) 설립, (법률 등의) 제정, 설정

[ìnstətjúːʃən] *인수도 tuition 내고 ①학회에 협회에 다닌다 협회를 ②설립하려고 법률 등을 ③제정한다

◦ ⓥinstitute ① 설립하다 ② 학회, 연구소, 전문학교

◦ ⓐinstitutional 제도(상)의, 공공 단체의, 학회의

- He was granted a large scholarship from an academic institution.
  그는 대학 재단으로부터 많은 장학금을 받았다.
- The school is a private institution.
  그 학교는 사립이다.

frequent ⓐ빈번한, 자주 있는

[fríːkwənt] *free(무료) 권투 시합이 빈번하게 있다

- The nurse frequently works night shift.
  간호사들은 종종 밤교대 근무를 한다.

sequent ⓐ연속하는, 잇따라 일어나는

[síːkwənt] *시에서 권투 시합이 연속하여 일어난다

*frequent는 자주 있는 일이고 sequent 연속해서 있는 일이다

◦ ⓝsequence ① 연속, 순서 ② 결과

◦ in sequence 차례차례로

- They got on the bus in sequence.
  그들은 차례로 버스에 탔다.

subsequent ⓐ차후의, 뒤따라 연속적으로 일어나는

[sʌ́bsikwənt] *sequent나 subsequent나 연속해서 일어나기는 마찬가지다

◦ ⓝsubsequence [sʌ́bsikwəns] 뒤이어 일어남

◦ ⓐⓓsubsequently 그 후, 계속해서

- I had to get over my inferiority complex about appearances and the subsequent lack of confidence.
  나는 외모에 대한 열등감과 그에 따른 자신감의 결여를 극복해야 했다.
- Subsequent events confirmed our guess.
  그다음에 일어난 일들은 우리의 짐작이 옳았음을 증명해 주었다.

not that- -은 아니다

- It is not that I don't like her.
  내가 그녀를 안 좋아하는 것은 아니다.

profuse ⓐ많은 양의, 낭비하는

[prəfjúːs] *프로가 fuse를 많이 사용한다

- He is seriously ill from profuse bleeding.
  그는 출혈 과다로 중태이다.
- We received a profuse hospitality from the natives.
  우리는 원주민들로부터 극진한 환대를 받았다.

assess ⓥ평가하다, 세다, 액수를 정하다

[əsés] *애썼어 s가 몇 개인지 평가하느라고

◦ ⓝassessment [əsésmənt] (과세를 위한) 사정, 평가

• Assessed amount totals 50,000 won.
평가된 액수는 총계 5만 원이다.

---

puncture ⓥ(바늘 따위로) 찌르다, 터뜨리다

[pʌ́ŋktʃər] *펑! 쳐서 찔러 터뜨린다

◦ ⓝacupuncture 침술

• Don't puncture the fruits with fingernails.
손톱으로 과일들을 찌르지 마라.

• The baloon was punctured.
풍선이 터졌다.

---

torrid ⓐ ① 몹시 더운 ② 뜨거운, 열렬한

[tɔ:rid] *똘이도 몹시 더워한다

• The couple are now in a torrid love affair.
그 커플은 지금 열렬한 사랑에 빠져 있다.

---

install ⓥ ① 설치하다 ② 사람을 자리에 취임시키다

[instɔ́:l] *인수가 tall 해서(키가 커서) ①설치하라고 ②임명했다(키가 큰 사람이 설치하기에 좋은가 봐)

◦ ⓝinstallation ① 임명, 취임(식) ② 설치(보통 pl)장치, 설비(furnishings)

◦ installment ① 할부(割賦), 납입금(월부 등의 1회분) ② (전집·연속 간행물 따위의) 1회분

• I had a new machine installed.
나는 새 기계를 한 대 설치했다.

• We can sell this refrigerator on installment.
우리는 이 냉장고를 할부로 팔 수 있다.

• Government military installations often have "No Trespassing" signs for security reasons.
정부 군사 시설들은 때때로 안전상의 이유로 출입 금지 표지를 사용한다.

annihilate ⓥ ① 전멸시키다, 제거하다 ② 무효로 하다

[ənáiəlèit] *"안 할래요"라고 했다고 ①제거하고 ②무효로 한다

◦ ⓝannihilation 전멸

• Pesticides can annihilate even beneficial microorganisms.
살충제는 심지어 유익한 미생물도 전멸시킬 수 있다.

---

sediment ⓝ앙금, 침전물

[sédəmənt] *새더니 맨들어진다 침전물이

• Over time the sediment becomes layers of rock.
시간이 가면 그 침전물은 암석층이 된다.

---

steep ⓐⓥ ① 급한 비탈의 ② 몰두하다

[sti:p] *스님 팁 줄 테니 ①비탈길 갑시다 그러자 그는 ②몰두해서 갔다

• He was steeped in English literature.
그는 영문학에 몰두했다.

• Advanced skiers like steep slopes.
숙련된 스키어들은 가파른 비탈을 좋아한다.

---

steeple ⓝ뾰족탑

[stí:p-əl] *steep 가파른 곳에 뾰족탑이 있다

• What an attractive steeple!
참으로 매혹적인 뾰족탑이군!

---

have (get) one's own way 마음대로 하다

• He is apt to have his own way in everything.
그는 모든 일에서 자기 마음대로 하고 싶어 한다.

---

secretion ⓝ ① 숨김, 은닉 ② 분비 작용(물)

[sikri:ʃn] *secret 비밀처럼 ①숨김 ②분비 작용을

• The brain has a part responsible for hormone secretion.
뇌에는 호르몬의 분비를 담당하는 특정 부위가 있다.

concession ⓝ ① 양보, 용인 ② 면허

[kənséʃən] *콘을 셋이선 먹을 때는 서로 양보해야 돼

①양보하면 ②승인하고 ③면허를 줄게

◦ make a concession to -에게 양보하다

• We must not make too much concession in matters involving the interests of the people.
국민의 이익이 관련된 문제에서 너무 많은 양보를 해서는 안 된다.

---

give way 물러서다(retreat), 무너지다(breakdown)

• Our troops had to give way.
우리의 군대는 물러서야만 했다.

• The railings gave way and he fell over the cliff.
난간이 무너졌다. 그래서 그는 절벽 너머로 떨어졌다.

---

ratify ⓥ비준하다

[rǽtəfài] *내뒤 봐요(내버려 둬봐요) 비준하게

• The agreement is valid only after it is ratified by the National Assembly.
그 협정문은 국회의 비준을 받아야만 유효해진다.

---

anoint ⓥ ① (사람)의 머리에 기름을 붓다(종교적 의식) ② -를 바르다

[ənɔ́int] *어 노인도 ①기름을 붓고 ②임명하네

• Anoint the burn with ointment.
덴 곳에 연고를 발라라.

---

thrust ⓥ ① 내밀다, 밀다 ② 찌르다

[θrʌst] *trust(믿고) 손을 ①내밀고 있는데 갑자기 ②찔렀다

◦ thrust-thrust-thrust

◦ thrust something aside (남의 불만·논평 등을) 듣지 않다

• He thrust his fist before my face.
그는 주먹을 내 얼굴 앞에 내밀었다.

incinerate ⓥ소각하다

[insinəreit] *신이 내려왔다 소각하려고(부패한 도시를)

• Incineration of garbage can contaminate the air.
쓰레기 소각은 공기를 오염시킬 수 있다.

sulfur=sulphur ⓝ유황

[sʌ́lfər] *살포한다 유황을

• Sulfur was used to incinerate waste in ancient times.
유황은 고대에 쓰레기를 소각할 때 사용되었다.

prophesy ⓥ예언하다

[prɑ́fəsài] *프로는 비싸요 예언해 주는데

◦ ⓝprophecy [prɑ́fəsi] 예언

◦ prophet [prɑ́fit] 예언자

• The weather forecast prophesied a typhoon.
일기 예보는 태풍을 예보했다.

metaphor ⓝ ① 은유(隱喩) ② 유사한(상징하는) 것

[métəfɔ̀:r] *맞다고 보냐 그 ①비유나 은유가? ②유사하긴 하지만

• Jesus Christ said many metaphors.
예수는 많은 비유를 말씀하셨다.

laboratory ⓝ실험실, 연구소

[ləbɔ́rət-əri] *널 보러 왔다리 연구소 실험실로

◦ laboratory animals 실험용 동물

• A language laboratory is indispensable for English class.
영어 수업을 위해 어학 연습실이 꼭 있어야 한다.

lavatory ⓝ세면대, 화장실

[lǽvətɔ̀:ri] *오래 버텨라 화장실에서

• Lavatories in the park are clean.
공원 내 화장실들이 깨끗하다.

heave ⓥ ① (무거운 것 등을 들어) 올리다, 올라가다 ② (신음 소리 등을) 내다

[hi:v] *히프를 ①들어 봐 했더니 ②신음 소리를 낸다

- He heaved a sigh.
  그는 한숨을 쉬었다.
- They heaved the anchor.
  그들은 닻을 감아올렸다.

---

warrant ⓝⓥ ① 보증(서다), 정당한 근거 ② 영장

[wɔ́(:)rənt] *war(전쟁) 난다 ①보증 안 서주면(보증 서 달라고 조를 때)
*war(전쟁) 난다 ②영장 청구하면

◦ without warrant 정당한 이유 없이
◦ warrantee [wɔ̀(:)rənttí:] 피보증인
◦ warranty [wɔ́(:)rənti] 담보, 보증(서), 영장

- I warrant that you shall be rewarded.
  너는 꼭 보답을 받을 것이다.
- A search warrant was issued for the Prime Minister's Office.
  총리실에 대한 수색 영장이 발부되었다.

---

integrate ⓥ ① 통합하다 ② 결합시키다

[íntəgrèit] *안을 터 great 하게 통합해라

◦ ㉤disintegrate 붕괴시키다, 해체하다

- The dispersed systems will be integrated into one.
  분산되어 있던 시스템이 하나로 통합될 것이다.
- Learning must be integrated with practice.
  배움은 실천과 결합되어야 한다.

---

offspring ⓝ자식, 후손

[ɔ́:fsprìŋ] *봄(spring)에 떨어진(off) 자식

- My daughter produced offspring.
  나의 딸이 아이를 낳았다.

copious ⓐ ① 풍부한, 막대한 ② 말이 많은

[kóupiəs] *꽃 피었어 ①풍부하게

*꽃 피었어 대화의 꽃이 ②말이 많아

◦ copious amounts of water 엄청난 양의 물

• We had a copious rainfall this year.
올해에는 비가 많았다.

lease ⓝ차용, 땅을 빌림, 임차계약

[li:s] *release 풀어 주다 lease 차용 계약을

◦ by(on) lease 임대(차)로

• We put our house to lease.
우리는 집을 임대했다.

misery ⓝ불행, 비참한 신세

[mízəri]*미주리(미국 미주리주) 사람은 불행하다

◦ ⓐmiserable [mízərəbəl] 불쌍한, 비참한

• I have lived in misery for a few years struggling against cancer.
나는 암과 싸우면서 지난 몇 년 동안 비참하게 살았다.

dimension ⓝ ① 치수, 부피 ② 중요함 ③ 차원

[diménʃən] *뒤에 있는 맨션은 ①치수와 부피에서 ②차원이 달라

◦ of great [vast] dimensions 몹시 큰, 극히 중대한

◦ space of three dimensions 3차원의 공간

• The social dimension of homosexuality has changed.
동성애를 바라보는 사회적 관점이 변했다.

• I hope our lives will continue in a three-dimensional world.
나는 우리의 삶이 3차원의 세계에서 계속되길 바란다.

lament ⓥ슬퍼하다

[ləmént] *너의 멘트(짧은 설명)를 듣고 사람들이 슬퍼한다

◦ ⓝlamentation [læ̀məntéiʃ-ən] 비탄, 애도

• We lament for his death.
우리는 그의 죽음을 애도합니다.

augment ⓥ증가시키다, 증가하다

[ɔ:gmént] *오 그 멘트가 증가시켰어(그 멘트가 효과가 있어서 증가했어)

◦ ⓝaugmentation [ɔ̀:gmentéiʃən] 증가

• Nowadays accidents and crimes augment in an alarming way.
요즘 사고와 범죄가 놀랄 만큼 증가하고 있다.

---

grumble ⓥ ① 불평하다 ② 끙끙거리다

[grʌ́mbəl] *그럼 ①불평해라 ②끙끙거리며

◦ ⓐgrumbling [grʌ́mbliŋ] 불평하는

• I can not but grumble about his order.
나는 그의 명령에 불평할 수밖에 없다.

---

rumble ⓥ우르르 울린다, 덜컥거리다

[rʌ́mbl] *rumble 덜컥거리고 우르르 울린다고 grumble 불평한다

• The train rumbled by.
기차가 덜커덕거리며 지나갔다.

---

assault ⓝⓥ공격(하다), 습격(하다), 폭행(하다)

[əsɔ́:lt] *어! salt(소금)를 얻기 위해 공격하네

• I am afraid that he may assault my family.
나는 그가 나의 가족을 공격할까 봐 걱정이다.

---

insolent ⓐ버릇없는, 무례한

[insələnt] *인사를 넌 틀리게 한다 버릇이 없어
*insult 모욕하는 거야 insolent 무례한 것은

• The insolent son slammed the door in his parents' face.
그 버릇없는 아들은 부모 면전에서 문을 쾅 닫아 버렸다.

• Your insolence cost you your good reputation.
너는 무례함 때문에 좋은 평판을 잃었다.

extinct ⓐ불 꺼진

[ikstíŋkt] *밖에(ex) 있는 탱크도 불이 꺼졌다(군인들도 불 끄고 잔다)

◦ ⓝextinction [ikstíŋkʃən] 사멸, 절멸

◦ ⓐextinctive [ikstíŋktiv] 소멸시키는

◦ ⓥextinguish [ikstíŋgwiʃ] (빛·불 따위를) 끄다

◦ ⓝextinguisher [ikstíŋgwiʃər] 불을 끄는 사람, 소화기(消火器)

◦ an extinct volcano 사화산

• The tribe has become extinct.
그 부족은 없어져 버렸다.

distinctive ⓐ독특한

[distíŋktiv] *이(this) 탱크는 TV도 있어 독특해

◦ distinguished [distíŋgwiʃt] 눈에 띄는, 현저한, 출중한

◦ ⓝdistinction [distíŋkʃən] 구별, 차별

◦ distinguish A from B: A와 B를 구별하다

• The Lion Dance is one of China's most distinctive cultural arts.
사자춤은 중국의 가장 독특한 문화 예술의 하나입니다.

ascribe ⓥ-의 탓으로 돌리다

[əskráib] *어서 끌어와 봐 남의 탓으로 돌린 녀석을

◦ ⓝascription [əskrípʃən] 남의 탓으로 돌리기(to)

• To develop further, you had better not ascribe your failure to bad luck.
더 발전하기 위해 실패를 불운의 탓으로 돌리지 않는 것이 좋다.

inborn ⓐ타고난

[ínbɔ́ːrn] *인간 본래의 타고난 성품

• She has an inborn talent for sculpture.
그녀는 음악에 대해 타고난 재능이 있다.

concede ⓥ ① 인정하다 ② (권리, 특권) 등을 부여하다

[kənsíːd] *"콘(옥수수)도 씨다"라고 ①인정하고 ②권리를 준다

• We must concede that this is true.
우리는 이것이 사실임을 인정해야 한다.

• The privilege has been conceded to him.
그 특권이 그에게 주어졌다.

contaminate ⓥ더럽히다, 오염시키다

[kəntǽmənèit] *큰 댐에 넣었다 오염시키려고

◦ ⓝcontamination [kəntæ̀mənéiʃən] (특히 방사능에 의한) 오염, 더러움 (pollution)

• The river is being contaminated with sewage.
강이 하수로 오염되고 있다.

---

savage ⓐ야만의, 사나운

[sǽvidʒ] *새 아버지는 ①야만적이야 ②사납고

◦ ⓝsavagery [sǽvidʒ-əri] 야만, 미개(상태)

◦ savage step-father 잔인한 계부

◦ get savage with -에게 화를 내다

• We are not savage but different from you.
우리는 야만적인 것이 아니라 당신들과 다를 뿐이다.

---

ravage ⓝ파괴 ⓥ황폐(케 하다)

[rǽvidʒ] *savage 야만인이 ravage 파괴한다

• An epidemic now ravaging all the world has killed iots of people since 2020.
전 세계를 황폐화시키고 있는 전염병은 2020년 이후로 수많은 사람들을 죽게 했다.

---

constrain ⓥ ① 강제하다, 강요하다 ② 속박하다, 구속하다

[kənstréin] *간수(cons)가 train(훈련)시킬 때는 ①강요한다 ②구속시켜 놓고

◦ ㉥restrain [ristréin] 금하다, 억제하다, 구속하다

◦ ⓝconstraint [kənstréint] ① 강제, 압박 ② 구속, 억제

◦ by constraint 억지로, 무리하게

• I was constrained to do what he ordered.
나는 그가 명령한 것을 하도록 강요당했다.

maintain ⓥ ① 지속하다, 유지하다 ② 부양하다 ③ 주장하다

[meintéin] * 메인이 테인을 ①지속적으로 ②부양한다고 ③주장한다

◦ ⓝmaintenance ① 유지 ② 부양 ③ 주장(assertion)

• They maintained friendly relations.
그들은 우호적인 관계를 지속했다.

• You should maintain your family.
너는 가족을 부양해야 한다.

• He maintained his innocence.
그는 그의 무죄를 주장했다.

---

embassy ⓝ대사관

[émbəsi] * 앰버 씨는 대사관에 근무한다

◦ ambassador [æmbǽsədər] 대사, 대표, 사절

• The Korean Embassy has already been closed.
한국 대사관은 이미 폐쇄되었다.

---

sanction ⓝⓥ ① 재가(하다) ② 제재(하다)

[sǽŋkʃən] * 생선 먹는 것을 ①인가하기도 하고 ②제재하기도 한다

• We have the sanction of the law to hunt in this place.
이곳에서 사냥하는 것은 법률로 인가되어 있다.

• Economic sanctions are imposed on that country.
경제적 제재가 그 나라에 가해지고 있다.

---

miniature ⓐ소형(의), 작은(tiny)

[míniətʃər] * 미니면(소형이면) 어쩌?(어떠냐고의 전라도 사투리)

◦ in miniature 소형의

• Dragonflies look like miniature helicopters.
잠자리들은 작은 헬리콥터처럼 보인다.

---

apprehend ⓥ ① 근심하다 ② 붙잡다(grasp) ③ 이해하다(comprehend)

[æ̀prihénd] * 아프리 hand(손이 아프리) 그래서 ①걱정이다 앞으로 ②붙잡을 일도 많은데 꽉 잡았다는 것은 ③이해한다는 뜻이다

◦ ⓝapprehension [æ̀prihénʃən] ① (종종 pl)염려 ② 체포 ③ 이해력

◦ ⓐapprehensive [æ̀prihénsiv] ① 염려하는 ② 이해력 있는

• I am apprehensive of his health.
나는 그의 건강이 걱정이 된다.

• Police officers apprehended the quintet before they ran away far.
경찰관들이 그 5인조를 그들이 멀리 달아나기 전에 체포했다.

comprehend ⓥ ① 이해하다 ② 포함한다

[kàmprihénd] *come 와서 풀이한다 그래서 ①이해했다 이것저것 ②포함해서
*comprehend나 apprehend나 이해하는 건 같다

◦ ⓝcomprehension [kɑmprihénʃən] ① 이해력 ② 포함

◦ ⓐcomprehensive ① 포괄적인, 포용력이 큰 ② 범위가 넓은

• We need a comprehensive understanding of the entire economic trend.
전체적인 경제 흐름에 대한 포괄적 이해가 필요하다.

dissolve ⓥ용해시키다, 효력이 없어지게 하다, 점점 사라지다

[disəlv] *이것(디스)을 solve 풀려면 ①녹여라 녹이면 ②효력이 없어지고 ③점차 사라진다

◦ ⓝdissolution 해산, 분해, 용해

◦ dissolve in 화면이 점점 밝아진다

◦ dissolve out 화면이 점점 어두워지다

• Dissolving the barriers of the mind is the first thing to do.
마음의 장벽을 허무는 것이 우선 해야 할 일이다.

evacuate ⓥ(사람을) 피난[소개]시키다, (군대를) 철수시키다(from, to)

[ivǽkjuèit] *이백 명을 쿠웨이트에서 철수시켰다

◦ ⓝevacuation 비움, 배출

• Police evacuated the museum.
경찰은 사람들을 박물관에서 피난시켰다.

tenacious ⓐ고집하는, 완고한, 완강한

[tənéiʃəs] *티 내셨어 고집 센 티를

◦ ⓝtenacity [tənǽsəti] 고집, 끈기

• He is tenacious of his own view.
그는 자신의 견해를 고집한다.

suffocate ⓥ-의 숨을 막다, 질식시키다

[sʌ́fəkèit] *서퍼(supper) 먹고 갔대(죽었대) 질식해서

◦ ⓝsuffocation 질식

• Victims were suffocated by poisonous gas.
희생자들은 유독 가스에 의해 질식되었다.

---

seclude ⓥ분리하다

[siklú:d] *시쿠르드를 요구르트에서 분리해라

◦ seclude oneself from -으로부터 은퇴하다

◦ ⓝseclusion [siklú:ʒ-ən] 격리, 은퇴

• Seclude rotten part boldly.
썩은 부분은 과감히 분리시켜라.

---

melancholy ⓝⓐ우울(증), 우울한

[mélənkɔ̀li] *멜론 키울래 마음도 우울한데(멜론 키우는 원예는 기분 전환에 도움이 된다)

• A melancholy person can refresh himself by raising Melon.
우울한 사람은 멜론을 키워 봄으로 기분 전환을 할 수 있다.

---

rein ⓝⓥ ① (종종 pl.) 고삐 ② 통제하다, 제어하다

[rein] *rain 비를 ①통제한다 통제할 때는 ②고삐를 사용한다

◦ ㊐reign 지배하다

• It's not a piece of cake to keep a rein on prisoners.
죄수들을 엄격히 감시하는 것은 쉬운 일이 아니다.

---

exclude ⓥ배제하다(rule out), 추방하다

[iksklú:d] *쿠르드족을 밖으로(ex) 추방하다

*ex(밖으로) 굴르다 추방하고 배제하니까

◦ ㊥include 포함시킨다

◦ ⓝexclusion [iksklú:ʒən] 제외, 배제

◦ ⓐexclusive [iksklú:siv] 배타적인, 독점적인

• Let's exclude him from our club.
우리 클럽에서 그를 추방합시다.

• We must depend almost exclusively on God.
우리는 전적으로 하느님께 의존해야 한다.

ensue ⓥ ① 계속해서 일어나다 ② 결과로서 일어나다

[ensúː] *인수할 때는 ①계속하여 일어나는 ②이어지는 결과를 받아들이는 것이다

- Fiscal deficits ensued the taking over the business.
  사업을 인수한 후에 재정 적자가 잇따랐다.

---

abridge ⓥ단축하다

[əbrídʒ] *브릿지(다리) 하나로 단축하다

◦ ⓝabridgment [əbrídʒmənt] 축소, 단축

- This is abridged from the long story.
  이것은 긴 이야기를 요약한 것이다.

---

treachery ⓝ배반, 반역

[trétʃ-əri] *둘이 처리해라 반역사건을

◦ ⓐtreacherous ① 믿을 수 없는 ② 배반하는

- He was executed for treachery.
  그는 반역죄로 처형되었다.
- How treacherous the heart can be?
  마음은 얼마나 믿을 수 없는 것인가?

---

avenue ⓝ큰길

[ǽvənjùː] *왜 벗누? 큰길에서(큰길에서 왜 옷을 벗냐고 묻는 것임)

- Now he is on avenue to success.
  지금 그는 성공 일로에 있다.

---

revenue ⓝ수입, 세입

[révənjùː] *avenue(큰길)로 수입이 들어온다

- The company, over 20 years, has raised close to $1 billion in revenue.
  그 회사는 지난 20년 동안 약 10억 달러의 수익을 올렸다.

---

carve ⓥ새기다

[kɑːrv] *car에 “V”를 새기다

- The statue was carved by him.
  그 조각상은 그가 새긴 것이다.

hold one's breath 숨을 죽이다

• Hold your breath not to be found.
발견되지 않도록 숨을 죽여라.

---

reverse ⓥⓐⓝ ① 거꾸로 하다 ② 반대의, 거꾸로의 ③ 역전

[rivə́:rs] *이 버스는 거꾸로 반대로 간다

◦ ⓝreversal [rivə́:rs-əl] 반전(反轉), 역전

• We must bring about a reversal of the rapid trend toward total environmental wreckage.
우리는 총체적인 환경의 파멸을 향한 이 빠른 추세에 대해 역전을 일으켜야 한다.

---

reed ⓝⓥ갈대(로 지붕을 이다)

[ri:d] *read한다 갈대 밭에서

*니도 갈대다(여자 마음은 갈대라더니)

• It's proved that you leaned on a reed.
네가 못 믿을 사람을 의지했다는 것이 증명되었다.

---

breed ⓝⓥ ① 품종, 혈통 ② 낳다, 기르다

[bri:d] *reed 갈대밭에 ①낳아 ②기른다 어떤 ③품종을

◦ breeding 번식, 품종 개량, 양육

◦ breeder [brí:də:r] ① 종자로 쓰는 동물 ② 양육(사육)자

• Ignorance breeds prejudice.
무지는 편견을 낳는다.

---

probate ⓝⓥ검인, 공증(하다)

[próubeit] *pro가 bait 미끼를 검사한다

◦ ⓝprobation [proubéiʃən] 검정, 시험

• The process of probating a will is important.
유언장을 공증하는 절차가 중요하다.

vacuum ⓝⓥ ① 진공, 진공도 ② 진공 청소기로 청소하다.

[vǽkjuəm] *백금은 진공 상태에서 만든다

◦ vacuum cleaner 진공청소기(vacuum sweeper)

◦ vacuum jug 보온병

• You can't burn anything in a vacuum.
진공 상태에서는 아무것도 태울 수 없다.

---

conscribe ⓥ징집하다

[kənskráib] *칸(황제)이 scribe 필기사를 징집했다

◦ ⓝconscription 징병

• He is exemped from conscription.
나는 병역을 면제받았다.

---

prescribe ⓥ ① 규정하다, 명하다(order) ② (약을) 처방하다

[priskráib] *미리 scribe해 놔(적어 놔) ①규정할 것과 ②명령할 것과 ③처방할 것을

◦ ⓝprescription [priskrípʃən] ① 명령, 법규 ② 처방(전)

• He always prescribes what we should eat.
그는 항상 우리가 무엇을 먹어야 하는지를 지시한다.

• The prescription led to her recovery.
그 처방은 그녀의 회복을 가져왔다.

---

thaw ⓝⓥ녹다, 녹임, 마음이 풀어지다, 긴장이 완화되다

[θɔː] *쏘곤쏘곤해서 마음을 녹인다

• Sitting by the fire, I thawed out.
불 옆에 앉아 나는 몸을 녹였다.

• My comfort thawed him out.
나의 위로가 그를 누그러지게 했다.

---

in the light of –의 견지에서

• It is unavoidable in the light of circumstances.
그것은 상황상 어쩔 수 없다.

hold good 유효하다

• The contract holds good for three years.
그 계약은 3년 동안 유효하다.

---

waggery ⓝ우스꽝스러움

[wǽgəri] *왜 거리에서 우스꽝스러운 짓을 하냐?
*왜가리가 우스꽝스럽게 생겼다

• His performance was a waggery in itself.
그의 연기는 우스꽝스러움 그 자체였다.

---

grudge ⓥⓝ ① 주기 싫어하다, 못마땅해한다 ② 원한

[grʌdʒ] *그러지 ①주기 싫고 못마땅하지 ②원한이 있으니까

• He nursed a grudge against the King.
그는 왕에게 원한을 품었다.

---

trudge ⓥ무거운 발걸음으로 터덕터덕 걷다

[trʌdʒ] *grudge 못마땅하니까 trudge 무거운 발걸음으로 터덕터덕 걸어온다

• The soldiers trudged up the hill with heavy backpacks.
군인들이 무거운 배낭을 메고 언덕 위를 터덕터덕 올라왔다.

---

lade ⓥ-을 싣다, 적재하다

[leid] *laid 내려놓았다 차 위에 즉 무언가를 실었다

◦ ⓐladen ① 실은, 적재한 ② 과일이 많이 달린

• The truck is laden with goods for market.
그 트럭은 시장에 내다 팔 상품들을 싣고 있었다.

---

allusion ⓝ암시, 언급

[əlúːʒən] *모두(all) 누전이라고 암시하고 언급한다(모두 화재의 원인이 누전이라고 말하고 암시하는 상황)

◦ ⓝallude 언급한다, 암시한다, 넌지시 말한다

◦ ⓐallusive 암시적인

• He often alludes to his wealth.
그는 종종 자신의 부를 은근히 언급한다.

reform ⓥ개혁하다, 개정하다

[riːfɔ́ːrm] *re(다시) 폼을 개정해라

◦ ⓝreformation [rèfəːrméiʃ-ən] 개혁, 개정, 개선

◦ reformism 개혁주의

• Mental reform must precede.
정신적 개혁이 선행되어야 한다.

swoop ⓥ ① 위로부터 와락 덤벼들다, 급습하다 ② 급강하하다

[swuːp] *숲 위로 ①급강하하여 ②와락 덤벼들다

• When an eagle spots a mouse, it swoops down.
독수리는 쥐를 발견하면 급강하한다.

verdict ⓝ평결, 판단

[və́ːrdikt] *바르게 dict(구술)해라 판단할 때는

• What is your verdict after hearing both arguments?
양쪽 주장을 다 들어 본 후에 당신의 판단은 무엇입니까?

eliminate ⓥ제거하다

[ilímənèit] *1-2m 나왔다 잘라 버려

◦ ⓝelimination [ilìmənéiʃən] 배제, 제거

• People have tried to eliminate rats from their environment.
사람들은 주변에서 쥐들을 제거하기 위해 노력해 왔다.

refract ⓥ굴절시키다

[rifrǽkt] *reflect(반사시키다)시키는 것이고 refract는 굴절시키는 것이다

• Water refracts light.
물은 빛을 굴절시킨다.

exterminate ⓥ박멸하다, 전멸시키다

[ikstə́ːrmənèit] *ex 밖에서 더 넘어왔다 모두 박멸시켰다

• It is almost impossible to exterminate mice.
쥐들을 모두 없애는 것은 거의 불가능하다.

vermin ⓝ해로운 작은 동물, 해충

[vɔ́:rmin] *범인은 해충이었어

- It is not easy to exterminate vermins.
  해충을 박멸하기가 쉽지 않다.

---

prudent ⓐ신중한

[prú:dənt] *풀어댄다(문제들을) 신중하게

- ◦ ㊇prudential [pru:dénʃəl] 신중한, 조심성 있는
- ◦ ㊥imprudent 경솔한
- ◦ ㊇circumspect [sɔ́:rkəmspèkt] 신중한(prudent), 주의 깊은
- Be prudent in your words.
  말을 신중하게 하시오.

---

circum 주위, 여러 방향이라는 뜻을 가진 접두사

- ◦ circumspect [sɔ́:rkəmspèkt] 신중한(prudent), 주의 깊은

*'주위'를 의미하는 circum과 '보다'라는 뜻을 가진 'spect'의 결합(주위를 보다 신중하게)

- ◦ circumspection [sə̀:rkəmspékʃən] 주의 깊음
- ◦ circumspective [sə̀:rkəmspéktiv] 주의 깊은, 신중한
- ◦ circumstance [sɔ́:rkəmstæ̀ns](보통 pl.) 상황, 환경; 주위의 사정
- ◦ circumambient [sə̀:rkəmǽmbiənt] 에워싸는, 주위의(surrounding)
- ◦ circumcise [sɔ́:rkəmsàiz] 주변을 잘라내다, -에게 할례(割禮)를 행하다
- ◦ circumference [sərkʌ́mfərəns] 원주(圓周)
- ◦ circumlocution [sə̀:rkəmloukjú:ʃən] 빙빙 돌려 말하는 완곡한 표현
- ◦ circumscribe [sə̀:rkəmskráib] -의 둘레에 선을 긋다

---

verify ⓥ사실을 밝히다, 증명하다

[vérəfài] *배워 파이(수학의 파이)를 증명하게

- ◦ ⓝverity 진실, 참, 진리
- ◦ ⓐveritable 진실한, 틀림없는
- The lunar effects have been verified.
  어떤 달의 영향력은 증명되었다.

sneak ⓥ살금살금 들어오다

[sni:k] *snake(뱀)처럼 살금살금 기어 들어온다

◦ sneaker 몰래 하는 사람, 몰래 출몰하는 동물

◦ sneakers (고무창을 댄) 운동화

• They prepared a horse to ride away while I sneaked in.
내가 몰래 들어가는 사이 그들은 타고 달아날 말을 준비했다.

---

rid ⓥ ① 해방하다 ② 면하게 하다, 제거하다

[rid]

◦ get rid of -을 제거하다

• Human governments have not been able to rid the world of hunger and poverty.
인간 정부들은 세상에서 배고픔과 가난을 제거하지 못했다.

• Is it possible to get rid of hatred from his mind.
그의 마음속에서 증오를 제거하는 것이 가능할까?

---

blight ⓝⓥ ① 마름병 ② 마르게 하다

[blait] *불과 light로 마르게 하다

• The bad weather cast a blight on our vacation.
나쁜 날씨가 우리 휴가를 망쳤다.

---

extend ⓥ ① 확장하다, 뻗치다 ② 베풀다, 주다

[iksténd] *ex(밖으로) 열(ten) 개도 더 ①확장한다 확장하면 ②베풀께

◦ ⓐextensive [iksténsiv] 광대한

◦ ⓐextended 한껏 뻗친

◦ ⓝextension [ikstén∫ən] ① 연기, 확대 ② 구내전화

• May I have extension 140, please.
구내 140번 전화 부탁합니다.

• The policy was introduced as part of extensive reforms in healthcare.
그 정책은 광범위한 의료 개혁의 일환으로 도입되었다.

proliferate ⓥ급증하다, 확장되다

[proulífərèit] *프로의 life(생존) 비율(rate)이 급증했다

• Medical staff tried a special drug treatment to prevent cancer cell proliferation.
의료진들은 암세포의 전이를 막기 위해 특별한 약물 치료를 시도했다.

---

treaty ⓝ조약, 약정

[tríːti] *트리(나무) 밑에서 티(차) 마시면서 조약을 맺는다

• The Nuclear Nonproliferation Treaty is the minimum measure to control the proliferation of nuclear weapons.
핵 확산 금지 조약은 핵무기의 확산을 통제하기 위한 최소한의 조치이다.

---

shimmer ⓥ희미하게 비치다 ⓝ어렴풋한 빛

[ʃíməːr] *쉬 마려워 어렴풋한 빛이 있을 때(새벽녘에)

• There was a shimmer of moonlight in the dark sky.
어두운 하늘의 희미한 달빛이 있었다.

---

sullen ⓐ ① 무뚝뚝한 ② 음침한(gloomy)

[sʌ́lən] *썰렁한 것은 ①음침하고 ②무뚝뚝한 것이다

• She wears sullen look.
그녀가 꿍한 표정을 하고 있다.

---

interdiction ⓝ금지

[ìntərdíkʃən] *inter(중간에) dictionary(사전) 보는 것은 금지야

◦ ⓥinterdict 금지하다

◦ interdicts a route 길을 막다

• My father interdicted me from going out after 10 p.m.
아빠가 밤 10시 이후에 외출하는 것을 금지했다.

insulate ⓥ ① 고립시키다, 섬으로 만들다 ② (전기) 절연하다

[ínsəlèit] *인수는 late(늦었다) 그래서 ①전기도 끊긴 ②섬에 고립시켰다

◦ ⓐinsular [ínsələr] 섬의

◦ ⓐinsulated [ínsəlèitid] ① 격리된, 고립(孤立)된 ② (전기·물리) 절연된

◦ ⓝinsulation 격리, 고립

• With good insulation, we can save a lot on fuel costs.
단열재를 잘 쓰면 연료비를 크게 절약할 수 있다.

---

repent ⓥ후회하다, 회개하다

[ripént] *re(다시) 펜 들고 반성문 쓰고 후회한다

◦ ⓐrepentant 회개하는, 반성하는

◦ ⓐrepentance [ripéntəns] 후회, 회개

• He exhorted me to repent.
그는 나에게 회개하라고 간곡히 말했다.

---

adequate ⓐ ① 어울리는, 적당한 ② 충족하는

[ǽdikwət] *애도 컷트할 줄 안다 ①적당한 ②충족하는 시점에서

◦ ㉯inadquate 부적당한

• Their bodies are adequately provided with protective covering.
그들의 몸은 보호용 덮개를 적절히 갖추고 있다.

---

latch ⓝ걸쇠, 빗장

[lætʃ] *내쳐 그리고 빗장을 걸어

◦ set the latch 빗장을 걸다

• Lift the latch to open the door.
문을 열기 위해 빗장을 들어 올려라.

---

solace ⓝ위안, 위로 ⓥ위로하다

[sáləs] *살렸어 위로해서

◦ ㊒comfort [kʌ́mfərt] 위로

• His soft smile solaced my heart.
그의 부드러운 미소가 나의 마음을 위로했다.

congest ⓥ꽉 차게 하다, 혼잡하게 하다.

[kəndʒést] *큰 제사 때라 사람들이 많아 혼잡했다

◦ ⓝcongestion 혼잡, 붐빔

• This city is a congested district.
이 도시는 인구 과밀지역이다.

---

tentacle ⓝ촉수, 촉각

[téntək-əl] *열 개의 티끌 같은 촉수

• On the east coast, many people are stung by jellyfish's tentacles every year.
동해안에서 매년 많은 사람들이 해파리의 촉수에 쏘인다.

---

parley ⓝ회담

[pά:rli] *빨리 회담을 열자

• The parley went wrong between two nations.
두 나라 사이의 회담은 결렬되었다.

---

from time to time 때때로

• I feel like taking a walk from time to time.
나는 때때로 산책을 하고 싶다.

---

permeate ⓥ ① 스며들다, 침투하다 ② 퍼지다

[pə́:rmieit] *범(호랑이)이 ate 했다 밤에 ①침투하여 스며들어 그래서 공포가 ②퍼졌다

• The fragrance permeated through the yard.
향기가 마당에 퍼졌다.

---

irritate ⓥ ① 초조하게 하다 ② 화나게 하다(enrage, provoke)

[írətèit] *이리 떼였다 나를 ①초조하게 하고 ②화나게 한 것이

◦ ⓐirritable 성미가 급한(fretful)

◦ ⓐirritating [írətèitiŋ] 초조하게 하는, 약 올리는, 화나게 하는

• Our relatives irritated us far more than our neighbors.
우리의 친척들이 이웃들보다 나를 더 화나게 했다.

terrain ⓝ지대, 지역

[tərέin] *train이 지나가는 지역

• The terrain between the two rivers is a strategic point.
두 강 사이의 지역이 전략적 요충지이다.

---

beget ⓥ ① 아이를 낳다 ② -을 초래하다

[bigét] *비가 갰다 이제 아이를 낳아라

• Honesty begets trust.
정직이 신뢰를 낳는다.

---

bugle ⓝ나팔

[bjú:gəl] *burglar 강도를 만나면 bugle 나팔을 불어라

• The sound of bugle call rang out.
집합 나팔 소리가 울려 퍼졌다.

---

milestone ⓝ이정표

[máilstòun] *몇 마일 남았는지 표시하는 stone(돌)이므로 이정표이다

• The war marked a milestone in the colonial history between the two countries.
그 전쟁은 두 나라 사이의 식민지 역사에서 이정표가 되었다.

---

consent ⓝⓥ동의(하다)

[kənsént] *콘(옥수수)을 보내는 데(sent) 동의했다

◦ ㊎assent [əsént] 동의하다

◦ ㉥ dissent 반대하다, 의견을 달리하다

(*콘을 보내는 데는 동의하지만 dissent 뒤로 보내는 것은 반대한다)

◦ ⓝconsensus [kənsénsəs] 일치, 동의

◦ ⓝconsentience [kənsénʃəns] (감각적인) 의식의 일치

• I also consented to the plan.
나도 그 계획에 동의했다.

• He consented that we should split the spoils in half.
그는 우리가 전리품을 반씩 나누는 데 동의했다.

tenor ⓝ방침, 방향

[ténəːr] *테너 가수가 되기로 방침을 정한다

- The tenor of my life was set by you.
  나의 인생의 방향은 너에 의해 정해졌다.

---

applause ⓝ박수갈채

[əplɔ́ːz] *엎으러져 박수갈채 하며(스타를 보려고 엎으러진다)

◦ ⓥapplaud [əplɔ́ːd] 박수갈채하다, 환호하다

◦ ⓐapplausive [əplɔ́ːsiv] 박수갈채의, 칭찬하는

- The winner received a round of applause from the audience.
  승자는 관중들로부터 대단한 환호를 받았다.

---

communion ⓝ ① 함께함, 친교 ② 종교 단체

[kəmjúːnjən] *come 온다 union 조합에 ①친교를 나누려고 친교는 ②종교 단체에서 많이 나눈다

- If you hold communion with him, you will be encouraged by your relationship with him.
  네가 그와 친하게 지낸다면 너는 그와의 관계를 통하여 격려를 받을 수 있을 것이다.

---

smudge ⓝⓥ오점, 얼룩, 더럽히다

[smʌdʒ] *숨어 쥐가 더럽혀 놓고

- Parchment is worn and smudged.
  양피지가 낡고 더럽혀져 있다.
- A smudge of lipstick on his hand became a crucial clue.
  그의 손에 묻은 립스틱 자국이 결정적 자국이 되었다.

---

sprawl ⓥ ① 손발을 쭉 뻗다, 배를 깔고 엎드리다 ② 기어가다

[sprɔːl] *crawl이나 sprawl이나 배를 깔고 엎드려 기어가기는 마찬가지다

- When I was too tired, I sprawled on the room.
  너무 피곤했을 때 나는 방에 손발을 쭉 펴고 드러누웠다.

urgent ⓐ긴급한, 절박한

[ə́:rdʒənt] *어! 전투가 긴급하다

◦ ⓝurgency [ə́:rdʒənsi] ① 긴급, 절박, 화 ② (pl.) 긴급한 일[필요]

• He is in urgent need of your assistance.
그는 너의 도움이 절실히 필요한 상태이다.

---

ethics ⓝ윤리학

[éθiks] *애 식스(여섯)를 키우면서 애들에게 윤리학을 가르쳤어

• You should take ethics into account considering the job.
너는 직업을 고려할 때 윤리관을 고려에 넣어야 한다.

---

precondition ⓝⓥ ① 전제 조건 ② 미리 조정하다

[prì:kəndíʃən] *미리(pre) 콘디션을 조정하다

• The withdrawal of troops is a precondition for negotiations.
군대를 철수하는 것이 협상의 전제 조건이다.

---

kindle ⓥ ① 불태우다, 불을 켜다 ② 불이 붙다

[kíndl] *candle 양초에 불을 붙인다

• The police over-suppression kindled them to revolt.
경찰의 과잉 진압이 그들이 폭동을 일으키도록 불을 붙였다.

---

gallant ⓐⓥ ① 용감한 ② 여성에게 친절히 하다

[gǽlənt] *계란도 ①용감하다(계란으로 바위치니까) 용감한 사람은 ②여성에게 친절하다

◦ ⓝgallantry ① 용감 ② 부녀자에게 친절함

• Let's be a gallant soldier!
용감한 병사가 되자.

---

hunch ⓝ예감, 직감

[hʌntʃ] *훤칠한 남자를 만날 것 같은 예감이 든다

• I have a hunch that I will meet a handsome man.
어쩐지 잘생긴 남자를 만날 것 같은 예감이 든다.

for(e)bode ⓥ예감하다, 예측하다

[fɔ:rbóud] * 앞을(fore) 보다 즉 예감하다

• The altercation of the day for(e)boded a greater disaster.
그날의 언쟁은 더 큰 재난을 예고했다.

---

deputy ⓝ대리인, 대표자

[dépjuti] * 대표했다 대리인이

• Signing by deputy has no legal effect.
대리로 서명하는 것은 법적 효력이 없다.

---

demolish ⓥ파괴하다, 부수다

[dimáliʃ] * 다 말리셔야 돼 파괴하려고 하잖아

◦ ⓝdemolition [dèməlíʃən, dì:-] 해체, 파괴

• Many buildings were demolished by the earthquake.
지진으로 많은 집들이 파괴되었다.

---

slovenly ⓐ단정치 못한

[slʌ́v-ənli] * 술로 보낸 이(술로 세월을 보낸 이)는 단정치 못하다

• She is slovenly in her dress.
그녀는 옷매무새가 형편없다.

---

infiltrate ⓥ침투하다, 스며들다

[infíltreit] * 필터 안으로 들어왔다 스며들어

• North Korean soldiers can infiltrate into the South at any time.
북한군은 언제라도 침투할 수 있다.

---

deprive ⓥ박탈하다, 빼앗다

[dipráiv] * 지푸라기도 빼앗다

◦ deprive A of B A에게서 B를 빼앗다

◦ ⓝdeprivation 박탈, 결핍

• I was deprived of my freedom.
나는 자유를 빼앗겼다.

denizen ⓝⓥ ① 주민, 거주자 ② 귀화를 허락하다

[dénəzən] *대낮엔 ①주민 거주자가 없다 거주자가 되도록 ②귀화를 허락한다

• Lizards are also denizens of this wetland.
도마뱀 역시 이 습지의 거주자다.

bridle ⓝ굴레 ⓥ구속하다

[bráidl] *bride 신부를 구속했다

• He drew the bridle of the horse.
고삐를 잡아당겨 말을 세웠다.

wholesome ⓐ건강에 좋은, 건전한

[hóulsəm] *홀로 섬에 사는 것은 ①건강에 좋고 ②건전하다

◦ wholesome food 자양분 있는 식품

• A wholesome environment is an essential factor to good education.
건전한 환경은 교육에 필수적인 요소이다.

buffet ⓝⓥ ① 타격(을 가하다) ② 시련을 헤치고 가다

[bʌ́fit] *버럭 핏대를 올리며 타격을 가해 온다

• He buffeted his way to success.
그는 성공하기 위해 악전고투했다.

glue ⓥ ① 풀(로 붙이다) ② –에 열중하다

[glu:] *①풀로 붙인 듯이 ②열중한다

• Her ears glued to the singing of birds.
그녀의 귀는 새들의 노랫소리에 몰두에 있었다.

perpetual ⓐⓥ ① 영구적인, 끊임없는 ② 사철 피는 식물, 다년초

[pərpétʃuəl] *파와 배추를 ①끊지 말고 ②영속적으로 먹어라 ③다년초처럼

◦ ⓥperpetuate 영속시키다

• Perpetual snow started to melt.
만년설이 녹기 시작했다.

• Drastic investment is needed to deal with perpetual food shortages.
만성적인 식량난에 대처하기 위해 과감한 투자가 필요하다.

precaution ⓝ예방 조치

[prikɔ́ːʃən] *미리(pre) 조심(caution) 즉 예방 조치

- Special precautions should be taken to prevent the flu epidemic.
  독감의 유행을 예방하기 위해 특별한 예방 조치가 취해져야 한다.

---

scorch ⓥ불에 그슬리다, 태양에 그슬리다

[skɔːrtʃ] *서(서씨 성을 가진) 코치가 불에(태양) 그슬렸다

◦ ⓐscorching [skɔ́ːrtʃiŋ] 태우는 듯한, 매우 뜨거운

- Her face was scorched by the rays of the sun.
  그녀의 얼굴은 태양 광선에 의해 그슬렸다.

---

torture ⓝ고통 ⓥ고문(하다), 괴롭히다

[tɔ́ːrtʃəːr] *도처에서 고통을 겪는다

◦ in torture 시달림을 받아

- My left leg tortures me.
  왼쪽 다리가 아프다.

---

manifold ⓐ다양한

[mǽnəfòul] *많이 접었다(fold) 다양한 모양으로(various)

- He has manifold skills.
  그는 다양한 기술들을 가지고 있다.

---

aspire ⓥ열망하다, 갈망한다(lust)

[əspáiər] *어서 봐요 그동안 열망했으니까?

◦ ⓝaspiration [æ̀spəréiʃən] 열망

- She aspired to accomplish personal ambition.
  그녀는 야망을 달성하기를 열망했다.

---

statue ⓝ조각상

[stǽtʃuː] *숫돼지 조각상

- Did you see the Statue of Liberty?
  너 자유의 여신상 봤니?

confess ⓥ고백하다, 인정하다

[kənfés] *큰 배에서 고백한다(배 위에서 사랑을 고백하나 봐)

∘ ⓝconfession 고백

• I confessed that I had embezzled the money.
 나는 내가 그 돈을 횡령했다고 고백했다.

---

profess ⓥ ① 고백하다 ② -을 직업으로 하다 ③ 교수가 되다

[prəfés] *confess나 profess나 고백하기는 마찬가지다

∘ ⓝprofession ① 직업 ② 공언, 언명
(*고백해 직업이 무엇인지)

• He professed that he was broken.
 그는 자신이 파산했다고 고백했다.

• Most doctors choose their career as a profession.
 대부분의 의사들은 직업으로서 그 일을 택한다.

---

moisture ⓝ습기

[mɔ́istʃər] *모여 있어도 추워 습기 때문에

∘ ⓐmoist 축축한

• Eventually the moisture falls back down as rain.
 드디어 습기는 비로 다시 떨어진다.

---

all at once 갑자기

• He left all at once.
 그는 갑자기 떠났다.

due ⓐ ① 만기가 된 ② -할 예정인 ③ 적당한, 합당한

[dju:] * 뒤 ①만기 때까지 ②적당한 때 ③-할 예정이니

◦ become (fall) due 만기가 되다

◦ be due to 동사: -할 예정이다, 당연히 치러져야 할

◦ due to - 때문에

• This bill is due.
이 어음은 만기가 되었다.

• The discovery is due to Newton.
그 발견은 뉴턴에게 돌아가야 한다.

• The bus is due in at three.
버스는 3시에 도착하게 되어 있다.

• He is due to speak tonight.
그는 오늘 밤 연설하게 되어 있다.

• This money is due to you.
이 돈은 네가 받을 돈이다.

---

deceive ⓥ속이다

[disí:v] * 뒤에서 씹어 나를 속이고

◦ ⓝdeceit [disí:t] 속임, 책략

• I was deceived by his appearance.
그의 외관 때문에 속았다.

---

brag ⓝⓥ 자랑(하다)

[bræg] * rag 넝마 입고 다니며 brag 자랑한다

• Don't brag about your virtues with your mouth.
너의 입으로는 너의 장점을 자랑하지 마라.

---

occident ⓝ서양, 서양 문명

[áksidənt] * accident(사고)가 발생했다 서양에서

◦ ⓐoccidental ① 서양(제국)의 ② 서양인의, 서방의

◦ occidentalism 서양풍, 서양 숭배, 서양 문화

• Occidental culture is not always superior to that of the orient.
서양 문명은 동양 문명보다 항상 우월한 것이 아니다.

erode ⓥ좀먹다, 부식시키다

[iróud] *이 rod(장대)가 부식된다

◦ ⓝerosion 부식

• Such a drastic price cut will erode our profitability.
그러한 과감한 가격 인하는 수익성을 감소시킬 것이다.

---

vogue ⓝ ① 유행, 성행 ② 인기, 호평

[voug] *보구 유행을 따른다

◦ in vogue 유행하여

◦ ⓐvoguish [vóugiʃ] 유행하는

• This fashion came into vogue.
이 패션이 유행하기 시작했다.

---

dreary ⓐⓥ ① 황량한 ② 기분이 우울한(gloomy)(하게 하다)

[dríəri] *들에 어리는 황량한 느낌

• A dreary atmosphere spread over the autumn hills with the evening sun.
황량한 분위기가 저녁 햇살과 함께 가을 언덕 위로 퍼져 갔다.

---

promote ⓥ증진(진척)시키다, 장려하다

[prəmóut] *프로들을 (불러) 모았다 (일을) 증진시키려고

◦ ⓝpromotion ① 승진 ② 조장, 증진

◦ promoter 촉진자, 조장자

• Many slogans aimed at promoting world peace have proved futile.
세계 평화를 증진시키겠다는 많은 구호들은 헛됨이 증명되었다.

---

severity ⓝ엄격(rigor), 가혹(harshness)

[sivérəti] *시베리아터는 ①엄격하고 ②가혹한 곳이다

◦ ⓐsevere ① 엄한, 호된, 가혹한 ② 병세가 심한

◦ severely [svíə:rli] 호되게, 격심하게

• A severe punishment is unnecessary.
엄한 벌은 필요하지 않다.

persevere ⓥ인내하다

[pə̀:rsəvíər] * 벌써 배워 인내하는 법을

◦ ⓐpersevering 참을성 있는, 끈기 있는

◦ ⓝperseverance [pə̀:rsəví:rəns] 인내(력)

• I can't persevere with his haughtiness any more.
나는 그의 오만함을 더 이상 참을 수 없다.

---

rigorous ⓐ준엄한, 혹독한, 엄격한

[ríg-ərəs] * 우리 걸었어 ①혹독하고 ②엄격한 길을(혹독한 훈련의 인생길을 걸어왔다고)

◦ ⓝrigor 혹독함, 엄함

• Rigorous safety checks is essential to reduce the risk of accidents.
혹독한 안전 진단이 사고의 위험성을 줄이기 위해 필수적이다.

---

vigor=vigour ⓝ힘, 원기

[vígər] * bigger(더 큰 애)가 더 힘이 세다

◦ ⓥinvigorate [invígərèit] 원기를 돋구다, 북돋다

◦ ⓐvigorous [vígərəs] ① 원기 왕성한 ② 강력한

• Regular quality meals give people vigor.
정기적인 질 좋은 식사는 사람에게 원기를 준다.

---

harsh ⓐ ① 거친, 껄껄한 ② (소리·음이) 사나운 ③ 호된, 모진

[hɑ:rʃ] * 하! 쉬 하는 말은 ①거칠고 ②모진 말이야

◦ a harsh cloth 꺼칠꺼칠한 천

◦ harsh to the ear 귀에 거슬리는

• He was harsh to his sons.
그는 아들들에게 엄했다.

---

hazard ⓝ ① 위험 ② 우연

[hǽzərd] * 해저도 ①위험이 ②우연히 있을 수 있다

◦ at the hazard of −을 무릅쓰고

◦ at all hazards 만난을 무릅쓰고

• The counterfeit product can pose safety hazard.
위조품은 안전상의 위험을 가지고 있다.

policy ⓝ정책, 방침

[pɑ́ləsi] *파리시의 정책

◦ policy switch 정책 전환

• Prioritizing one's own economic interests is the foreign policy of all countries these days.
자국의 경제적 이득을 가장 우선시하는 것이 요즘 모든 나라들의 외교 정책이다.

---

austere ⓐ ① 엄(격)한 ② 꾸미지 않은, 간소한

[ɔːstíər] *옷이 튀어 ①수수하게 입어야 돼 ②엄격한 분 앞에서

◦ ⓝausterity [ɔːstériti] 엄격

◦ an austere budget 긴축 예산

◦ austere measures 긴축 정책

• Austere way of life can be a form of self-satisfaction.
금욕적인 생활 방식이 자기만족의 한 형태일 수 있다.

---

bewilder ⓥ어리둥절케 하다, 당황하게 하다

[biwíldər] *비 올 때 일 더 하라고 해서 당황하게 한다

◦ ⓐbewildering [biwíldəriŋ] 어리둥절케 하는

◦ ⓝbewilderment [biwíldərmənt] 당황

• I was bewildered by her sudden approach.
나는 그녀의 갑작스런 접근에 당황했다.

---

bribe ⓝⓥ뇌물(로 매수하다)

[braib] *브라보한다 뇌물 받고 좋아서

◦ bribery [bráib-əri] 뇌물 행위

• Bribery takes away one's discernment.
뇌물은 사람의 분별력을 빼앗아 간다.

---

portion ⓝ ① 한 조각, 일부 ② 몫 ③ 운명

[pɔ́ːrʃən] *폴 선생님의 ①운명의 ②몫은 한 ③조각이다

• A portion of each school day is allocated to safety education.
매일 수업의 일부는 안전 교육에 할당된다.

proportion ⓝ ① 비율, 정도 ② 크기 ③ 균형

[prəpɔ́:rʃən] *프로의 폴션(몫)은 ①비율이나 ②크기에 있어 ③균형이 잡혀야 한다

◦ proportionable 균형 있게 할 수 있는

◦ proportionate 균형 잡힌, 비례를 이룬

◦ in proportion to –에 비례하여

• The spread of pornography is epidemic proportions all over the world.
외설물의 확산은 온 세상에서 전염병 수준이다.

• Mix sugar and water in the proportion of one to one.
설탕과 물을 1:1의 비율로 섞어라.

• A lot of his wealth bear no proportion to his poor intelligence.
그의 많은 부는 그의 빈약한 지성과 균형이 잡히지 않는다.

---

dominate ⓥ지배하다, 우위를 점하다

[dámənèit] *도민이었다 ①통치하는 사람이, 통치하는 것은 ②우위를 점하는 것이다

◦ ⓐdominant 지배적인, 우세한, 유력한

◦ ⓝdomination 지배, 통치

◦ dominion [dəmínjən] 지배력, 통치력

◦ the dominant party 제1당

◦ a dominant gene 우성 유전자

• I am feeling growing pressure to retain dominance.
나는 우위를 유지하기 위해 점증하는 압력을 느끼고 있다.

• You need to invest in new product research to continue to retain dominance in the industry.
계속 업계에서 우위를 유지하려면 새로운 제품 연구에 투자를 해야 한다.

---

tangible ⓐ만져서 알 수 있는, 실체적인

[tǽndʒəb-əl] *탱탱해서 잡을 수 있는, 즉 만질 수 있고 실체가 있는

◦ tangible assets 유형의 자산

• We have no tangible proof for suspicion.
우리는 의심할 만한 확실한 증거를 가지고 있지 않다.

may as well A as B B 하는 것보다 A 하는 것이 더 낫다

* A와 B는 동사 원형

• You may as well expect the sun to rise in the west as expect me to change my opinion.
내가 의견을 바꾸기를 기대하는 것보다 해가 서쪽에서 떠오르는 것이 더 낫다.

---

peep ⓥ살짝 엿보다

[pi:p] *피부를 살짝 엿보다

• Someone seems to peep into the room.
누군가가 내 방을 엿보는 것 같다.

---

tribe ⓝ부족

[traib] *드라이브 한다 부족들 방문하러

◦ the tribe of players (직업) 선수들

• In one African tribe, indigenous people still live hunting.
한 아프리카 부족의 경우에, 원주민들이 아직도 사냥을 하며 산다.

---

delicate ⓐ ① 섬세한, 민감한, 미묘한 ② 우아한, 가냘픈 ③ 맛있는

[délikət] *뉴델리 cat은 ①섬세하고 ②우아하다

◦ delicate manners 품위 있는 예의범절

◦ be in delicate health 병약하다

◦ a delicate difference 미묘한 차이

◦ a delicate refusal 말하기 어려운 거절

• I am in a very delicate position with my girlfriend.
나는 지금 나의 여자 친구와 미묘한 입장에 있다.

• He is in delicate health.
그는 허약하다.

subtle ⓐ ① 미묘한 ② 예민한, 민감한 ③ 엷은, 희박한

[sʌ́tl] *써 보니 틀려 미묘한 차이가 있어

∘ subtlety ① 희박함 ② 민감

∘ ㊌delicate [délikit] (차이 등이) 미묘한

• I had a subtle feeling when he smiled at me.
그가 나에게 미소 지을 때 나는 미묘한 느낌을 받았다.

• Experts can distinguish a subtle distinction.
전문가는 미묘한 차별을 알아낼 수 있다.

---

descend ⓥ내리다, 내려가다, 내려온다

[disénd] *뒷산에도 내린다

∘ ㊉ascend 오르다

∘ ascent 상승, 올라감

∘ ⓝdescendant 자손, 후예

∘ ⓐdescendent 내리는, 낙하하는(descending)

∘ ⓝdescent [disént] ① 하강, 하락 ② 가계, 혈통

• The skill descends from master to apprentice.
기술이 거장에게서 견습공에게 전해진다.

---

decent ⓐ적절한, 예의 바른, 남부끄럽지 않은

[dí:sənt] *recent 최근에는 decent 예의 바르다

∘ ㊉indecent 버릇없는, 외설한

∘ ⓝdecency [dí:snsi] 보기 흉하지 않음, 품위, 체면

• He is descent in manner.
그는 예절 바르다.

---

chaste ⓐ ① 순결한, 순진한, 품위 있는 ② 간소하고 소박한

[tʃeist] *chase(쫓아가다)하셨다 순결한 아가씨를

* 채이셨다 ①순결하고 ②소박하다고

∘ ⓥchasten [tʃéisən] 순화시키다, 사람을 연단하기 위해 징벌한다

∘ ⓝchastity [tʃǽstəti] 순결, 정숙

• Strong beliefs are needed to remain chaste.
순결을 유지하기 위해서는 확고한 신념이 요구된다.

benevolent ⓐ자비심 많은, 친절한

[bənévələnt] *반해 버린다 친절한 사람에게

∘ ⓝbenevolence 친절, 자비심

∘ ㉥malevolent [məlévələnt] 악의 있는, 심술궂은 (*몰래 버린다 심술궂은 사람은)

• With the help of a benevolent donor, many people could make their livings.
자비로운 기증자 덕분에 많은 사람들이 생계를 꾸릴 수 있었다.

---

sly ⓐ교활한(cunning)

[slai] *슬슬 나이 들면서 교활해지네

• She is as sly as a fox.
그녀는 여우처럼 교활하다.

---

impulse ⓝⓥ충동, 추진력, 충격을 주다

[ímpʌls] *이미 벌써 충동과 추진력을 느끼네

∘ ⓐimpulsive [impʌ́lsiv] ① 충동적인 ② 추진적인

• Your patronage gave a great impulse to the charitable activities.
너의 후원은 그 자선 활동에 추진력을 주었다.

---

alter ⓥ바꾸다, 변경하다, 수정하다

[ɔ́:ltər] *all 터 (모두 터서) 변경해라

∘ ⓐⓥalternate [ɔ́:ltərnit] 번갈아 하는, 교체하다

∘ ⓝalternation 교체

• Cloning techniques is different from a technology to alter genes.
복제 기술은 유전자를 바꾸는 기술과 다르다.

---

alternative ⓝ대안, 선택 사항

[ɔ:ltə́:rnətiv] *너가 TV를 바꾸는 것은 선택 사항이다

• We had no alternative but to change the plan.
계획을 바꾸는 것 외에는 다른 선택 사항이 없다.

altar ⓝ제단

[ɔ́:ltər] * 제단을 alter 변경 시킨 후 올(모두) tar(타르)를 발라라 제단에

• The visitors prostrated themselves before an altar.
방문객들은 제단 앞에 엎드렸다.

---

hinder ⓥ방해하다(prevent)

[hindər] * 힌두교가 방해한다

◦ hinderer [híndərər] 방해자, 장애물

◦ ⓝhindrance [híndrəns] 방해

• Traffic jam hindered me from arriving on time.
교통 혼잡이 내가 정시에 도착하는 것을 방해했다.

---

answer for 책임지다, 보장한다

• I will answer for his character.
그의 인품은 내가 보장한다.

---

barbarian ⓝ야만인

[bɑ:rbέəriən] * 바바리는 야만인이 입는다

◦ ⓐbarbaric 야만인의

◦ ⓐbarbarous [bá:r bərəs] 야만스러운

◦ barbarism [bá:rbərìzəm] 야만, 미개

• They called the custom of native barbarian manners.
그들은 원주민의 관습을 야만적 방식이라고 불렀다.

---

consequence ⓝ ① 결과(result, outcome) ② 중요함

[kánsikwèns] * 칸 씨와 퀜 씨가 만난 ①결과가 ②중요하다

◦ ⓐconsequent 결과적인, 결과적으로 발생하는

◦ consequently 그러므로, 결과적으로

• He may be a man of consequence.
그는 중요 인물일지도 모른다.

• The river flooded in consequence of the heavy rainfall.
폭우에 이어(폭우의 결과) 강이 범람했다.

illumine ⓥ계몽시키다, 빛을 비추다

[ilú:min] * 일류민(온 세상 사람)을 비추어 계몽시키다

◦ illuminate 비추다, 밝게 하다

◦ ⓝillumination 조명, 계몽

• Your room is inadequately illuminated.
  너의 방은 조명이 충분하지 않다.

---

speculate ⓥ숙고하다, 추측하다

[spékjəlèit] * 수박과 귤을 냈다 한참 생각하고 나서 좋아할 것라고 ②추측해서

◦ ⓝspeculation 사색

• Speculate about your future.
  너의 장래를 심사숙고해 보라.

---

free from -이 없는

• No country seems to be free from criminal problem.
  범죄 문제가 없는 나라는 없어 보인다.

---

devastate ⓥ ① (국토·토지 따위를) 황폐시키다 ② 곤혹스럽게 하다

[dévəstèit] * 대번에 state(주)를 ①황폐화시켜서 ②곤혹스럽게 했다

◦ ⓝdevastation 황폐, 침해

• A vast area was devastated by the floods.
  광대한 지역이 홍수로 황폐화되었다.

---

deride ⓥ비웃다, 조롱하다(mock)

[diráid] * 뒤에 타라고(ride) 조롱한다

◦ ⓝderision [diríʒən] 조롱

◦ ⓐderisive [diráisiv] 조롱하는(mocking)

• You have the habit to deride others' works.
  너에게는 다른 사람들의 일을 비웃는 습관이 있다.

threshold ⓝ ① 문지방, 문턱(sill) ② 시발점, 발단(out set)

[θréʃhould] *쓸어서 홀드해 놔(모아놔) ①문지방에 또는 ②시작점에

◦ at the threshold of -의 시초에

• Those at the threshold of military service will become tense.
군복무를 처음 하는 사람들은 긴장하게 될 것이다.

---

consign ⓥ건네주다, 인도하다, 위임하다

[kənsáin] *칸(황제)이 싸인해서 ①위임하고 ②건네준다

◦ ⓝconsignation 교부, 위탁(consígnment)

• We sell on consignment.
우리는 위탁 판매로 판다.

• They consigned their child to her care.
그들은 그들의 자녀들을 그녀가 돌보도록 맡겼다.

---

promptly ⓐⓓ신속히, 신속하게, 즉시

[prámptli] *바람 붙들리 신속하게

◦ ⓐprompt 신속한

• I can't give you a prompt answer.
나는 즉답을 줄 수 없다.

---

preliminary ⓐⓝ ① 예비의, 임시의 ② 준비 행동

[prilímənèri] *풀이 미나리 대신 ①예비로 ②준비되어 있다

◦ a preliminary examination 예비 시험

• Any preliminary notice wasn't given to us.
아무런 사전 예고(豫告)도 주어지지 않았다.

---

gut ⓝ ① 창자, 장 ② 내부 장치 ③ 배짱

[gʌt] *겉으로 나왔어 ①창자나 ②내부 장치가 ③배짱은 좋았었는데

◦ fret one's guts 걱정하다, 애태우다

◦ ⓐgutty 용감한, 대담한

• I fretted my guts until the result was announced.
결과가 발표될 때까지 나는 애를 태웠다.

inevitable ⓐ피할 수 없는

[inévitəbəl] * 이내 버텨 볼게 피할 수 없으니까

◦ inevitably [inévitəbli] 불가피하게, 필연적으로

• It's an inevitable conclusion that you should compensate for the damage.
네가 변상해야 한다는 것은 피할 수 없는 결론이다.

---

stab ⓥ찌르다

[stæb] * 한 스텝 나오면서 찌른다

• The robber stabbed a policeman with a knife.
그 강도가 경찰관을 칼로 찔렀다.

---

strategy ⓝ전략, 전술

[strǽtədʒi] * 스스로 틀렸다지 전략, 전술이(전략 전술이 틀렸다고 스스로 인정함)

◦ ㊌stratagem [strǽtədʒəm] 전략, 군략, 책략(trick)

• Some nations try to possess a strategic nuclear weapon.
몇 나라들이 전략 핵무기를 소유하려고 시도한다.

---

torrent ⓝ급류

[tɔ́:r-ənt] * 돌아 흐른다 급류가

◦ in torrents 빗발치듯이, 폭포수처럼

• The rain came in torrents.
비가 억수같이 쏟아졌다.

---

behold ⓥ보다, 관찰하다

[bihóuld] * 비가 hold(멈추는가)하는가 봐라

• Behold how beautiful the landscape is.
광경이 얼마나 아름다운가를 보라.

---

emblem ⓝⓥ상징(하다), 표상(하다)

[émbləm] * 애매하게 부름 상징을 사용하여

◦ ⓐemblematic [émbləmǽtik] 상징적인, 상징의

• The dove is an emblem of peace.
비둘기는 평화의 상징이다.

blossom ⓝ꽃 ⓥ꽃 피다

[blásəm] *섬에 불났어 즉 섬에 꽃이 많이 피었다

◦ in full blossom 만발하여

• We can see a peach blossom in spring.
우리는 봄에 복숭아꽃을 볼 수 있다.

mince ⓥ ① 잘게 썰다, 다지다, 잘게 썬 고기 ② 조심스럽게 말한다

[mins] *민수야, 좀 ①잘게 썰어라 하고 ②조심스럽게 말했다

• I'm not going to mince words.
돌려 말하지 않겠습니다.

get rid of -을 제거하다 (eliminate, remove)

• He plotted to get rid of his political enemies.
그는 정치적 적들을 제거하려고 음모를 꾸몄다.

solidary ⓐ공동의, 일치의, 단결된

[sálideri] *solid(단단한, 고체의)하리 ①단결되고 ②일치해서

◦ ⓝsolidarity [sɑ̀lədǽrəti] 단결, 유대감

• They showed their racial solidarity through the game.
그들은 경기를 통하여 인종적 유대감을 나타내었다.

impetuous ⓐ ① 격렬한, 맹렬한(violent) ② 성급한, 충동적인(rash)

[impétʃuəs] *임(애인)을 패주었어 ①격렬하게 ②충동적이 되어서(감정적이게 돼서 임에게 폭력을 썼다고)

• The young are liable to be more impetuous than the aged.
젊은이는 노인들보다 더 충동적이다.

nugget ⓝ(광상에 박힌) 금괴

[nʌ́git] *너가 get했다 금괴를

• They put some gold nuggets where they could be easily found.
그들은 그들이 쉽게 발견할 수 있는 곳에 약간의 금괴를 두었다.

morale ⓝ군대의 사기

[mouræ̀l] *moral 도덕적이어야 morale 사기가 높다

- The morale is a very crucial factor to the victory.
  사기는 승리에 가장 중요한 요소이다.

---

apostasy ⓝ배교, 변절

[əpɑ́stəsi] *아파서 다시 변절했다(고문을 못 이기고)

- If someone is accused of apostasy, they are accused of abandoning their religious faith.
  어떤 사람이 배교로 기소되면 그는 자신의 종교적 신념을 버린 것으로 기소되는 것이다.

---

bequeath ⓥ유산으로 물려주다

[bikwí:ð] *비키니도(수영복) 유산으로 물려줄게(별것을 다 물려주네)

∘ ⓝbequest [bikwést] 유증, 유산

- Our ancestors bequeathed a great cultural bequest to us.
  우리의 조상들은 위대한 문화적 유산을 우리에게 전해 주었다.

---

advocate ⓝ옹호자, 주창자 ⓥ옹호하다

[ǽdvəkèit] *애도 밖에 있다 ①주창하고 ②옹호하느라고

∘ advocator [ǽdvəkèitər] 옹호자, 주창자

∘ ⓝadvocacy [ǽdvəkəsi] 옹호, 지지

- He advocated elimination of racial discrimination.
  그는 인종 차별의 폐지를 주창했다.

---

placid ⓐ평온한, 조용한(calm)

[plǽsid] *어떤 place(장소)도 조용하다

∘ ⓝplacidity 평온, 조용

- The sea was also placid.
  바다도 조용했다.

intrude ⓥ ① 침입하다 ② 강요하다

[intrúːd] *안으로 들어오다 rude하게 ①침입해서 ②강요한다

◦ ⓝintrusion [intrúːʒən] (의견 따위의) 강요, (장소에의) 침입

• I hope I'm not intruding.
내가 방해가 안 됐기를 바랍니다.

• Don't intrude into our conversation.
우리의 대화에 끼어들지 마세요.

---

disrupt ⓥ ① 붕괴시키다 ② 혼란시키다

[disrʌ́pt] *이것(디스)이 더럽다 ①붕괴시켜라 붕괴시키는 것은 ②혼란시키는 것이다

• Disrupting communications is an important military strategy.
통신을 교란하는 것은 중요한 군사적 전략이다.

---

flick ⓥ손가락으로 톡치다

[flik] *click이나 flick이나 손가락으로 톡 치는 것이다

◦ give a flick 가볍게 톡치다

• Please don't flick ash on the floor.
제발 바닥에 재 털지 말아요!

---

flicker ⓥ깜빡거리다 ⓝ깜빡거림

[flíkər] *flick 손가락으로 톡 치니 불이 꺼지려고 깜빡거리다

• A flicker of life returns to her eyes.
그녀의 양쪽 눈에 생기가 다시 살아난다.

---

blur ⓝⓥ ① 흐림, 더러움, 얼룩 ② 흐리게 하다

[bləːr] *불어(창문에 불어) 흐리게 하다

◦ ㊌dimness 흐림

◦ ⓐblurry [bləːri] 더러워진, 흐릿한

• I heard a blur of human voice.
나는 남자의 희미한 목소리를 들었다.

frugal ⓐ ① 검소한, 알뜰한(economical) ② 부족한

[frú:g-əl] *포르투갈 사람은 ①검소하다 ②부족하니까

◦ ⓝfrugality [fru:gǽləti] 검약

◦ 반wasteful 낭비하는(extravagant)

◦ frugal mindset 절약 정신(사고방식)

• Be frugal of water.
물을 절약해라.

---

arduous ⓐ힘든, 곤란한

[á:rdʒuəs] *아주 왔어(아주 와 버렸어) 힘들어서

• The trail to the summit may be arduous.
정상까지 가는 길이 힘들 수 있다.

---

extol ⓥ극찬하다

[ikstóul] *ex 밖에서는 똘이를 극찬한다

• He was extolling the virtues of the Internet.
그는 인터넷의 장점을 극찬하고 있었다.

---

stand for -을 나타내다

• VIP stands for "very important person."
VIP는 매우 중요한 사람을 나타낸다.

---

somber ⓐ어둠침침한, 우울(음울)한

[sámbə:r] *삼바 춤을 춘다 어둠침침한 곳에서

• He enjoys a somber atmosphere.
그는 음침한 분위기를 즐긴다.

---

optic ⓐ시력의, 눈의

[áptik] *앞이 탁 트인 시력, 눈

◦ optical 시력의, 눈의

◦ optics 광학

• He has an optical defect.
그는 시력에 결함이 있다.

aviation ⓝ비행(술)

[èiviéiʃən] *애비가 우선 비행하겠다

◦ aviator 비행기

• A new day in aviation history begins.
항공 역사의 새날이 시작된다.

---

averse ⓐ싫어하는

[əvə́:rs] *어 벌써 싫어졌어?

◦ ⓝaversion 싫음, 혐오, 반감

◦ ⓥavert(생각, 고개) 딴 데로 돌리다

◦ be averse to –이 싫다

• I am averse to taking risks.
나는 위험을 무릅쓰기가 싫다.

---

massacre ⓝ대량 학살

[mǽsəkə:r] *매스꺼워 대량 학살의 장면

• The churches of Christendom had been heavily involved in the massacre During World War Ⅰ.
1차 세계 대전 동안 그리스도교국의 교회들은 대량 학살에 깊이 연루되었다.

---

rove ⓥ헤매다, 배회하다

[rouv] *love를 찾아 헤매다

◦ rover 유랑자

◦ rove over the woods 숲속을 헤매다

• They roved in the desert and found an oasis.
그들은 사막을 헤매다 오아시스를 발견했다.

---

conjure ⓥ ① 마법으로 불러내다 ② –를 생각나게 하다

[kɑ́ndʒər] *콘을 줘 ①마법을 부려 ②생각나게 해 달라고

• The hope conjures up the future dream.
희망은 미래의 꿈을 생각나게 한다.

famine ⓝ ① 기근, 흉작 ② 굶주림

[fǽmin] *패망한다 민(백성)이 굶주림으로

◦ ⓥfamish [fǽmiʃ] 굶주리게 하다(starve)

• Many persons died of famine.
 많은 사람들이 기근으로 죽었다.

---

precocious ⓐ조숙한

[prikóuʃəs] *미리(pre) 꼬셨어 조숙한데

◦ ⓝprecocity [prikásəti] 조숙, 일찍 꽃핌

• Your son must be a precocious child to say so.
 그렇게 말하다니 너의 아들은 조숙한 아이임이 틀림없어.

---

argue ⓥ토론하다(discuss), 논박하다(dispute)

[á:rgju:] *아귀 다툼 논쟁한다

◦ ⓝargument 토론

• He argued in favor of using a rod to educate children.
 그는 어린이들을 교육하기 위한 매의 사용을 찬성하여 주장했다.

• They argued mostly about small matters.
 그들은 대부분 사소한 문제들을 가지고 논쟁을 한다.

---

pertinent ⓐ적절한(relevant)

[pə́:rtənənt] *파트넌데 적절한 파트너(너에게 적절한 파트너라고)

◦ ㊇impertinent ① 적절하지 않은 ② 건방진

• Be careful not to reject a pertinent criticism.
 적절한 비평을 배척하지 않도록 조심하라.

---

rebel ⓝⓥ반역자, 모반자, 반역하다

[ribél] *이 벨을 눌러 반역이 있으면

◦ ⓝrebellion 모반, 반란

• Rebellious attitudes are commonplace.
 반항적인 태도는 흔한 일이다.

endeavor ⓥ노력하다(strive, exert oneself) ⓝ노력

[endévər] *안 돼, 봐! 노력해도

• I made my best endeavors to dissuade him.
나는 그를 단념시키기 위해 모든 노력을 다하다.

---

lash ⓝⓥ ① 채찍(으로 때리다) ② 심한 비난

[læʃ] *내시를 ①심하게 비난하며 ②채찍으로 때린다

◦ ⓝlashing [lǽʃiŋ] 채찍질, 매질

• I lashed my son with harsh criticism.
나는 나의 아들을 심하게 나무랐다.

---

bash ⓥ후려갈기다, 강타하다

[bæʃ] *lash 채찍으로 bash 후려갈기다

• I gave the box a good bash with my hammer.
나는 망치로 상자를 힘껏 내려쳤다.

---

pass in a crowd 그만그만한 정도다, 특히 이렇다 할 흠은 없다

• This statue passes in a crowd.
이 조각은 대체로 만족스럽다.

---

conflict ⓝ충돌, 갈등, 전투

[kánflikt] *콘(옥수수)과 풀이 익다가 충돌했다

• People who live in conflict experience stress.
갈등 속에서 사는 사람들은 스트레스를 겪는다.

• Your witness conflicts with mine.
너의 증언은 나의 증언과 어긋난다.

---

inflict ⓥ ① 고통을 주다, 가해하다 ② 형벌을 가하다

[inflíkt] *conflict(갈등)가 inflict 즉 괴롭힌다

◦ ⓝinfliction (고통·벌 따위를) 가함

• I inflicted a blow on the robber.
나는 강도에게 일격을 가했다.

• The judge inflicted the death on the criminal.
판사는 그 범죄자에게 사형을 선고했다.

afflict ⓥ괴롭히다(distress)

[əflíkt] *inflict나 afflict나 괴롭히기는 마찬가지다

◦ ⓝaffliction 고통, 괴로움

• He has been afflicted with illness.
그는 병으로 고생해 왔다.

---

align 한 줄로 세우다, 정렬시키다

[əláin] *a(하나의) 라인으로 정렬시킨다

◦ align oneself with -와 제휴하다

• At the sergeant's command, the soldiers quickly aligned.
상사의 지시에 따라 군인들은 신속하게 정렬했다.

---

acute ⓐ날카로운, 민감한

[əkjúːt] *어 cute(귀여운) 것이 날카롭네

• The situation is acute.
상황이 급하다.

---

wane ⓥ ① (달이) 이지러지다 ② 작아지다, 적어지다

[wein] *왜인(일본인)이 작아진다(일본인의 평균 덩치가 작아진다고)

• The moon waxes and wanes every month.
달은 매달 찼다가 기운다.

---

feasible ⓐ실행할 수 있는, 있을 법한

[fíːzəbəl] *visible은 보이는 것이고 feasible은 있을 법한 실행 가능한 일이다

◦ a feasible excuse 그럴듯한 구실

• Your conception is feasible.
너의 구상은 실행 가능하다.

---

traverse ⓥ ① 가로지르다, 횡단하다 ② 횡단하다

[trǽvəːrs] *들에 버스가 가로지른다(횡단한다)

• The highway traverse the desert.
고속도로가 사막을 가로지른다.

session ⓝ ① (의회·회의 등의) 개회 중 ② 회기, 개정 기간, 학기

[séʃ-ən] *세 시에는 ①회기도 시작되고 ②법정이 개정된다

◦ go into session 개회하다

• We decided to extend the session.
우리는 회기를 연장하기로 결정했다.

nominal ⓐ이름뿐인, 명목상의

[nɔ́minəl] *놈이 널 이름뿐이래?

◦ a nominal sum 아주 적은 액수

◦ a nomina list of officers 직원 명부

• I don't want to pursue a norminal peace.
나는 이름뿐인 평화를 추구하고 싶지 않다.

lung ⓝ폐, 허파

[lʌŋ] *울렁울렁한다, 허파가

◦ have good lungs 목소리가 크다

• Our lungs become filled with nicotine when smoking.
흡연할 때 우리의 폐는 니코틴으로 채워진다.

forfeit ⓥ ① 상실(하다) ② 벌금을 물다

[fɔ́:rfit] *4(four)피트 ①상실하고 ②벌금도 문다

• He forfeited his driver's license because of drunken driving.
그는 음주 운전 때문에 운전면허를 박탈당했다.

province ⓝ지방(district), 범위(sphere), 분야(branch)

[právins] *프로의 빈소를 마련한 지역

• He is outstanding in the province of speech.
그는 연설 분야에서 탁월하다.

impede ⓥ방해하다(hinder)

[impí:d] *임 피디(임씨 성을 가진 피디)가 방해한다

◦ ⓝimpediment [impédəmənt] 방해(물), 장애(to), 신체장애

• He has an impediment in moving fingers.
그는 손가락을 움직이는 데 장애가 있다.

wriggle ⓥ ① 꿈틀거리다, 몸부림치다 ② 우물쭈물하다

[ríg-əl] *이글거린다 열기가 ①꿈틀거린다 꿈틀거리는 것은 ②우물쭈물하는 것이다

- A worm wriggled out of the hole.
  벌레 한 마리가 구멍에서 꿈틀거리며 나왔다.
- Don't wriggle when you confess your true feelings.
  진심을 고백할 때 우물쭈물하지 마라.

---

sustain ⓥ ① 떠받치다 ② 계속하다, 유지하다

[səstéin] *서서 태연히 ①떠받치고 ②계속하다

- ⓝsustenance [sʌ́stənəns] ① 생계, 생활, 유지 ② 생명을 유지시키는 물건
- ⓐsustained [səstéind] 지속된, 일련의
- sustained efforts 부단한 노력
- They sustained a conversation.
  그들은 대화를 계속했다.

---

realm ⓝ영역

[relm] *넬름 영역을 집어삼키다

- I did everything within the realms of possibility to rescue her.
  나는 그녀를 구출하기 위해 가능한 범위 내에서 모든 일을 했다.

---

nausea ⓝ메스꺼움, 욕지기, 뱃멀미

[nɔ́:ziə] *노 지어 뱃멀미 메스꺼움을 느낀다

- ⓐnauseous [nɔ́:ziəs] 메스꺼운, 싫은
- Most of passengers feel nausea on the ship.
  대부분의 승객들은 배 위에서 메스꺼움을 느낀다.

---

legislate ⓥ법률을 제정하다, 법적으로 금지하다

[lédʒislèit] *내가 지시를 내렸다 법률을 제정하라고

- ⓝlegislation [lèdʒisléiʃən] 입법, 법률제정
- legislative [lédʒislèitiv] 입법(상)의, 입법권이 있는
- legislator 입법자
- legislature [lédʒislèitʃə:r] 입법부, 입법 기관
- ⓐⓥlegitimate [lidʒítəmit] 합법의, 적법의, 합법화하다
- The government legislated for the preservation of nature.
  정부는 자연 보호를 위한 법을 제정했다.

forsake ⓥ저버리다, 버리다, 포기하다(abandon, renounce, give up)

[fəːrséik] *보석을 캐서 버리다

◦ ㊌abandon 버리다, 포기하다(renounce, give up)

• I can't believe he is going to forsake his wife and his children.
나는 그가 그의 아내와 자녀들을 버린다는 것을 믿을 수가 없다.

---

ruffian ⓝ악한, 불량배

[rʌ́fiən] *너를 피하는 불량배

• A group of ruffians surrounded our tent.
한 무리의 불량배들이 우리들의 텐트를 둘러쌌다.

---

regard A as B A를 B로 간주하다(look upon A as B)

• They regarded me as the country boy.
그들은 나를 시골 소년으로 간주했다.

---

shroud ⓥⓝ ① 수의(壽衣)(로 싸다) ② 덮개

[ʃraud] *she가 loud(크게)하게 운다 수의를 붙잡고

• The accident is wrapped in a shroud of mystery.
그 사건은 신비에 휩싸여 있다.

• The port was shrouded in a heavy silence.
항구는 무거운 침묵에 싸여 있었다.

---

retire ⓥ물러가다, 은퇴하다

[ritáiəːr] *이 타이어가 뒤로 물러간다

◦ ⓝretirement 은퇴

• I preferred early retirement with a good pension.
나는 많은 연금을 받는 조기 퇴직을 선택했다.

---

set off 출발하다, 시작하다

• We set off for London just after ten.
우리는 10시가 막 넘었을 때 런던을 향해 출발했다.

atonement ⓝ보상

[ətóunmənt] *어! 돈 많다 보상도 하고

◦ make atonement for ~를 보상하다

◦ atone 보상하다 (*어! 돈으로 보상하네)

• He gave her much money in atonement for his sins.
  그는 자신의 죄에 대한 보상으로 그녀에게 많은 돈을 주었다.

---

dedicate ⓥ바치다, 헌납하다

[dédikèit] *daddy (아빠)가 cat을 바쳤다

◦ ⓝdedication 봉납, 봉헌

◦ ⓐdedicated 헌신적

• She dedicates her time to her hobby.
  그녀는 시간을 취미 생활에 다 바친다.

---

cautious ⓐ신중한, 조심하는

[kɔ́:ʃəs] *꼬셔어 조심해(유혹에 넘어가지 않게)

• I am cautious of infection.
  나는 감염을 조심한다.

• He acts very carefully because he is very cautious.
  그는 매우 조심스럽기 때문에 신중하게 행동한다.

---

obtain ⓥ ① 얻다, 획득하다 ② 널리 행해지다, 유행하다

[əbtéin] *어부한테 뭐 좀 ①얻는 것이 요즘 ②유행이다

• He obtained much money through business.
  그는 사업을 해서 많은 돈을 벌었다.

• The traditional play still obtains in many regions.
  그 전통 놀이는 많은 지역에서 아직도 행해지고 있다.

---

abundant ⓐ풍부한(rich), 많은(plentiful)

[əbʌ́ndənt] *어마어마하게 번단다 그래서 풍부해졌다

◦ ⓥabound 풍부하다

◦ an abundant harvest 풍작

• They harvested more abundantly than last year.
  그들은 작년보다 더 풍부하게 수확을 했다.

redundant ⓐ여분의, 과다한, 풍부한

[ridʌ́ndənt] *re(다시) 던단다(덜어 낸단다) 여분의 것을

*abundant는 많은 것이고 redundant는 여분의 남는 것이다

• Put redundant food away for lunch.
여분의 음식은 점심을 위해서 따로 두어라.

---

neglect ⓥ게을리하다, 무시하다, 소홀히 하다

[niglékt] *니 글렀다 하며 ①무시하고 ②소홀히 대한다

◦ ⓝnegligence [néglidʒəns] 태만, 등한, 부주의

• Don't neglect to do the dishes after dinner.
저녁 먹고 설거지하는 일 좀 소홀히 하지 마라.

---

moderate ⓐⓥ ① 절제하는, 알맞은(게 하다) ② 사회하다

[mɔ́d-əreit] *마더 엄마가 ate 먹었다 ①절제하며 ②사회할 때에도 절제해야 한다

• We should be moderate in drinking.
우리는 음주에 절도가 있어야 한다.

• He has a moderate opinions.
그는 온건한 견해를 가지고 있다.

• You are appointed to moderate the conference.
너는 회의를 사회하도록 임명되었다.

---

sag ⓥ처지다, 축 늘어지다, (시세 물가) 등이 떨어지다

[sæg] *새 그물이 축 늘어졌다

• The voter turnout sagged badly at this election.
이번 선거에서 투표율이 크게 줄어들었다.

---

diagnose ⓥ조사 분석하다, 원인을 규명하다, 진단하다

[dáiəgnòus] *다이애나의 그 nose를 진단한다

◦ ⓝdiagnosis 진단, 식별

• Her case was diagnosed as tuberculosis.
그녀의 병은 결핵으로 진단되었다.

siege ⓝ포위, 공격, ⓥ포위하다

[siːdʒ] *씨! 쥐 잡으려고 포위하냐?

◦ ㊜besiege 포위 공격하다

◦ regular siege 정공법

• The allied forces laid siege to the enemy from three sides.
연합군은 삼면에서 적을 포위했다.

---

static ⓐ조용한, 정적인

[stǽtik] *새댁 틱하여 조용하다

◦ a satic installation 고정 설비

• The atomosphere of your works is static.
너의 작품들의 분위기는 정적이다.

---

settle in 적응하다

• The new neighbours seem to have settled in now.
새로운 이웃들은 이제 적응하는 것 같다.

---

settle to –를 시작하다

• I couldn't settle to the project.
나는 그 프로젝트를 시작할 수 없었다.

---

ambush ⓝ잠복, 매복 ⓥ잠복하다

[ǽmbuʃ] *am(있다)부쉬(덤불) 속에 잠복하여

• The brigade fell into an ambush.
그 여단은 복병을 만났다.

---

rattle ⓥ덜컥덜컥 소리가 나다(내다)

[rǽtl] rat 쥐 *rat들이 덜컥덜컥 소리를 낸다

• The window rattled.
창문이 덜컥거렸다.

• The children rattled away happily.
어린이들이 행복하게 재잘거렸다.

agonize ⓥ고민하다, 괴로워하다, 괴롭히다

[ǽgənàiz] *애기 낳아야지 괴로워하며

◦ ⓝagony 고민, 고통

◦ ⓐagonizing 괴롭히는, 고민하는

• He is in agonies of pain.
그는 고통으로 몸부림치고 있다.

---

negotiate ⓥ ① 협상하다, 교섭하다 ② 장애를 극복하고 나아가다

[nigóuʃieit] *니가 go 하셨다 ①협상하여 ②장애를 극복하고 나아가려고

◦ ⓝnegotiation 협상, 교섭

• He said that you would not negotiate with the terrorist.
그는 네가 테러리스트들과 협상하지 않을 것이라고 말했다.

---

menace ⓝⓥ위협, 협박(threat), 협박하다(threaten)

[ménəs] *매너 없이 위협한다

• They menaced me by mentioning the possibility air raid.
그는 공습의 가능성을 언급함으로 나를 위협했다.

---

voracious ⓐ게걸스럽게 먹는

[vouréiʃəs] *볼에 셔스에 막 묻히면서 게걸스럽게 먹는다

◦ a voracious appetite 물릴 줄 모르는 식욕

• Your voracious characteristic lose your dignity.
너의 탐식 특성이 너의 품위를 떨어뜨린다.

---

sermon ⓝ설교

[sə́:rmən] *서면으로 설교한다

◦ ⓥsermonize [sə́:rmənàiz] 설교하다, 잔소리하다

• His sermon was contrary to what he is doing.
그의 설교는 그가 하고 있는 일과 반대되었다.

implement ⓝⓥ ① 도구(를 대주다), 수단(means) ② 약속 등을 지키다

[ímpləmənt] * 임플란트 만들어 주겠다는 ①약속을 이행했다

* 임플란트 만들려면 ②도구를 대 주어야 한다

* instrument도 도구이고 implement도 도구이다

∘ ⓝimplementation 이행, 수행

∘ ㊐instrument 기계, 기구, 수단

• There has been a remarkable development in agricultural implements.
농기구 분야에서 괄목할 만한 발전이 있어 왔다.

---

anthropology ⓝ인류학

[æ̀nθrəpάlədʒi] * 안쓰러워 버리지 인류학 하는 사람은(돈벌이가 안 되니까)

∘ physical anthropology 자연 인류학

• Anthropology tells a lot about ancient human civilization.
인류학은 고대 인류의 문명에 대해 우리에게 많은 것을 알려 준다.

---

engulf ⓥ삼켜 버리다, 가라앉히다

[engʌ́lf] * gulf만 안으로 삼켜 버린다

• Many ships were engulfed in the wave.
많은 배들이 파도에 휩쓸렸다.

---

reap ⓥ수확하다

[ri:p] * 잎을 수확한다

• You should not expect to reap where you have not sown.
너는 네가 뿌리지 않은 곳에서 수확하기를 기대해서는 안 된다.

---

region ⓝ지역, 지방

[rí:dʒən] * 리전(이전)했다 어떤 지역으로

• The problem of uncovering the connection falls in the region of science.
그 연관성을 밝히는 문제는 과학의 영역에 속한다.

legion ⓝ ① 군대(단) ② 다수, 많음

[lí:dʒ-ən] *region 어떤 지역에 주둔한 ①많은 ②군대

• The medical uses of herbs are legion.
허브의 의학적 용도는 아주 많다.

• A legion consisted of heavily armored infantry.
보병군단은 중무장한 보병으로 구성되어 있다.

---

ascertain ⓥ확언하다, 확증하다

[æsərtéin] *어서 대인에게 확정적으로 말씀드려

◦ ⓝascertainment 확인, 확증

• Let me ascertain your love.
나에게 당신의 사랑을 확인시켜 주세요.

---

give over 넘겨주다(hand over), 그만두다(give up, stop)

• They gave him over to the police.
그들은 그를 경찰에 넘겨주었다.

• She gave over crying to see her mother.
그녀는 엄마를 보고 울음을 그쳤다.

---

bail ⓝ보석(금)

[beil] *베일에 싸여 있다 보석금 액수가

• The judge admitted me to bail.
판사는 나에게 보석을 허가했다.

---

convoy ⓥ호위(하다), 호송하다

[kάnvɔi] *큰 보이(소년)가 호위한다

◦ convey 전달한다, 운송한다

• A convoy of trucks traveled to Pusan today.
오늘 트럭 차량 행렬이 부산으로 향했다.

---

envoy ⓝ(외교) 사절

[énvɔi] *convoy 호송한다 envoy 외교 사절을

• China dispatched a peace envoy.
중국은 평화 사절단을 파견했다.

abide ⓥ ① 머무르다 ② 지키다 ③ 참다

[əbáid] * 아바이도(북한 말) ①참고 ②머무르며 ③지킨다

◦ abide by (약속·결의·규칙 등)을 지키다

• I cannot abide him.
저 사람에 대해서는 참을 수 없다.

• Abide with my son.
나의 아들과 함께 있어라.

---

testament ⓝ ① 유언(장) ② 성서

[téstəmənt] * 테스트 많다 ①성서나 ②유언장의 진실을 밝히기 위해

• The lawful testament prevented conflict among sons.
법적 효력이 있는 유언장은 아들들 사이의 갈등을 예방했다.

• According to the Old Testament, Jehovah God created the first man and woman.
구약 성경에 따르면 여호와 하느님께서 첫 남자와 여자를 만드셨다.

---

adhere ⓥ부착하다, 붙다(to)

[ædhíər] * 어디? 여기(here)에 붙이자

◦ ⓝadherence [ædhíərəns] 고수, 집착

• He adhered to his opinion.
그는 그의 견해를 고수했다.

• It seems impossible to live without adhesive bandages.
접착 밴드(반창고) 없이 사는 것은 불가능해 보인다.

---

tract ⓝ ① 넓은 지역, 넓이 ② 논문

[trækt] * 트랙터를 타고 어떤 ①넓은 지역을 다니고 그 지역에 대해 ②논문을 쓴다

◦ the digestive tract 소화관

◦ a tract long of time 장기간

• Most of the region is a wooded tract.
그 지역의 대부분은 산림 지역이다.

extract ⓥ뽑아내다, 발췌하다, 추출하다

[ikstrǽkt] *tract 지역 ex(밖으로) 뽑아내다

◦ extract a confession 자백을 얻어 내다

◦ extraction [ikstrǽkʃən] 뽑아냄, 빼어 냄

• This ingredient was extracted from the shoots of potatoes.
이 성분은 감자의 싹에서 추출되었다.

---

contract ⓝⓥ ① 계약(하다) ② 수축하다, 줄어들다, 축소시키다

[kántrækt] *큰 트택터 사기로 ①계약했는데 작은 것으로 ②축소해야겠다

◦ by contract 도급으로

◦ ⓝcontraction [kəntrǽkʃən] 수축

◦ contractor 계약자, 수축하는 것

◦ ⓐcontractive [kəntrǽktiv] 줄어드는, 수축성의

• Heart muscle cells have inherent power of contraction.
심장 근육 세포는 수축하는 본래의 힘을 가지고 있다.

• If you make a breach of contract, you must compensate.
당신이 계약을 위반하면 배상해야 한다.

---

abstract ⓝⓐⓥ ① 추상(적인) ② 이론적(theoretical) ③ 요약(하다)

[æbstrǽkt́] *abs(브레이크)에 관한 tract 논문은 ①추상적이고 ②이론적인데 이론을 ③요약해 봐라

◦ ⓝabstraction ① 추상 ② 추출

◦ abstractionism 추상파(주의)

• She knows justice only in the abstract.
그녀는 관념적으로만 정의를 알고 있다.

• Make an abstract of the novel.
그 소설의 내용을 요약해 봐라.

---

account ⓝⓥ ① 계산 ② 계정 ③ 설명하다

[əkáunt] *카운터에서 ①계정에 대해 ②계산을 한 다음 ③설명을 한다

◦ account for 설명하다(explain, illustrate)

• His illness account for his absence.
그는 병 때문에 결석했다.

• My company has an account with the bank.
나의 회사는 그 은행과 거래가 있다.

• You are quick at accounts.
너는 계산이 빠르다.

awe ⓝ경외감, 두려움

[ɔː] *오! 두려움을 느낀다

◦ ⓐawful 두려운, 대단한, 지독한

◦ awfully 대단히, 지독하게

• I was living in mountains during that awful winter.
나는 그 두려운 겨울 동안을 산속에서 살고 있었다.

awful 두려운, 대단한, 지독한

[ɔ́ːfəl] *오! 벌이 무서워

• An awful earthquake shook the city.
끔찍한 지진이 도시를 흔들었다.

• How awful!
정말 끔찍하군!

awesome ⓐ ① 두려운 ② 멋진

[ɔ́ːsəm] *오! 약간(some) ①두려운데 ②멋진데

• A nuclear power plant needs the awesome amounts of cooling water.
원자력 발전소는 엄청난 양의 냉각수를 필요로 한다.

adopt ⓥ ① 양자(양녀)로 삼다 ② 채용하다, 채택하다

[ədɑ́pt] *어! 돕도록 ①채용했는데 나중에는 ②양자로 삼네

◦ ⓝadoption ① 채택 ② 양자결연

◦ adoptee 양자, 채용된 사람

• He adopted a child as his heir.
(상속자) 그는 한 어린이를 상속자로 양자로 삼았다.

• She is very quick to adopt new style.
그녀는 새로운 스타일을 채택하는 데 빠르다.

indicate ⓥ지적하다, 표시하다

[índikèit] *인디안이 지적해 준 곳을 캤다

◦ indication ① 지시, 지적 ② 징조, 징후

◦ indicator ① 지시자, (신호) 표시기(器), (차 따위의) 방향 지시기

• The results of the study indicate the utility of quiet environments.
그 연구 결과는 조용한 환경의 효용성을 지적한다.

---

astro '별, 우주'의 뜻을 가진 접사

[ǽstrou] *a (하나의) 스타로(별)

◦ astronomy [əstrάnəmi] 천문학

◦ astronomer [əstrάnəmər] 천문학자

◦ astronaut [ǽstrənɔ̀:t] 우주 비행사

• The price of the machine is so astronomical that we cannot install it.
그 기계의 값이 하도 천문학적이어서 우리는 그것을 설치할 수 없다.

---

content ⓐⓝ ① 만족한 ② 내용물, 요지

[kəntént] *큰 텐트 안에 있는 ①내용물에 ②만족한다

◦ ⓐcontented 만족한

◦ ⓝcontentment 만족

• I am content with his apology.
나는 그의 사과에 만족한다.

• The contents of the box are unclear.
그 상자 안의 내용물이 불분명하다.

---

disperse ⓥⓐ ① 흩뜨리다(scatter) ② (물리, 화학) 분산한

[dispə́:rs] *이렇게(디스) 벌써 흩어지냐?

◦ ⓝdispersion [dispə́:rʃən] 분산, 흩어짐

• Blossoms are being dispersed in the wind.
꽃들이 바람에 흩어진다.

scatter ⓥ ① 뿔뿔이 흩어버리다(disperse) ② 쫓아버리다(dispel)

[skǽtə:r] *스케이트 타고 흩어지게 하다

∘ ⓝscatteration [skæ̀təréiʃən]분산, 산란 (상태)

• The weather bureau announced scattered showers would be.
기상청은 산발적인 소나기가 있을 것이라고 발표했다.

---

delirious ⓐ ① 정신착란의 ② 기뻐서 어쩔 줄 모르는

[dilíriəs] *들릴 리 있어? ①정신착란인데 정신착란 일으킬 정도로 ②기뻐서 어쩔 줄 몰라 한다

• He is crazy with delight at the news of the passing an exam.
그는 합격 소식을 듣고 기뻐서 어쩔 줄 몰랐다.

• Suffering from high fever, he became delirious.
고열로 고생하여 그는 정신 착란을 일으켰다.

---

relevant ⓐ적절한, 관련된

[réləvənt] *날려라 번트(야구)를 적절한 시점에

∘ ⓝrelevance, relevancy [réləvəns] 관련, 적당

∘ ㉤irrelevant 부적절한, 관련이 없는

• Your words are not relevant to the subject.
너의 말은 그 문제와 관련이 없다.

---

multitude ⓝ떼, 다수, 군중, 무리

[mʌ́ltitjù:d] *말 떼가 튀다(튄다) 무리로

*멀티는 복수나 많음을 가리킴

• We could see the stars in multitude.
우리는 무수한 별들을 볼 수 있었다.

---

insatiable ⓐ탐욕스러운(greedy, avaricious, covetous)

[inséiʃəbəl] *인사불성이 되었다 탐욕스럽게 먹고

• He showed insatiable hope for money.
그는 돈에 대한 탐욕스러운 욕망을 나타냈다.

genius ⓝ ① 천재 ② 천성

[ʤíːnjəs] *지녔어 천재성을

• She has a genius for poem.
그녀는 시에 천재성을 지녔어.

nevertheless 그럼에도 불구하고

[nèvəːrðəlés] *내비(버려)두랬어 그럼에도 불구하고

• Nevertheless, she was convinced that she was overweight.
그럼에도 불구하고 그녀는 자신이 과체중이라고 생각했다.

sewage ⓝ하수

[súːidʒ] *수(물)에 쥐가 있으니 하수지

• An adequate sewage system is an important urban problem.
적절한 하수 시스템은 중요한 도시 문제이다.

tread ⓥⓝ밟다, 걷다, 발걸음

[tred] *trade 거래하기 위해 걸어 다닌다

◦ treadmill [trédmìl] ① 밟아 돌리는 바퀴 ② 단조로운 일

• You should be careful not to tread on my shoes.
나의 신발을 밟지 않도록 주의해 주시오.

abate ⓥ ① 줄이다, 완화시키다 ② 무효화시키다

[əbéit] *어! bat 박쥐 숫자를 ①줄였다 줄이다가 ②무효화시킨다

◦ ㊐bate [beit] (동작·감정 등을) 누그러뜨리다

• The pain is abated.
아픔이 덜해졌다.

abbreviate ⓥ생략하다, 단축하다, 짧게 하다 ⓐ생략한

[əbríːvièit] *보리를 베었다 즉 ①짧게 했다 ②생략도 하고

*abate도 줄이는 것이고 abbreviate도 줄이는 것이다

◦ ⓝabbreviation 생략, 단축

• This dictionary abbreviates the word “verb” by using “v”.
이 사전은 “동사”라는 단어를 “v”로 표기해서 축약한다.

rack ⓥ선반(을 걸다)

[ræk] *rack 선반 위에 racket를 두었다

• My father is on the rack of cancer.
아버지는 암으로 고통을 당하고 계신다.

---

duplicate ⓐⓥ ① 이중의, 두 배의 ② 복사하다, 복사의

[djú:pləkit] *되풀이하겠다 즉 ①두 배로 ②복사하겠다

◦ ⓝduplication ① 이중, 중복 ② 복사

• The wigs almost perfectly duplicate real hair in appearance.
가발은 외관에 있어서 실제 머리카락을 완벽하게 본뜬다.

---

forge ⓥ ① 용광로(에 담금질하다) ② 위조하다, 꾸며내다

[fɔ:rdʒ] *네 마리(포어) 쥐를 ①용광로에 넣어 쥐가 없었던 것처럼 ②위조했다

• The signature on a document has been forged.
서류에 적힌 서명이 위조되었다.

---

tantrum ⓝ울화통

[tǽntrəm] *텐(열 번) 드럼을 치면 울화통이 풀린다

• I am in my tantrums this morning.
나는 오늘 아침 기분이 안 좋다.

---

articulate ⓥⓐ ① 한 음절씩 똑똑히 발음하다, 표현하다 ② 발음이 분명한

[ɑ:rtíkjlət] *article(기사)이 late 했다 한 음절씩 발음하느라고

• I was charmed with her articulate speech.
나는 그녀의 또렷한 말에 매료되었다.

---

composition ⓝ ① 구성, 조립 ② 작문, 작곡

[kɑ̀mpəzíʃən] *컴(와서) 포지션을 ①구성, 조립한다 ②작문, 작곡도 일종의 구성이다

◦ ⓥcompose ① 조립하다, 조직하다 ② 작곡하다

◦ composer 작곡가

◦ ㉿decompose [dì:kəmpóuz] 분해하다

◦ be composed of -으로 이루어지다(consist of)

• My class is composed of twenty students.
나의 반은 20명의 학생들로 이루어져 있다.

composure ⓝ침착, 냉정

[kəmpóuʒər] *compose 작곡하면 침착해진다

◦ composed [kəmpóuzd] (마음이) 가라앉은

• Even if you're in trouble, keep your composure.
곤경에 처하더라도 침착함을 유지해라.

---

component ⓐ구성하는 ⓝ구성 요소

[kəmpóunənt] *component 구성 요소로 compose 조립한다

• The following components will be installed.
다음 구성 요소가 설치될 것입니다.

---

spout ⓥⓝ ① 내뿜다, 분출하다(eject) ② 주둥이, 물꼭지

[spaut] *spa(광천수)을 밖으로 ①내뿜는다 ②주둥이를 통해

• What a beautiful mountain with fountains spouting clean and cool water!
깨끗하고 시원한 물을 내뿜는 샘들을 가진 참으로 아름다운 산이로다!

---

apparatus ⓝ장치, 기계, 기구

[æ̀pəréitəs] *애가 퍼래(질려서) 왜 탔어? 저런 ①장치나 ②기구를

◦ a heating apparatus 난방 장치

• The apparatus is useful in testing data.
그 장비는 자료를 시험하는 데 유용하다.

---

ambition ⓝ야심, 야망

[æmbíʃən] *M 비서는 야심이 있다

◦ ⓐambitious [æmbíʃəs] 야심 있는

• Try to fulfill your ambitions.
너의 야망을 이루기 위해 노력해라.

---

insurrection ⓝ반란, 폭동

[ìnsərékʃən] *인사에서 낙선하고 반란을 일으켰다

◦ ⓐinsurrectionary [ìnsərékʃənèri] 반란의, 폭동의

• The movement to raise insurrection was sensed.
반란을 일으키려는 움직임이 감지되었다.

entity ⓝ ① 실재, 존재 ② 독립체

[éntiti] *안됐다 존재도 인정 못 받고

• He regarded the south of the region as a separate cultural entity.
그는 그 지역의 남부를 하나의 별개의 문화적 독립체로 간주했다.

throb ⓥ가슴이 두근거리다

[θrɑb] *서랍을 열고 rob 하려니 가슴이 두근거린다

• My heart is throbbing heavily.
내 심장은 몹시 두근거리고 있다.

arson ⓝ방화(죄)

[ɑ́:rsn] *알어? son이 방화를 했다는 것을

◦ arsonist 방화범

• Investigators didn't rule out the possibility of arson.
수사관들은 방화의 가능성을 배제하지 않았습니다.

senile ⓐ고령의, 늙은

[sí:nail] *늙은 사나이를

• He is senile, but he exercises his muscles every day.
그는 고령이지만 근육 운동을 매일 한다.

hoist ⓥ ① 기 따위를 내걸다, 높이 올리다 ② 감아올리다

[hɔist] *호스트(주인)가 기를 내걸었다

◦ hoist sails 돛을 올리다

◦ hoist down 끌어내리다

• Don't forget to hoist flag every morning.
매일 아침 깃발을 올리는 것을 잊지 마라.

ingenious ⓐ ① 재주가 있는, 천재성의 ② 정교한

[indʒí:njəs] *엔지니어였어 ①정교한 ②재주가 있는

◦ genius [dʒí:niəs] ① 천재, 비상한 재주 ② 특성, 특질

◦ ⓝingenuity [ìndʒənjú:əti] 발명의 재주, 현명함

• Our immune system is an ingenious device to protect our body from infection.
우리의 면역계는 감염으로부터 우리의 몸을 지키는 정교한 장치이다.

ingenuous ⓐ순진한, 솔직한

[indʒenjuəs] *ingenious 재주도 있고 ingenuous 순진하기도 하다(* 구분하기 위해 I 나는 재주 있고 u 너는 순진하다)

- Sally was so ingenuous that everyone believe her.
  샐리는 너무나 순진해서 모든 사람이 그녀를 믿는다.
- She puts out an air of ingenuous beauty.
  그녀에게서는 꾸밈없는 아름다움이 느껴진다.

---

combustion ⓝ연소

[kəmbʌstʃən] *come 와서 버스 천 대를 태워라

- Combustion is a rapid oxidative process.
  연소는 급격한 산화 과정이다.

---

apparently ⓐⓓ ① 외관상으로 보기에 ② 분명히

[əpǽrəntli] *앞에는 틀니 ① 분명히 ② 외관상 보기에

◦ ⓐapparent [əpǽrənt]① (눈에) 또렷한 ② 명백한 ③ 외견(만)의, 겉치레의

- His love was only apparent.
  그의 사랑은 겉치레뿐이었다.

---

volatile ⓐ ① 휘발성의 ② 쾌활한, 경박스러운

[válətl] *봐라, 틀려 ①휘발성 물질은, 휘발성은 일종의 ②쾌활한 특성이다

◦ ⓥvolatilize [válətəlàiz] 휘발시키다, 발산시키다

- He is a man of a volatile disposition.
  변덕스러운 성질의 사람이다.

---

accustomed ⓐ습관의, 익숙한

[əkʌ́stəmd] *어! custom(관습)에도 익숙해졌네

- I am not accustomed to studying yet.
  아직도 난 공부하는 데 익숙지 않다.

---

adjacent ⓐ이웃의, 인접한

[ədʒéisənt] *어제 이사 온다 이웃으로

- There is a park adjacent to the bank.
  은행에 인접한 곳에 공원이 하나 있다.

lithe ⓐ유연한, 부드러운

[laið] *나이 들어가니 몸이 더 부드러워진다

- She is able to bend her body easily because she has a lithe body.
  그녀는 유연한 몸을 가지고 있기 때문에 자신의 몸을 쉽게 구부릴 수 있다.

blithe ⓐ ① 태평한 ② 즐거운

[blaið] *발이 lithe하니(부드러우니) ①즐겁고 ②태평하다

- She is a blithe and carefree girl.
  그녀는 쾌활하고 근심 걱정 없는 소녀이다.

obese ⓐ살찐

[oubíːs] *오 비서는 살쪘다

◦ ⓝobesity [oubíːsəti] 비만

- On the contrary, she was not obese.
  반대로 그 여자는 살찌지 않았다.

simultaneous ⓐ동시에 일어나는

[sàiməltéiniəs] *사이가 멀 때였어 그런데도 동시에 발생했어

- We will have simultaneous labor disputes across the country.
  우리는 노동쟁의를 전국에 동시다발적으로 일으킬 예정이다.

ventilate ⓥ바람을 통하게 하다, 환기시키다

[véntəlèit] *반은 틀어놨다 환기시키려고

◦ ⓝventilation ① 통풍, 공기의 유통 ② 논의, 자유 토의

- Fresh air ventilated the house.
  그 집은 시원한 바람이 잘 통했다.
- The factory is equipped with the ventilating system.
  그 공장은 환기 시스템이 되어 있다.

sultry ⓝ푹푹 찌는 무더위

[sʌ́ltri] *살 도리가 없다 푹푹 찌니

- It's a sultry day today.
  오늘은 푹푹 찌는 날이다.

eradicate ⓥ뿌리 뽑다, 근절하다

[irǽdəkèit] *이레(일주일)를 더 캤다 뿌리를 뽑으려고

• Government and civic groups look for a measure to eradicate sex crimes.
정부와 민간단체들은 성범죄를 근절시키기 위한 방안을 찾고 있다.

---

tremendous ⓐ무서운, 무시무시한

[triméndəs] *둘이 맨들었어 무시무시한 이야기를

• His exploits had a tremendous impact upon the ancient world.
그의 업적은 고대 세계에 엄청난 영향을 끼쳤다.

---

mar ⓥ손상시키다

[mɑːr] *인마! 훼손하지 마

• The masterpiece marred should be repaired.
손상된 걸작품은 수선되어야 한다.

---

subjective ⓐ주관의, 주관적인

[səbdʒéktiv] *어떤 subject(주제)에 대한 주관적인 생각

◦ ㉥objective ① 객관적인 ② 목표

• Subjectively speaking, computer game is absolutely harmful.
주관적으로 말해 본다면 컴퓨터 게임은 절대적으로 해롭다.

---

facility ⓝ ① 용이함, 쉬움, 편리함 ② 솜씨 ③ 편의시설

[fəsíləti] *버스를 타 ①편리함을 위해, 편리한 ②편의시설을 이용하는 ③솜씨가 있어야지

◦ ⓐfacile [fǽsil] 손쉬운, 용이한

◦ ⓥfacilitate [fəsílətèit] ①(손)쉽게 하다 ②(행위 따위를) 돕다

• Residents oppose nuclear waste facility.
주민들이 핵폐기물 시설을 반대한다.

---

turn a deaf ear to 누구의 말을 듣지 않다

• He turned a deaf ear to his mother.
그는 어머니의 말을 전혀 듣지 않았다.

cherish ⓥ ① 소중히 하다 ② 마음에 품다

[tʃériʃ] *체리(cherry: 벚지)를 she가 소중히 하다

• He cherishes the doctrine in the heart.
그는 그 원칙을 마음속에서 소중히 여긴다.

---

gush ⓥⓝ용솟음쳐 나옴, 세차게 흘러나오다

[gʌʃ] *거, 쉬(오줌)가 용솟음쳐 나오네

• The wound gushed out with blood.
상처에서 피가 솟아 나왔다.

---

conform ⓥ순응하다, 순응시키다

[kənfɔ́:rm] *큰 폼을 잡으며 순응시키려고 한다

◦ conform oneself to −을 따르다, 지키다

◦ ⓝconformity ① 유사함, 일치함, 부합함 ② 순응

• We should conform to the laws.
우리는 법에 순응해야 한다.

---

leak ⓥ(액체, 비밀 등이) 새 나가다

[li:k] *이크, 새 나가네

◦ ⓝleakage [lí:kidʒ] 샘, 누출

• The contents of the report were leaked to the press.
그 보고서 내용이 언론에 누설되었다.

---

lick ⓥ ① 핥다 ② 불길이 널름거리다, 불길이 급속히 번지다

[lik] *leak 새어 나오는 것을 ①핥다 핥듯이 ②불길이 널름거린다

• The dog licked the plate.
개가 접시를 핥았다.

---

inept ⓐ부적당한, 부적절한

[inépt] *apt는 적절한 inept는 부적절한

• They were inept in dealing with the situation.
그들은 그 상황을 대처하는 면에서 부적절했다.

hypothesize ⓥ가정하다, 추정하다, 가설을 세우다(assume)

[haipάθəsàiz] *high 높은 버스의 사이즈를 추정해 봐라

◦ ⓝhypothesis 가정, 가설

◦ ⓐhypothetic 가정의, 가설의

• Don't hypothesize that you will be excluded.
네가 배제될 것이라고 가정하지 마라.

---

fortnight ⓝ2주일간

[fɔ́:rtnàit] *fort(요새)에서 밤(night)을 2주나 보냈다

• We are to meet again in a fortnights.
우리는 2주일 후에 다시 만날 예정이다.

---

wail ⓥ울부짖다, 슬퍼하다

[weil] *왜 이리 울부짖니?

• Many mothers wailed at the news of their son's death on the battlefield.
많은 어머니들이 아들들의 전사 소식에 울부짖었다.

---

stiff ⓐ뻣뻣한

[stif] *스카프는 부드러운데 스티프는 뻣뻣하다

• I was scared stiff.
나는 너무 놀라 움직일 수 없었다.

• I am frozen stiff.
나는 몸이 꽁꽁 얼었어.

---

timid ⓐ소심한, 겁이 많은

[tímid] *티미하다 소심하다

◦ ⓝtimidity [timídəti] 겁, 소심

• My timid friend is afraid of talking before girls.
나의 소심한 친구는 소녀들 앞에서 말하는 것을 두려워한다.

oration ⓝ연설

[ɔːréiʃən] *오래 하시는 연설

◦ orator [ɔ́(ː)rətər] 연설자, 강연자

◦ oratory [ɔ́ːrətɔ̀ːri] 웅변(술)

◦ direct oration 직접 화법

• Who delivers commemoration oration?
누가 기념 연설을 하느냐?

---

luminous ⓐ ① 빛을 내는, 빛나는 ② 명료한, 총명한

[lúːmənəs] *루머(rumor: 소문) 났어 ①빛난다고 ②총명하다고

◦ luminescent 발광(성)의

• I saw a luminous body in the distance.
나는 멀리서 발광체를 보았다.

---

fortitude ⓝ용기, 불굴의 정신

[fɔ́ːrtətjùːd] *40년(forty) 두어도 꺾이지 않는 불굴의 정신

• He coped with a great natural disaster with fortitude.
그는 엄청난 자연재해를 의연하게 대처했다.

---

tilt ⓝⓥ ① 기울기, 경사(slant) ② 기울게 하다

[tilt] *티를 털어 기울어지게 해서

• Your structure have a tilt to left.
네 구조물은 왼쪽으로 기울었다.

---

superstition ⓝ미신

[sùːpərstíʃən] *숲에서 뛰시는(숲에서 활동적인) 미신

◦ ⓐsuperstitious 미신적인

• We must do away with a superstition.
우리는 미신을 제거해야 한다.

petroleum ⓝ석유

[pitróuliəm] *빛으로 오렴, 석유 불빛으로

◦ crude petroleum 원유

• The demand for petroleum increases in winter.
석유의 수요가 겨울에 증가한다.

---

formulate ⓥ형식화하다

[fɔ́:rmjəlèit] *폼을 만들어 냈다 즉 형식화했다

◦ formulation [fɔ̀:rmjəléiʃ-ən] 간명하게 말함, 형식[공식]화

◦ formulism [fɔ́:rmjəlìz-əm] 형식주의

• We'll formulate measures to prop up the economy.
경제를 지탱해 줄 정책을 우리는 만들 것이다.

---

stir ⓥ ① 움직이다 ② 휘젓다, 뒤섞다 ③ 분발시키다

[stə:r] *스타가 ①움직이며 ②휘젓고 다닌다 그러면서 사람들을 ③분발시켰다

◦ stirring ① 감동시키는, 감동적인 ② 활발한

• Stir yourself.
기운 내라.

• He doesn't stir a finger.
그는 손가락 하나 까딱하지 않는다.

• This soup is so hot that I can't stir it with my finger.
이 수프는 너무 뜨거워 나는 그것을 손가락으로 저을 수 없다.

---

quill ⓝ(새의) 깃대, 깃대로 만든 펜

[kwil] *킬(kill)한 다음 깃대를 뽑았다

• A quill is a pen made from a bird's feather.
퀼은 새로 깃대로 만든 펜이다.

---

tranquil ⓐ평온한, 차분한

[trǽŋkwil] *quill 새의 깃대가 떨어진 길 평온하다

◦ a tranquil sea 고요한 바다

◦ ⓝtranquil(l)ity [træŋkwíləti] 평정

◦ tranquil(l)izer [trǽŋkwəlàizə:r] 진정시키는 사람, 신경 안정제

• I want to live tranquil life in the mountains.
나는 산속에서 조용한 삶을 살고 싶다.

fission ⓝ분열, 나뉨, 헤어짐

[fíʃən] * mission(임무 수행)하려면 fission 분열하면 안 된다

- Nuclear fission is the principle of atomic bombs.
  핵분열이 원자 폭탄의 원리이다.

ordeal ⓝ시련, 고난, 고생

[ɔ́:rdi:l] * 오딜(어딜) 가려고 해? 고생하려고

- My parents went through a terrible ordeal.
  나의 부모님들을 호된 시련을 경험했다.

scramble ⓥ ① 기어오르다 ② 다투다 ③ 긁어모으다 ④ 뒤섞다, 휘젓다

[skrǽmb-əl] * (계란) 스크램블은 ①휘저어 뒤섞는 것인데 서로 먹으려고 ②앞을 다투고 ③긁어모은다

- We must scramble to come up with solutions.
  우리는 해결책을 찾기 위해 분투 노력한다.
- There was more confusion and panic as people scrambled out.
  사람들이 앞을 다투어 나가려고 했으므로 더 큰 혼란과 공포가 있게 되었다.

scribble ⓥⓝ갈겨쓰다, 갈겨쓰기

[skríb-əl] * 스크램블은 계란을 휘젓는 것이고 scribble은 휘갈겨 쓰는 것이다

- I can make nothing of all this scribble.
  함부로 갈겨쓴 이 글씨를 나는 도무지 알 수가 없다.

inhale ⓥ빨아들이다, 흡입하다

[inhéil] * 해일 안으로 빨아들인다

- What do you think of inhaling the smoke of a cigarette into your lungs?
  너의 허파 속으로 담배 연기를 흡입하는 것에 대해 어떻게 생각하느냐?

deduct ⓥ공제하다, 빼다

[didʌ́kt] * 더덕더덕했는데 다 뺐다

◦ ⓝdeduction 공제, 차감

- Ten points will be deducted for a wrong answer.
  틀린 답에 대해서는 10점이 감점된다.

obstruct ⓥ가로막다, 방해하다(hinder)

[əbstrʌ́kt] *앞서 있는 트럭도 우리를 ①가로막고 ②방해한다

◦ ⓝobstruction 방해

◦ obstructive [əbstrʌ́ktiv] 방해하는, 방해되는

• Truck ahead also obstructs me.
앞서 있는 트럭도 나를 방해한다.

• The demonstration crowd obstruct a road.
시위대가 길을 막는다.

botany ⓝ식물학

[bɔ́təni] *보리 터니? 식물학 전공하더니

◦ zoology [zouɑ́lədʒi] 동물학

◦ biology [baiɑ́lədʒi] 생물학

• Botany is the scientific study of plants.
식물학은 식물에 대한 과학적 연구이다.

confederate ⓐ동맹한

[kənfédərit] *큰 패들이었다 함께 동맹한

◦ confederacy ① 연합 ② 동맹국

◦ ⓝconfederation [kənfèdəréiʃə] 연합, 동맹

• Korea was confederated with America.
한국은 미국과 동맹을 맺고 있다.

passion ⓝ열정

[pǽʃən] *fashion에 대한 열정

• The passion is infectious.
열정은 전염성이 있다.

compassion ⓝ동정심

[kəmpǽʃən] *passion은 열정이고 compassion은 동정심이다

◦ ⓐcompassionate 자비로운, 동정심이 있는

• He gave gift to children out of compassion.
그는 동정심에서 어린이들에게 선물들을 주었다.

synthesize ⓥ종합하다, 종합적으로 다루다

[sínθəsàiz] *신 싸이즈는 종합적으로 다룬다(모든 사이즈의 신발을 다 취급한다고)

◦ ⓝsynthesis [sínθəsis] 종합, 통합

◦ ⓐsynthetic(al) [sinθétik] 종합적인, 합성의

• This bag is made of synthetic leather.
이 가방은 합성 가죽으로 만들어져 있다.

---

reprimand ⓥ질책하다, 호되게 꾸짖다

[réprəmæ̀nd] *레프리(심판)가 남자(man)도 호되게 꾸짖었다

• This is not a reprimand but a reminder.
이것은 꾸중이 아니고 생각나게 해 주는 것이다.

---

groan ⓥⓝ신음하다, 신음 소리

[groun] *괴로운 신음 소리를 내다

• My dog is groaning under the table.
개가 테이블 밑에서 신음 소리를 내고 있다.

---

implicit ⓐ ① 암시적인, 함축적인 ② 무조건의(absolute) ③ 내재하는

[implísit] *밖에서는(ex) 명백하게 풀리셨고(explict) 안(im)에서는 ①은연중에 (implict) 풀리셨다 그러나 implict도 ②절대적이다

◦ ㊥explicit 명백한

◦ ㊴implied 함축된, 암시적인

• Implicit obedience is needed in a battlefield.
전장에서는 절대복종이 요구된다.

• His silence is a kind of implicit consent.
그의 침묵은 일종의 암시적 승인이다.

---

explicit ⓐ명백한, 노골적인

[iksplísit] *implicit은 암시적이고 explict는 명백하다

• Some teens post very explicit pictures of themselves on the Internet.
어떤 십 대들은 인터넷상에 자신들의 노골적인 사진들을 게시한다.

insert ⓥ끼워 넣다, 삽입하다

[insə́:rt] *안에 설(자신의 말)도 끼워 넣는다

• I want to insert several words in a sentence you wrote.
나는 네가 쓴 문장에 몇 단어를 삽입하고자 한다.

insult ⓝⓥ모욕(하다)

[ínsʌlt] *내 말에 insert 끼워 넣기 하는 것은 나를 모욕하는 것이다

• I was insulted in public.
나는 여러 사람 앞에서 창피를 당했다.

regal ⓝⓐ국왕(의), 제왕의

[rí:gəl] *legal 합법적이어야 해 왕부터

◦ ⓝregality [rigǽləti] 왕권, 왕위

• His regal power is powerful.
그의 왕권은 강력하다.

regale ⓥ융숭하게 대접하다

[rigéil] *regal 왕이므로 e 자 붙여서 융숭하게 대접한다

• They regaled us with many kinds of dishes.
그들은 많은 종류의 요리로 우리를 융숭하게 대접했다.

turbulence ⓝ거칠게 움직임, 동요

[tə́:rbjələns] *앰뷸런스는 조용히 움직이는데 터뷸런스는 거칠게 움직인다

◦ ⓐturbulent [tə́:rbjələnt] 몹시 거친, 사나운

• His arrest caused political turbulence.
그가 구속된 일은 정치적 동요를 가져왔다.

rebuke ⓥ비난(하다), 꾸짖다

[ribjú:k] *니 book(네가 쓴 책)에 대해 비난한다

• He rebuked me for my indolence.
그는 게으름에 대해 나를 비난했다.

nip ⓥ ① 물다, 꼬집다 ② 잘라내다 ③ 잽싸게 움직이다

[nip] * 니퍼로 ①물어 ②잘라 낸다

- A snake nipped my hand.
  뱀이 내 손을 물었다.
- When the door opened, a stranger nipped in my office.
  문이 열리자 낯선 사람이 나의 사무실 안으로 잽싸게 들어왔다.

---

nibble ⓥ조금씩 물어뜯다, 갉아 먹다

[níb-əl] * 이불을 조금씩 물어뜯었다

- A mouse nibbled at a dried fish.
  쥐가 마른 생선을 야금야금 먹었다.

---

refuge ⓝ피난처

[réfju:dʒ] * refuse 거절하지 마 피난처를

◦ ⓝrefugee 피난민

- Bears take a refuge in cave in winter.
  곰들은 겨울에 동굴을 피난처로 삼는다.

---

abolish 제거하다(eliminate, get rid of)

[əbάliʃ] * 아! 벌리셔 내가 제거해 주게(이빨에 뭐가 끼었나 봐)

◦ ⓝabolition [æbəlíʃən] (법률·습관 등의) 폐지, 철폐

- He is opposed to abolishing the National Security Law.
  그는 국가보안법을 폐지하는 데 반대한다.

---

skeptical ⓐ의심하는, 회의적인

[sképtikəl] * 스키 캡(모자) 쓰고 있으면 티끌만큼도 의심 안 할 거야

◦ skepticism [sképtəsìzəm] 회의론

◦ skeptic 회의론자

◦ give a skeptical response 회의적인 반응을 보이다

- Don't be skeptical.
  회의론자가 되지 마세요
- I am still skeptical of his success.
  나는 그가 성공이 여전히 믿어지지 않는다.

commence ⓥ ① 시작하다(undertake) ② 학위를 받다

[kəméns] *크면서 멘스를 ①시작하더니 벌써 ②학위를 받네

◦ ⓝcommencement 개시, 시작(beginning)

• I commenced my day with a great breakfast.
나는 거창한 아침 식사로 하루를 시작했다.

---

fathom ⓥ ① -의 깊이를 재다(sound), -의 밑바닥을 탐색하다 ② 헤아리다, 통찰하다

[fǽðəm] *랜덤은 아무렇게나 하는 것이고 fathom은 ①면밀하게 탐색하고 ②헤아리는 것이다

• It is imperative to fathom the criminal's motives.
범죄자의 동기를 파악하는 것이 급선무다.

---

arrange ⓥ ① 정돈하다, 마련하다 ② 조정하다, 해결하다

[əréindʒ] *오렌지들을 정돈해라

◦ ⓝarrangement ① 배열 ② 준비, 채비 ③ 조정

◦ make arrangements with 누구와 사전에 협의하다

◦ prearrange 사전 조정하다

• The life-support arrangement of the earth is made up of many interrelated parts.
지구의 생명 유지 마련이 많은 상호 연관된 부분들로 구성되어 있다.

---

derange ⓥ혼란시키다, 어지럽히다

[diréindʒ] *arrange는 정리하는 것이고 derange는 혼란시키는 것이다

◦ mental derangement 정신 착란

• A doctor so deranged that he tries to revive his dead son.
한 의사가 정신이 너무 혼란스러워 자신의 죽은 아들을 부활시키려고 시도한다.

---

appendage ⓝ부속물

[əpéndidʒ] *appendix는 부록이고 appendage는 부속물이다

◦ an appendage to -의 첨가물

• Find an appendage to the food he ate.
그가 먹은 음식의 첨가물을 찾아내라.

integral ⓐ ① 완전한(entire), 빠진 부분이 없는 ② 필수의(essential)

[íntigrəl] *인테리어를 그럴듯하게 즉 ①완벽하게 하는 것은 ②필수적이야

◦ ⓝintegrality [ìntəgrǽləti] 완전, 필수 불가결성

◦ the integral works of a writer 작가의 전집

◦ an integral system 완전한 시스템

◦ an appendage of an integral part 전체의 일부

• The custom became an integral part of the holiday.
그 관습은 그 휴일의 필수적인 부분이 되었다.

• I have the integral works of a writer you mentioned.
나는 네가 말한 그 작가의 전집을 가지고 있다.

overtone ⓝⓥ ① 은근히 암시, 함축(하다), 뉘앙스를 풍긴다 ② 압도한다

[òuvərtóun] *오버하는 톤으로 ①은근히 암시하고 ②압도한다

• He gave me a reply full of overtone.
그는 나에게 의미심장한 답변을 했다.

incite ⓥ자극[격려]하다

[insáit] *싸이트 안으로 들어가도록 격려한다

* insight 통찰력을 자극한다

◦ ⓝincitement 격려, 자극

• Self-esteem incites him to harry.
자존심이 그에게 공격하도록 부추긴다.

propensity ⓝ경향, 성질(inclination)

[prəpénsəti] *프로(전문가)가 펜을 사는 경향

◦ propensity to consume 소비 성향

• His propensity for antiques is mainly towards arts.
골동품에 대한 그의 경향은 주로 미술품으로 향한다.

covenant ⓝⓥ계약(을 맺다)

[kʌ́vinənt] *겁이 난다 계약을 맺으려니

◦ covenantor [kʌ́vənəntər] 계약당사자, 계약 이행자

◦ covenantee [kʌ̀vənəntíː] 피계약자

◦ covenanter [kʌ́vənəntər] 계약자

• I covenanted to marry her.
나는 그녀와 결혼하기로 서약하였다.

---

stern ⓐ엄격한, 단단한

[stəːrn] *스턴트(stunt)맨이 엄격한 훈련을 받는다

• My father is stern.
나의 아버지는 엄격하시다.

---

adjourn ⓥ ① –을 휴회[산회, 폐회]하다 ② 연기하다, 이월하다

[ədʒə́ːrn] *어전 회의를 ①휴회하고 ②연기했다

• The conference was adjourned untill tomorrow.
회의가 내일까지 연기되었다.

---

ambiguous ⓐ애매한, 모호한

[æmbígjuəs] *암과 비교했어 차이가 모호해

◦ ⓝambiguity 애매모호함

• The sentence is ambiguous.
그 문장은 애매모호하다.

---

saturation ⓝ포화 상태

[sæ̀tʃəréiʃ-ən] *situation(상황)이 saturation이다 즉 상황이 포화 상태이다

• The air reaches its saturation.
공기는 포화 상태에 도달한다.

---

cling 고착하다 (to)

[kliŋ] *큰 링(반지)이 손가락에 고착한다

◦ cling–clung–clung

• They clung to each other in the horror.
그들은 공포 속에서 서로 꼭 붙어 있었다.

ten to one 십중팔구

- The odds are ten to one against your winning.
  네가 이길 가망은 십중팔구 없다.

---

chore ⓝ집안 허드렛일

[tʃɔːr] *초(양초)를 켜 놓고 집안 허드렛일을 한다

- She is tired of doing house chores.
  그녀는 집안 허드렛일을 하는데 싫증이 났다.

---

wait on 시중들다

- I can wait on you hand and foot.
  나는 당신의 머리끝부터 발끝까지 당신을 시중들 수 있다.

---

quiver ⓥ떨리다(tremble, vibrate)

[kwívər] *귀 봐 떨리고 있잖아

◦ ㊒quaver [kwéivər] (목소리가) 떨(리)다

◦ quivering [kwívəriŋ] 떨고 있는, 흔들리는

- My voice quivered when I opened a speech.
  연설을 시작했을 때 나의 음성은 떨렸다.

---

thesis ⓝ논문, 주제

[θíːsis] *쓰셨어 ①논문 ②주제를

- Your thesis is fairly persuasive.
  너의 논문이 꽤 설득력이 있다.

---

occupy ⓥ ① 차지하다, 점령하다, 거주하다 ② 종사시키다(engage)

[ákjəpài] *아! 쿠바인이 ①점령해서 ②종사시킨다

◦ occupation [àkjəpéiʃən] ①직업(vocation) ② 점유, 점유권(기간) ③ 거주

◦ be occupied in -에 종사하다

- This seat is occupied.
  이 자리는 주인이 있다.
- He is occupied in growing vegetables.
  그는 채소를 가꾸는 일에 열중한다.
- The number of men out of occupation is on the increase.
  실업자의 수가 증가 일로에 있다.

preoccupy ⓥ ① 열중하게 하다 ② 선점한다

[pri:ákjəpài] *미리 occupy 점령하는 것이니 ①선점하는 것이고 선점하려면 ②열중해야 해

◦ be preoccupied with -일로 골몰한다

◦ ⓝpreoccupation ①선점 ②열중, 몰두

• Global companies struggle to preoccupy the AI market.
글로벌 기업들이 인공 지능 시장을 선점하려고 노력하고 있다.

---

colossal ⓐ거대한(gigantic), 큰

[kəlásəl] *커라 슬슬 거대해질 때까지

• Don't you think the budget is too colossal?
예산이 너무 방대하다고 생각하지 않니?

---

perceive ⓥ지각하다, 인식하다

[pərsí:v] *벌써 씹어 보고 맛을 지각했다

◦ ⓝperception [pərsépʃən] 지각, 인식

◦ ⓐperceptible 지각할 수 있는

• There is something wrong with your perception.
너의 인식이 어딘가 잘못되어 있다.

---

pick on 괴롭히다

• They tried to pick on him.
그들은 그를 괴롭히려고 시도했다.

---

intermission ⓝ간헐(間歇)기, 중지

[ìntərmíʃən] *inter(중간에) 미션(임무)을 잠시 중지한다

◦ ⓥintermit 일시 멈추다

◦ ⓐintermittent 때때로 중단되는, 간헐적인

• An intermittent rain in this region makes the desert affluent.
이 지역에서는 간헐적으로 내리는 비가 사막을 풍요롭게 해준다.

retreat ⓥ퇴각(하다), 은퇴(하다)

[ri:trí:t] *우리 틀렸다 퇴각하자

◦ mountain retreat 산장((山莊)

◦ summer retreat 여름 피서지

• Sound the retreat.
퇴각 나팔을 불어라.

---

improvise ⓥ(음악, 연설 등을) 즉석에서 하다, 임시변통으로 만들다

[ímprəvàiz] *improve 발전하려면 improvise 즉석에서 자주 해 봐야 한다

◦ improvisator [imprávəzèitər] 즉흥시인, 즉석 연주자

• Abstain from making an improvised answer.
즉흥적인 대답을 하는 일을 삼가라.

---

avid ⓐ탐욕스러운

[ǽvid] *애비도 탐욕스럽다

◦ ㊒avarice 탐욕(*애 버렸어 탐욕 때문에)

• He is avid for money.
그는 돈에 대해 탐욕스럽다.

---

elate ⓥ기운을 돋우다, 추켜세워 주다

[iléit] *일냈다 좀 추켜세워 줬더니

◦ elated 의기양양한, 우쭐한

• He is elated by his success.
그는 성공으로 인해 우쭐해져 있다.

---

beeline ⓝ직선 코스, 최단 거리

[bí:làin] *bee(벌)가 날아가는 선은(line)은 최단 거리이다

• You are able to make a beeline for the king.
너는 왕에게 곧장 나아갈 수 있다.

---

bombard ⓥ폭격하다

[bambá:rd] *밤바다에 폭격을 가하다

• The visitors bombarded him with questions.
신문 기자들은 그에게 질문 공세를 퍼부었다.

resent ⓥ-에 골내다, -에 분개하다

[rizént] *re(다시) sent(보냈다)고 화를 낸다(왜 다시 보냈냐고 싫은데)

◦ ⓝresentment [rizéntmənt] 노함

• I resent constant interruptions.
나는 끊임없이 간섭받는 것이 화가 난다.

---

prejudice ⓝ편견

[prédʒudis] *풀어 주었어 편견을

◦ ⓐprejudicial ① 편견을 갖게 하는, 편파적인 ② 해가 되는, 불리한(to)

• We are likely to be prejudiced unconsciously against the disabled.
우리는 장애인들에 대해 무의식적으로 편견을 갖기 쉽다.

---

turmoil ⓝ소란, 소동

[tə́ːrmɔil] *더 모일 거야 소동이 일어날 거야

• I was awakened by the turmoil.
나는 소동 때문에 잠이 깨었다.

---

abortion ⓝ유산, 낙태

[əbɔ́ːrʃən] *어머니로 볼 순 없다 낙태한 여자를

• Since he saw no hope of a normal birth, the doctor recommended an abortion.
정상적인 출생의 희망이 없어 보였기 때문에, 의사는 낙태를 권했다.

---

proclaim ⓥ ① 선언하다, 공포하다 ② -을 증명하다

[proukléim] *포로들이 자기들의 요구 claim을 ①선언하고 ②증명한다

◦ proclaim war 선전 포고하다

◦ ⓝproclamation 선언, 포고

• His dialect proclaims that he is from Chollado.
그의 방언은 그가 전라도 출신이라는 것을 분명히 알려 준다.

petty ⓐ ① 사소한, 하찮은 ② 속이 좁은(narrow-minded)

[péti] *패트병은 ①하찮은 것이고 ②속이 좁다

◦ petty expenses 잡비

◦ petty cash 잔돈, 용돈

• Petty states are prone to disadvantage in negotiations.
약소국들은 협상에서 불이익을 당하기 쉽다.

---

exult ⓥ기뻐 날뛰다

[igzʌ́lt] *으이그 절도하고 기뻐 날뛰네(많이 훔쳤니?)

*이 result 결과에 기뻐 날뛴다

◦ ⓐexultant [igzʌ́ltənt] 몹시 기뻐하는

◦ ⓝexultation [ègzʌltéiʃən] 몹시 기뻐함

• He exulted to hear the news.
그는 그 소식을 듣고 기뻐 뛰었다.

---

exalt ⓥ높이다, 올리다, 칭찬하다

[igzɔ́:lt] *으이그 졸도하겠네 너무 올려 주고 칭찬하니까

◦ ⓝexaltation 높임, 고양(高揚)(elevation), 승진(promotion)

• I was exalted to a high position.
나는 승진되었다.

• To exalt means to praise someone very highly.
Exalt 하는 것은 누군가를 매우 칭찬하는 것을 의미한다.

---

exhort ⓥ간곡히 타이르다, 권하다

[igzɔ́:rt] *exalt 칭찬한 다음 exhort 타이른다

◦ ⓝexhortation [ègzɔ:rtéiʃən] 간곡한 권유

◦ exalt [igzɔ́:lt] 높이다, 찬양하다

• I exhorted him not to be haughty.
나는 자신을 높이지 말라고 간곡히 타일렀다.

derive ⓥ이끌어 내다, 유도하다

[diráiv] *drive하자며 ①이끌어 내고 ②유도했다

◦ ⓝderivation [dèrəvéiʃən] 유도

• That idea was derived from what he have deliberate for a long time.
그런 아이디어는 그가 오랫동안 숙고해 온 것으로부터 유도되었다.

• The term derives from Latin.
그 용어는 라틴어에서 기원한다.

---

verge ⓝⓥ ① 가장자리 ② 경계를 접하고 있다

[və:rdʒ] *벌과 쥐는 서로 가장자리에 경계를 접하고 있다

• Economy is on the verge of ruin.
경제가 파산 직전에 있다.

---

surveillance ⓝ감시, 감독

[sərvéiləns] *survey 내려다보다, 조사하다의 명사형

• They are under constant surveillance.
그들은 지속적인 감시를 받는다.

---

beast ⓝ짐승

[bi:st] *비슷하다, 짐승과

◦ ⓐbeastly 짐승 같은

◦ a beast of prey 맹수, 육식 짐승

• Imagine being approached to within fifteen feet by one of these huge beasts.
이 거대한 짐승들 중 하나에 15피트 안으로 접근하는 것을 상상해 보아라.

---

vernacular ⓝ모국어

[vərnǽkjələr] *버너와 콜라는 모두 모국어가 아니다

• Immigrants gleefully chatted in their vernacular.
이민자들은 제 나라말로 즐겁게 떠들어 댔다.

fragrant ⓐ향기로운, 유쾌한

[fréigrənt] *뿌리고 그런다 향기로운 것을

◦ ⓝfragrance 향기

◦ fragrant memories 즐거운 추억

• Many kinds of fragrant flowers on the riverside fascinate me.
강변에 있는 많은 종류의 향기로운 꽃들이 나를 매혹시킨다.

---

glacier ⓝ빙하

[gléiʃər] *글래스에 빙하(얼음)이 있다

• A glacier is an extremely large mass of ice.
빙하는 매우 큰 얼음덩어리이다.

---

vicissitude ⓝ변화, 변천

[visísətjù:d] *비세(빛에) 서서히 두어도 변화된다

• He lived a life full of vicissitudes.
그는 파란만장한 생애를 살았다.

---

decree ⓝ ① 법령 ② 판결, 선고

[dikrí:] *degree(등급)를 정한다 ①법이나 ②판결로

• The opposition group declared the new decree null and void.
야당은 새 포고령이 법적으로 무효라고 선언했다.

---

linger ⓥ ① 망설이다(hesitate, loiter) ② 연기하다(delay, postpone)

[líŋgər] *링거를 맞을까 말까 ①망설이다 ②연기한다

◦ lingering [líŋgəriŋ] 오래 끄는, 우물쭈물하는

• It is of no use to linger without decision.
결정을 못 내리고 망설이는 것은 소용없다.

---

ocular ⓐ눈의, 눈에 의한, 시각의

[ákjələr] *악! 콜라를 눈에 넣으면 어떻게 해

◦ oculist [ákjəlist] 안과의사

• Testimony of an ocular witness is an only proof.
목격자 증언이 유일한 증거이다.

exert ⓥ발휘하다, 힘쓰다

[igzə́:rt] *이그! 저토록 힘쓰다니

◦ ⓥexertion [igzə́:rʃən] 노력

• He exerted himself to finish the work.
그는 그 일을 끝내기 위해 노력했다.

---

stifle ⓥ숨 막히게 하다

[stáif-əl] *스타의 입을 막아 숨 막히게 해라

◦ ⓐstifling [stáifliŋ] 숨 막힐 듯한

• Government tries to stifle free expression.
정부가 표현의 자유를 억압하려고 시도한다.

---

eminent ⓐ유명한, 탁월한

[éminənt] *애미 년도 유명하다(딸만 유명한 것이 아니고)

◦ ⓝeminence [émənəns] ① (지위·신분 따위의) 높음 ② 명성 ③ 높은 곳

◦ achieve eminence in -에 뛰어나다

• He showed an eminent ability in diplomacy.
그는 외교술에서 탁월한 능력을 보였다.

---

entice ⓥ꾀다, 유혹하다

[entáis] *in(안)에 탔어 유혹하니까

◦ ⓝenticement 유혹(물)

◦ ⓐenticing [entáisiŋ] 마음을 끄는, 유혹적인

• He enticed her into illicit intercourse.
그는 그녀를 유혹하여 간음을 범하게 했다.

---

gorgeous ⓐ화려한, 아름다운

[gɔ́:rʤəs] *고자세야 자신이 좀 예쁘다고

◦ a gorgeous meal 훌륭한 음식

• What a gorgeous performance!
정말 훌륭한 업적이구나!

semester ⓝ(1년 2학기제 대학의) 한 학기

[siméstər] *시를 매스터했다 한 학기 동안

• We studied politics last semester.
우리는 지난 학기 동안 정치학을 공부했다.

---

yearn ⓥ ① 동경하다, 그리워하다 ② 진실한 목소리로 말하다

[jəːrn]* 연 날리던 시절을 ①그리워한다 그래서 ②진실한 목소리로 말한다

◦ yearning [jə́ːrniŋ] 그리워함

• She yearns for her husband's attention.
그녀는 남편에게 주의를 기울여 달라고 호소했다.

• I am yearning to see my wife.
나는 아내를 보기를 열망하고 있다.

---

evaporate ⓥ증발시키다, 증발하다

[ivǽpərèit] *이 배잎 퍼렇다 증산 작용 잘하겠다

◦ ⓝevaporation 증발

• A fortune evaporated in a twinkling.
부가 순식간에 증발했다.

---

dignity ⓝ존엄, 위엄

[dígnəti] *뒤에서도 너는 티가 나 위엄 있는 티가

◦ ⓑindignity [indígnəti] 경멸, 모욕

◦ ⓥdignify [dígnəfài] -에 위엄을 갖추어 주다

◦ ⓐdignified 위엄 있는, 품위 있는

• He seemed to try to deport himself with dignity before his servants.
그는 자신의 고용인들 앞에서 위엄 있게 처신하려고 노력하는 것처럼 보였다.

---

rob ⓥ훔치다, 강탈하다

[rɑb] *랍비가 훔친다

◦ rob A of B: A에게서 B를 강탈하다

• You try to rob me of my reputation.
너는 나의 평판을 강탈하려고 한다.

robe ⓝⓥ(남녀가 같이 쓰는) 길고 품이 넓은 겉옷, 옷을 입히다

[roub] *rob(강탈하다) robe 옷을

◦ judge's robes 재판관의 법복

• I saw a peach tree robed in flowers.
꽃으로 옷 입은 복숭아나무를 보았다.

---

relent ⓥ ① 상냥하게 대하다 ② 측은하게 생각하다, 누그러지다

[rilént] *(re)다시 렌트 빌려주었다 ①누그러져서 ②상냥하게 대하면서

• She will not relent toward him.
그녀는 그를 용서하려고 하지 않을 것이다.

---

naive ⓐ천진난만한, 순진한

[nɑːíːv] *나이보다 순진하다

• It's naive of you to turst him.
그를 믿다니 참 순진하기도 하지.

---

fig ⓝ ① 무화과 ② (주로 부정) 조금, 약간

[fig] *pig(돼지)가 무화과를 좋아한다 그러나 조금 밖에 없다

• A fig is a fruit that hangs from a branch without flowers.
무화과는 꽃 없이 가지에 매달리는 과일이다.

• I don't care a fig for your assertion.
나는 너의 주장에 대해 조금도 신경 안 써.

---

adulate ⓥ-에게 아첨하다

[ǽdʒəlèit] *아주 잘났다(했다)고 하며 아첨한다

◦ ⓝadulation [-ʃən] 지나친 찬사, 과찬

• Adulating the boss is not the secret to promotion.
사장에게 아첨하는 것이 승진의 비결은 아니다.

---

toxic ⓐ독(성)의, 유독한

[tɔ́ksik] *톡 쏴 독한 것이

• He warned about the danger caused by toxic waste.
그는 독성 폐기물에 의해 유발되는 위험에 대해 경고했다.

intoxicate ⓥ취하게 하다

[intάksikèit] *toxic한 것에 취하게 하다

◦ get intoxicated 술에 취하다

◦ intoxicating drinks 주류

• I intoxicated myself with SoJu.
나는 소주를 먹고 취했다.

---

in regard to -에 관하여(with regard to)

• What is your opinion in regard to this subject?
이 주제에 대한 너의 견해는 무엇이냐?

---

jolly ⓐⓐⓓ ① 기분 좋은, 유쾌한(pleasant) ② 꽤

[dʒάli] *졸려 기분 좋으니까

◦ jolly weather 상쾌한 날씨

• He is a jolly fellow.
그는 함께 있으면 즐거운 친구야.

---

fragment ⓝⓥ파편(이 되다), 조각(으로 나누다)

[frǽgmənt] *뿌리고 만다 조각들을

◦ in fragments 단편으로 되어

◦ ⓐfragmentary [frǽgməntəri] 파편의, 단편적(斷片的)인

• My baby dropped a glass and it burst into fragments.
애기가 유리잔을 떨어뜨려 산산조각이 났다.

---

wicker ⓝ버드나무 같은 낭창낭창한 잔가지

[wikə(r)] *더 약한(weaker) 잔가지

• Many household items are made with wickers.
많은 생활용품들이 유연성 있는 잔가지들로 만들어진다.

---

sinister ⓐ불길한, 재난의(disastrous), 못된(wicked)

[sínistə:r] *신이 니 시스터에게 불길한 소식을 전한다

• The phenomenon was understood as an sinister omen.
그 현상은 불길한 징조로 이해되었다.

freckle ⓥ주근깨(가 생기다)

[frékl] *프레이크를 먹으면 주근깨가 생긴다

◦ freckly 주근깨투성이의

• He has a freckled face.
그는 주근깨가 있는 얼굴이다.

---

defecate ⓥ깨끗하게 하다, 대변을 보다

[défikèit] *대피해야겠다 깨끗하게 한다니까(세균이 하는 말)

• I have to defecate.
나는 똥 누고 싶다.

---

conceive ⓥ ① 마음에 품다 ② 상상하다, 생각한다 ③ 이해한다

[kənsíːv] *콘 씹으면서 ①생각하여 ②마음에 품고 ③이해한다

• The multitudes of this fish are almost inconceivable.
이 물고기의 숫자는 거의 상상할 수 없을 정도였다.

• I conceive you.
기분은 잘 압니다.

---

attorney ⓝ대리인, 변호사

[ətə́ːrni] *어! 토니가 ①대리인 ②변호사 됐니?

• An attorney is a person who has power to act for another in legal matters.
법정 대리인은 법률 문제에 있어 남을 대신할 권한을 가진 사람이다.

---

twitter ⓥ새가 지저귀다, 재잘거리다

[twítəːr] *트위터에서 재잘거린다

• As the old birds sing, so the young ones twitter.
늙은 새가 지저귀면 어린 새도 지저귄다. (즉 자식은 아비를 닮는다)

---

invade ⓥ침입하다

[invéid] *배 안(in)으로도 침입한다

◦ ⓝinvasion [invéiʒən] 침입, 침략

• Be careful not to invade other people's privacy.
다른 사람의 사생활을 침해하지 않도록 주의해라.

evidence ⓝ명료함, 증거

[évidəns] *애비에게 단서가 있어 명백한 증거야

◦ evidential matter 증거 자료

◦ ⓐevident 명백한

• Convincing evidence of the extent of the damage was presented.
폐해의 정도에 대한 설득력 있는 증거가 제출되었다.

---

dismiss ⓥ ① 해산시키다 ② 해고하다

[dismís] *이(this) 미스를 해고시켜라

• Dismiss this trouble maker from school.
이 말썽꾸러기를 퇴학시키시오.

---

alleviate ⓥ경감하다, 완화하다, 누그러뜨리다, 덜어 준다

[əlí:vièit] *엘리베이터는 노력을 경감해 주고 완화시켜 준다

◦ ⓝalleviation [əlì:viéiʃən] (고통의) 경감, 완화(물)

• The U.S. is not willing to alleviate economic sanctions on Iran.
미국은 이란에 대한 경제 제재를 완화하려고 하지 않는다.

---

catastrophe ⓝ재난

[kətǽstrəfi] *곁에서 트로피 들어주다 재난을 당했어(트로피가 무거웠나 봐)

• Global warming will bring a catastrophe.
지구 온난화는 재난을 가져올 것이다.

---

libel ⓝ명예 훼손

[láib-əl] *라이벌의 명예를 훼손한다

• This photograph is a libel on him.
이 사진은 그의 실물보다 훨씬 못하다.

---

vomit ⓥ토하다, (연기, 용암 등을) 뿜어내다

[vámit] *봐 밑을 누가 토해 놨잖아

• A member of rescue team made me vomit the water that I had swallowed.
한 구조 대원이 나로 하여금 내가 마셨던 물을 토하도록 했다.

satire ⓝ풍자, 비꼼, 비유

[sætaiə(r)] *새 타령도 일종의 풍자다

- The dictatorship also censors satire on politics.
  독재 정권은 정치에 대한 풍자도 검열한다.

---

instill ⓥ(사상 따위를) 스며들게 하다, 주입시키다

[instíl] *안으로 still(조용하게) 사상을 주입한다

- You instilled confidence into me.
  그는 나에게 자신감을 심어 주었다.

---

distill ⓥ증류하다, 순화하다

[distíl] *instill은 스며들게 하는 것이고 distill은 증류시키는 것이다

- A technology to distill freshwater from seawater will contributes to solving the problem of water shortage.
  바닷물을 증류하여 민물로 만드는 기술은 물 부족의 문제를 해결하는 데 기여할 것이다.

---

delight ⓝ기쁨 ⓥ기쁘게 하다

[diláit] *달랐다 기쁨이

- take delight in composition.
  저술 활동에서 기쁨을 얻다.
- One of the major functions of tour is to get a delight.
  여행의 중요한 기능 중의 하나는 기쁨을 얻는 것이다.

---

misgiving ⓝ걱정, 불안

[misgíviŋ] *잘못 줘서 걱정이다

- I was waiting for the interview with misgiving.
  나는 불안한 마음으로 면담을 기다리고 있었다.

---

smother ⓥ질식시키다

[smʌ́ðəːr] *새 머더(계모)가 우리를 질식시키려고 한다

- I was smothered with smoke.
  나는 연기로 숨이 막혔다.

hurl ⓥ세게 집어 던지다

[hə:rl] * 헐! 세게 집어 던져 버리네

• He hurled himself at the bear.
그는 곰에게 덤벼들었다.

pierce ⓥ ① 꿰찌르다 ② 스며들다

[píərs] * 피어싱은 피부를 ①찌르는 것인데 찌르면 ②스며든다

• The lofty mountains that pierce the clouds appear to us as majesty.
구름을 꿰찌르는 높은 산들은 우리에게 장엄함으로 보인다.

fierce ⓐ사나운, 무서운, 맹렬한

[fiərs] * 피가 얼굴에 스친 무서운 모습

* pierce 찌른다 fierce 무섭게

◦ the scene of fierce fighting 격렬한 싸움 장면

• Two fierce eyes glared at them.
두 개의 험악한 눈이 그들을 노려보았다.

crunch ⓥⓝ오독오독 씹다, 부수다, 오도독하는 소리

[krʌntʃ] * lunch는 그냥 씹어 먹는 것이고 crunch는 오독오독 씹어 먹는 것이다

• I walked around to hear the crunch of feet on snow.
나는 눈 위에서 나는 뽀드득 소리를 들으려고 걸어 다녔다.

crutch ⓝ목발

[krʌtʃ] * 자동차 크러취(clutch)를 목발로 민다

• I walked on crutches for a while.
나는 한동안 목발을 짚고 걸었다.

remnant ⓝ나머지, 잔여분

[rémnənt] * 남는다 잔여분이

• They tried to eradicate the remnants of the Cold War.
냉전의 잔재를 뿌리 뽑기 위해 노력했다.

rap ⓝ(문·테이블 따위를) 톡톡 두드림, 두드리는 소리

[ræp] * 랩은 톡톡 두드리듯이 부르는 음악이다

- I rapped the door.
  나는 문을 톡톡 두드렸다.

---

rapt ⓐ(생각 따위에) 정신이 팔린, 심취한

[ræpt] * rap에 심취해 있다

◦ be rapt in study 공부에 몰두해 있다

- My sister is rapt in study of English.
  나의 누이는 영어 공부에 몰두해 있다.
- He read the report with rapt attention.
  그는 열중하여 보고서를 읽었다.

---

rapture ⓝ큰 기쁨, 열중

[rǽptʃə:r] * 랩에 맞춰 큰 기쁨에 몰입한다

◦ go (fall) into raptures over -에 열광하다

◦ ⓐrapturous [rǽptʃərəs] 기뻐 날뛰는

◦ in rapture(s) 열광[열중]하여

- My rapture was so intense that I could scarcely believe it.
  기쁨이 너무 강렬하여 믿어지기 어려울 정도이다.

---

molecular ⓝⓐ분자, 분자의

[moulékjulər] * 모레가 굴러 (부서지면) 분자가 된다

◦ ⓝmolecule (화학·물리) 분자

- Molecular attraction is a momentous factor to material formation.
  분자 간의 인력은 물질의 형성에 중요한 요소이다.

---

secular ⓐ세속의

[sékjələ:r] * 색꼴아, 세속적인 사람아

- Most of religions look too secular.
  대부분의 종교들이 너무 세속적으로 보인다.

give off 방출하다

- It gives off electronic wave.
  그것은 전자파를 방출한다.

---

sectarian ⓐ분파의, 종파의

[sektɛ́-əriən] *색다른 분파이다

◦ sect 분파, 종파

- Don't stir up a dispute between two religious sectarians.
  두 종교적 분파 사이의 분쟁을 부추기지 마라.

---

erupt ⓥ분출하다

[irʌ́pt] *일 없다 갑자기 분출한다

◦ ⓝeruption [irʌ́pʃən] (화산의) 폭발, 분화

◦ ㊐explode 폭발하다(implode)

◦ ㊐detonate 폭발시키다, 폭발하다

- A volcano can be dangerous when it is ready to erupt.
  화산이 분출하려고 할 때 위험할 수 있다.

---

sedition ⓝ난동, 선동

[sidíʃ-ən] *세 드신 사람들이 난동을 부려

- A mob made a sedition.
  폭도들이 난동을 부렸다.

---

plead ⓥ ① 변호하다 ② 주장하다 ③ 탄원하다

[pli:d] *플리도록 ①탄원하고 ②변호하고 ③주장해라

◦ ⓝpleading [plí:diŋ] ① 변론, 탄원 ② 소송 절차

- His wife pleaded, He was set free.
  그의 아내가 탄원하여 그가 풀려났다.
- He pleaded that I was to blame.
  나에게 책임이 있다고 주장했다.

confront ⓥ-에 직면하다 마주 대하다

[kənfrʌ́nt] *큰 프런트(호텔 프런트) 앞에서 마주 대하게 되었다

◦ ⓝconfrontation 대면, 직면

◦ be confronted with -에 직면하다

• I was confronted with a difficulty.
나는 어려움에 직면하였다.

---

huddle ⓥ뒤죽박죽 주워 모으다, 되는 대로 쑤셔 넣다

[hʌ́dl] *허드렛 것들을 뒤죽박죽 주워 모아 대충 쑤셔 넣어라

◦ ㊥hurdle 장애물 경기

• They huddled toys into a bag and rushed to their desks.
그들은 장난감들을 자루 속에 대충 쑤셔 넣고 각자의 책상으로 달려갔다.

---

concave ⓐ오목한 ⓥ오목하게 하다

[kɑnkéiv] *큰 cave(동굴)이 오목하게 생겼다

◦ a concave lens 오목렌즈

◦ ㊞convex 볼록한, 볼록렌즈

• Knock on the iron plate to make it concave.
철판을 두드려 오목하게 해라.

---

decrease ⓥ감소(하다)

[dí:kri:s] *그 뒤로 그리스는 감소했다

◦ ㊞increase 증가하다

• The number of some animals is decreasing.
어떤 동물들의 숫자는 감소하고 있다.

---

replenish ⓥ다시 채우다, 공급하다

[ripléniʃ] *refresh 기운 나게 하려고 다시 채우거나 공급한다

• Replenish the fire with woods before it goes out.
불이 꺼지기 전에 나무들을 공급해라.

drench ⓥ물에 흠뻑 젖(게 하)다

[drentʃ] *들엔 취나물이 비에 흠뻑 젖고 있다

◦ a drench of rain 억수 같은 비

• Her eyes was drenched with tears.
그녀의 눈은 눈물에 젖었다.

---

reconcile ⓥ화해시키다, 조화시키다

[rékənsàil] *내가 큰 싸움을 화해시킨다

◦ ⓝreconciliation 조정, 화해

• It is hard to reconcile what I say with what I do.
내가 말하는 것과 행동하는 것을 일치시키기가 어렵다.

• I cannot reconcile myself to the prospect of moving to city.
나는 도시로 이사 간다는 생각을 도저히 받아들일 수 없다.

---

affinity ⓝ ① 인척 관계 ② 친근감, 친화성

[əfínəti] *업히더니 더 친근감이 생기니?

• He seems to have an affinity for you.
그는 너에게 호감을 가진 것처럼 보인다.

---

garrison ⓝ수비대(를 두다), 주둔군

[gǽrəsən] *가려 쓴다 수비대나 주둔군들

• One battalion is in garrison.
한 대대가 수비를 맡고 있다.

---

rue ⓥ후회(하다)

[ruː] *루루 하다가 후회한다

• You'll live to rue it.
언젠가는 그것을 후회할 것이다.

---

euthanasia ⓝ안락사

[jùːθənéiʒiə] *유서 내 줘 안락사시킨 다음

• I insist that euthanasia should be allowed.
나는 안락사가 허용되어야 한다고 주장한다.

foliage ⓝ잎

[fóuliidʒ] *fall이지=떨어지지? 잎이

• Mt. Seorak is noted for the glorious tints of its autumn foliage.
설악산은 가을 나뭇잎의 장엄한 색조로 유명하다.

---

magnitude ⓝ크기, 양

[mǽgnətjùːd] *매일 그와 너가 투드리면(두드리면) 많은 양을 수확할 수 있다

◦ of the first magnitude 가장 중요한, 일류의

• A six-point-five magnitude earthquake shook the region.
진도 6.5 규모의 지진이 이 일대를 흔들었다.

---

contrive ⓥ ① 고안하다 ② 궁리하여 -를 하다, 이럭저럭 해내다

[kəntráiv] *control해 볼라고 ①궁리하여 ②이럭저럭 해냈다

◦ ⓝcontrivance 고안, 발명, 고안[연구]의재간, 고안품, 장치

• He contrived to refuse her proposal.
그는 그녀의 제안을 거절하기 위해 궁리했다.

---

boast ⓥ자랑하다

[boust] *보스들이 자랑한다

• The village boasts of clean water.
그 마을은 깨끗한 물을 자랑스럽게 여긴다.

---

pending ⓐ ① 미정(미결)의 ② -하는 동안 ③ 심리 중인

[péndiŋ] *pen이 ing(진행) 중이니까 미결, 심리 중

◦ ⓥpend 미결인 채로 있다, 매달려 있다

◦ ⓝpendant 늘어져 있는 물건

• It is pending the investigation yet.
아직 조사가 진행 중이다.

---

embroider ⓥ수를 놓다, 꾸미다

[embrɔ́idər] *임이 부르더이다 수를 놓고 있는데

• The history is embroidered with wonderful anecdotes.
역사는 훌륭한 일화들로 꾸며진다.

embroil ⓥ혼란스럽게 하다, 분쟁에 관련시키다

[embrɔ́il] *embroider 일. 수놓는 일 하는데 혼란스럽게 하지 마

• I didn't intend to embroil myself in the political issues.
나는 정치적 문제에 끼어들고 싶지 않았다.

---

get through with –을 끝내다(finish)

• I will call you up as soon as I get through with this work.
내가 이 일을 끝내자마자 너에게 전화하겠다.

---

pensive ⓐ생각에 잠긴, 시름에 잠긴 듯한

[pénsiv] *펜을 씹으며 생각에 잠겨 있다

• He cast a pensive glance toward the picture on the wall.
그는 벽에 있는 그림을 생각에 잠긴 눈으로 바라보았다.

---

rash ⓐ성급한, 경솔한

[ræʃ] *rush(돌진) 한다 성급하게

• Rash words can hurt others.
경솔한 말은 다른 사람을 다치게 할 수 있다.

---

crash ⓥ쾅 하고 부딪치다, 박살 나다

[kræʃ] *크 rash 성급하게 굴다가 쾅 하고 부딪쳤다

• A girl was killed yesterday in a car crash.
여자애 한 명이 자동차 충돌로 목숨을 잃었다.

• They crashed out of the preliminary round.
그들은 예선에서 탈락했다.

---

clash ⓥ ① 충돌하다 ② 덜그럭거리다

[klæʃ] *crash나 clash나 ①충돌하기는 마찬가지다
충돌하며 ②덜그럭거리며 간다

• There was a clash between the unionists and the police.
노조원들과 경찰 사이에 충돌이 있었다.

gazette ⓝ신문

[gəzét] * 거제도 신문

• I receive an official gazette.
나는 관보를 받는다.

---

lewd ⓐ외설적인

[lu:d] * rude는 무례하고 lewd는 외설적이다

• There are times when it is ambiguous to judge which words are lewd.
어떤 말이 외설적인지 판단하기에 모호할 때가 있다.

---

tease ⓥ지분거리다, 끈덕지게 괴롭히다

[ti:z] * tea(차) 줘 하며 끈덕지게 괴롭힌다(너와 차 마시기 싫다고)

◦ ⓐteasing [tí:ziŋ] 못살게 구는, 괴롭히는

• Children tend to tease their mother to get what they want.
어린이들은 자신들이 원하는 것을 얻기 위해 어머니를 조르는 경향이 있다.

---

abstain ⓥ ① 기권하다, 불참하다 ② 자제하다

[əbstein] * 애비가 있을 때는 ①자제해라 ②기권도 할 줄 알고

• The doctor advised me to abstain from drinking.
의사는 나에게 금주를 충고했다.

---

barracks ⓝ막사, 병영

[bærəks] * 벼락스 했다(벼락 떨어졌다) 막사에

◦ break barracks 탈영하다

• The soldiers concerned were told to stay in barracks until MP arrive.
관련된 병사들은 헌병이 도착할 때까지 막사에 머물러 있으라는 말을 들었다.

---

municipal ⓐ ① 시(市)의, 도시의, 지방 자치의 ② 일국의, 내정의

[mju:nísəp-əl] * 무늬에서 벌써 그 ①나라의 ②도시의 특징이 나타난다

◦ a municipal corporation 지방 자치(단)체

◦ municipal bonds 지방채(債)

• The hospital is maintained at municipal expense.
그 병원은 시립이다.

disaster ⓝ재난, 재앙

[dizǽstər] *디게 재수없다 재난에 걸렸어

∘ ⓐdisastrous [dizǽstrəs] 비참한, 재난의

• His divorce following bankruptcy was a major personal disaster.
파산 후의 그의 이혼은 주요한 개인적 재난이었다.

---

outlaw ⓝⓥ법의 보호를 박탈당한 사람(박탈하다), 불법자

[áutlɔ̀] *law(법) 밖으로(out) 나가게 하는 것이므로 불법화하는 것임

• Pornography should be outlawed since it foster immorality.
외설물들을 부도덕을 조장하기 때문에 불법화해야 한다.

---

somersault ⓝ재주넘기, 공중제비

[sʌ́mərːsɔ̀ːlt] *썸머(여름)에 솔트(소금)를 먹으면 재주넘기가 잘된다

• He is good at turning a somersault.
그는 공중제비에 능숙하다.

---

flatter ⓥ아첨하다, 우쭐하게 하다

[flǽtər] *플래시 터뜨리며 아첨한다

∘ ⓝflattery [flǽtəri] 아첨

∘ ⓐflattering 빌붙는, 아부[아첨]하는

• They flattered him into donation.
그들은 그에게 아첨하여 기부하게 했다.

---

demotion ⓝ강등, 좌천

[dimóuʃən] *promotion은 승진이고 demotion은 강등이다

∘ ⓥdemote [dimóut] 강등시키다

• His new appointment is a demotion.
그의 이번 임명은 좌천이다.

frenzy ⓝⓥ격앙(시키다), 격노(시키다)

[frénzi] *프렌드를 쥐가 격노시키다

- He was frenzied with joy.
  기뻐 날뛰었다.
- He left in the frenzy of moment.
  일시적인 격분에 의하여 떠났다.

---

glow ⓥ ① 빨갛게 타다, 백열(하다), 빛을 내다 ② 붉어지다

[glou] *grow 자라면서 더 ①빛이 나고 ②붉어진다

◦ aglow [əglóu] (이글이글) 타올라

- His eyes glowed with joy.
  그는 눈은 기쁨으로 타오르고 있었다.

---

precede ⓥ-에 앞서다

[prisí:d] *pre(미리, 앞) 서다 즉 앞서다

◦ ⓝprecedence 선행, 앞섬(precession)
◦ precedent 선례, 판례
◦ preceding 앞서는, 이전의(fore going)
◦ ㉯succeed -의 뒤를 따르다

- Duty precede privilege.
  임무가 특권보다 중요하다.

---

recede ⓥ뒤로 물러나다

[risi:d] *precede는 앞서는 것이고 recede는 물러나는 것이다

◦ ⓝrecess 후퇴, 뒤로 물러남
◦ ⓝrecession 경기 후퇴, 불경기, 불황

- The sound of the truck receded into the distance.
  트럭 소리는 차츰 멀어져 갔다.
- The tides of economic prosperity continue to recede in Europe.
  경제 번영의 조류가 유럽에서 계속 물러가고 있다.

immerse ⓥ빠져들게 하다, 잠기게 하다

[imə́:rs] *임이 뭘 쓰는 데 푹 빠져 있다

◦ ⓝimmersion [imə́:rʃən, -ʒən] 잠금, 몰입

• He was immersed in love with Jane.
그는 제인과의 사랑에 빠져들었다.

---

scuffle ⓝⓥ실랑이(를 벌이다), 난투극

[skʌ́fəl] *스카프를 붙잡고 실랑이를 벌이다

• After the scuffle, he was covered with bruises.
그 남자는 싸우고 난 뒤 온몸에 시퍼런 멍투성이였다.

---

fragile ⓐ부러지기 쉬운

[frǽdʒəl] *부러질=부러지기 쉬운

• The sculptures are fragile, don't hold them with too much pressure.
그 조각품들은 부러지기 쉽다 너무 많은 힘을 주어 잡지 마라.

---

frail ⓐⓝ ① 약한, 부서지기 쉬운 ② 여자, 소녀

[freil] *fragile나 frail이나 ⓐ부서지기 쉽기는 마찬가지다 부러지기 쉬운 ②소녀

• That's an awful loud voice from such a frail figure.
그렇게 연약한 몸에서 그런 큰 소리가 나다니.

---

diligent ⓐ부지런한

[dílədʒənt] *들리지 않는다 부지런한 사람에게는(다른 소리는 안 들린다)

◦ ⓝdiligence [dílədʒəns] 근면, 부지런함

• The diligent student work very hard.
부지런한 학생들은 열심히 공부한다.

intricate ⓐ ① 뒤얽힌, 얽히고설킨 ② 착잡한, 복잡한(complicated)

[íntrəkit] *안으로(in) 들어갔더니 cat이 ①뒤얽히고 ②복잡해져 있다

◦ ⓝintricacy 얽히고설킴

• The intricate systems that give work instructions were the cause of inefficiency.
작업 지시를 내리는 복잡한 시스템이 비효율성의 원인이었다.

• How to deal with the subject of obscenity legally is the most intricate to me.
외설의 문제를 법적으로 어떻게 다룰 것인지 하는 것이 나에게 가장 난해했다.

---

vanquish ⓥ-에게 이기다, 정복하다, 극복하다

[vǽŋkwiʃ] *방귀 뀌세요 그럼 이길 수 있어요

◦ ⓝvanquishment 승리

• All we could think of was vanquishing a foe.
우리는 적을 쳐부술 생각밖에 없었다.

---

levy ⓝⓥ(세금)을 징수(하다), 거두다, 강탈하다

[lévi] *내라 비용을 하며 ①징수하고 ②강탈한다

• The traffic policeman levied a large fine on the taxi driver.
교통 경관이 택시 운전수에게 많은 벌금을 징수했다.

---

evade ⓥ ① 벗어나다, 피하다, 비키다 ② 벅차다

[ivéid] *이 배도 ①피한다 ②벅찰 때는

◦ ⓝevasion (책임·의무 등의) 회피

◦ evade taxes 탈세하다

• Those who tried to evade military service were captured.
병역을 기피하려고 시도한 사람들이 체포되었다.

• This ordeal evades me.
이번 시련은 내게 벅차다.

perverse ⓐ외고집의, 심술궂은, 성미가 비꼬인

[pərvə́:rs] ＊파벌 싸움은 ①고집 세고 ②심술궂어서 발생한다

◦ ⓝperversion [pərvə́:rʃən] (의미의) 곡해, 악용

• He behaves perversely once in a while.
그는 가끔 심술궂게 행동한다.

---

infest ⓥ우글거리다, 만연하다

[infést] ＊안에 페스트균이 만연한다, 우글거린다

• The flower is infested with aphides.
꽃에 진딧물이 꾄다.

---

abyss ⓝ심연

[əbís] ＊어! 비서가 심연에 빠졌다

• An outrageous scheme of slander pushed my secretary to the abyss.
터무니없는 중상모략이 나의 비서를 깊은 나락에 빠뜨렸다.

---

monologize ⓥ혼자 말하다

[mənɔ́lədʒàiz] ＊모나리자가 혼자 말을 한다

• He monologized, “Let’s go to sleep now.”
그는 “자러 가자. 이제.” 하고 혼자 말을 했다.

---

emigrate ⓥ이주하다

[éməgrèit] ＊애미 그리웠다 외국으로 이주하더니

◦ ⓝemigration (타국으로의) 이주

◦ emigrant [éməgrənt] 이민자, 이주하는

• They emigrated from Korea to Japan.
한국에서 일본으로 이주하였다.

---

immigrate ⓥ이주하다(국내로)

[íməgrèit] ＊emigrate는 이주해 가는 것이고 immigrate는 이주해 오는 것이다

◦ ⓝimmigration (입국) 이주, 이입

◦ ㉥migrate 이주하다

• Robert immigrated into Korea.
로버트는 한국으로 이주했다.

elegant ⓐ우아한, 고상한(graceful)

[éligənt] * 엘리펀트(코끼리)가 우아하게 생겼다

◦ ⓝelegance, elegancy [éligəns] 우아함

• This hotel is best known for its elegant furniture and paintings.
이 호텔은 우아한 가구와 그림들로 유명하다.

---

peasant ⓝ농부, 촌사람

[pézənt] * 패전당한 농부 촌사람

◦ peasantry [pézəntri] ① (보통 the-)농민, 소작농 ② 시골 티

• The peasant boy became a great scientist later.
그 시골 소년은 나중에 위대한 과학자가 되었다.

---

pageant ⓝ야외극, 구경거리, 화려한 행렬

[pǽdʒənt] * peasant 농부들이 화려한 야외극을 한다

• A nice pageant was planned with the participation of the villagers.
멋진 야외극이 마을 사람들의 참여로 기획되었다.

---

gem ⓝ보석

[dʒem] * 잼(jam) 속에 보석이 빠졌다

• This is a gem that emits light at night.
이것은 밤에 빛을 발하는 보석이다.

---

blaspheme ⓥ신성을 모독하다

[blæsfíːm] * bless(축복) 피임, 피임을 축복하는 것은 신성 모독이다

◦ ⓝblasphemy [blǽsfəmi] 신성 모독

• He was accused of blasphemy.
그는 신성 모독죄로 고발되었다.

---

abdicate ⓥ(권리 등을) 버리다, 포기하다, 양위하다

[ǽbdikèit] * 애부터 키웠다 권리는 포기하고

◦ abdicate a throne 왕좌를 양위하다

• Parents are not supposed to abdicate power to discipline children.
부모들은 자녀들을 훈육할 권리를 포기해서는 안 된다.

discreet ⓐ분별 있는, 신중한

[diskrí:t] * 디스 이것을 그렸다 분별 있고 신중한 사람이
* 이것이 그렇다 하고 분별한다

◦ be discreet in -에서 삼가다

• She is discreet in her behavior.
그녀는 행동이 신중하다.

---

autocracy ⓝ독재(전제) 정치

[ɔ:tɔ́krəsi] * 오토로 막가는 정치는 독재 정치다

◦ autocrat [ɔ́:təkræ̀t] 독재자

• Autocracy is a government by a single person having unrestricted power.
독재 정치는 무제한 권력을 지닌 한 사람에 의한 정부이다.

---

furnace ⓝⓥ ① 난로, 아궁이, 가열하다 ② 혹독한 시련

[fə́:rnis] * 퍼 넣었어 ①아궁이에, 아궁이 같은 ②혹독한 시련

◦ be tried in the furnace 혹독한 시련을 겪다

• This solar furnace draws up water from the lakes and rivers as water vapor.
이 태양 난로는 호수나 강으로부터 수증기 형태로 물을 끌어 올린다.

---

shove ⓥ밀치다, 떠밀다

[ʃʌv] * shovel(삽)으로 밀치다

◦ shove in 밀고(억지로) 들어가다, 밀어 넣다

• The crowd was pushing and shoving to get a better view.
사람들은 서로 앞을 더 잘 보려고 마구 밀치고 야단이었다.

• She shoved the book into her bag and hurried off.
그녀는 그 책을 가방에 아무렇게나 집어넣고 서둘러 떠났다.

---

abrasion ⓝ찰과상, 마모, 침식 작용

[əbréiʒən] * 아 부러진 자리에 찰과상도 있겠지

◦ ⓐabrasive 닳게 하는, 짜증 나게 하는

• Much more regular maintenance and repair are required due to corrosion and abrasion.
부식과 마모 때문에 훨씬 더 자주 정기적인 보수가 요구된다.

truce ⓝ정전, 휴전(하다)

[truːs] *truth(진실)야? 휴전했다는 말이?

◦ conclude a truce with –와 정전 협정을 맺다

• He crossed the truce line with his family.
그는 가족과 함께 휴전선을 넘었다.

---

slant ⓝ경사면

[slænt] *슬슬 ant(개미)가 경사를 내려간다

• Don't sit at a slant.
비스듬히 앉지 마라.

---

fluent ⓐ유창한, 흐르는 듯한

[flúːənt] *flow 흐른다 유창하게

• She's fluent in English.
그녀는 영어가 유창하다.

---

affluent ⓐ풍부한, 부유한

[ǽflu(ː)ənt] *애플(사과)이 fluent 넘쳐흐르니 부유하다

◦ ⓝaffluence [ǽflu(ː)əns] 풍부함

• She has lived in affluence until marriage.
그녀는 결혼 전까지 풍부하게 살았다.

---

congeal ⓥ얼리다, 응결시키다

[kəndʒíːl] *콘이 질질 흐르니 얼려라

◦ ⓝcongelation 동결, 응고

• When water freezes, it congeals into ice.
물이 얼면 얼음으로 응결된다.

---

latent ⓐ숨어 있는, 잠복하는

[léitənt] *나의 텐트에 숨어 있다

• His latent ability seems to be much bigger than you think.
그의 잠재력은 네가 생각하는 것보다 훨씬 더 커 보인다.

perspective ⓝ ① 원근법 ② 원경, 경치, 전망 ③ 견해, 관점

[pəːrspéktiv] *벌써 퍽 튀어 보이는 ①관점, ②경치

◦ in perspective 전체적인 관점에서, 긴 안목으로

• This observatory has a perspective of the whole mountain.
이 전망대는 계곡 전체가 보이는 전망을 가지고 있다.

• I want you to put the issue into perspective.
나는 네가 그 문제를 전체적인 안목으로 보기를 바란다.

---

perspire ⓥ땀을 흘리다

[pərspáiər] *벌써 fire 불 앞에서 땀을 흘리네

◦ ⓝperspiration 땀, 발한작용(sweat)

• I perspired very much because of hot weather.
나는 더운 날씨 때문에 땀을 많이 흘렸다.

---

splash ⓥ튀다(흙이나 물 등이)

[splæʃ] *스프레이에서 튄다

• The car splashed me with filthy water.
자동차가 내게 더러운 물을 튀겼다.

---

fall in love with 누구와 사랑에 빠지다

• I fell in love with her on seeing her.
나는 그녀를 보자마자 사랑에 빠졌다.

---

troop ⓝⓥ ① 대(隊), 무리, 떼 지어 모이다 ② (보통 pl.) 군대, 병력

[truːp] *두릅(먹는 두릅)을 떼 먹는다 ①군대가 ②무리 지어

◦ a shock troop 돌격대

◦ regular troops 상비군

• British troops will be forced to withdraw.
영국 군대는 철군할 수밖에 없을 것이다.

deform ⓥ볼품없게 만들다, 불구로 만들다

[difɔ́:rm] ＊뒤 폼을 볼품없게 변형시켰다

∘ ⓝdeformation [dì:fɔ:rméiʃən] ① 변형 ② 볼품없음, 추함

∘ ⓝdeformity [difɔ́:rməti] 기형, 변형

• A deformed child or an abnormal child may be born.
기형아나 비정상적인 아이가 태어날지도 모릅니다.

---

gross ⓐ ① 뚱뚱한, 큰 ② 거친(coarse), 천한 ③ 총체(의), 총계(의)

[grous] ＊그 로스(구이) 먹으면 ①뚱뚱해져서 ②총계가 얼마나 나간다 그럼 ③천해 보여

• The gross amount was bigger than expected.
총계가 예상했던 것보다 더 컸다.

• It is degrading of you to say gross words.
저속한 말을 하는 것은 당신의 품위를 떨어뜨리는 일이다.

---

engross ⓥ마음을 빼앗다, 몰두시키다

[engróus] ＊안 gross(안 뚱뚱한) 여자가 마음을 빼앗았다

∘ be engrossed in ~에 몰두하다

• He was engrossed in writing the letter.
그는 편지 쓰는 일에 몰두해 있었다.

---

invalid ⓐⓝⓥ ① 병자, 병약한(하게 하다) ② 효과가 없는

[invəlid] ＊안 벌리다(입을) ①병약한 병자가 그래서 그 방법은 ②효과가 없다

∘ ㉥valid 근거가 확실한, 효과가 있는, 타당한

• I feel pity for a chronic invalid.
나는 만성병 환자에게 동정심을 느낀다.

• Your drive license is invalid.
당신은 면허 정지 상태이다.

• I cannot accept your invalid argument.
나는 당신의 근거 없는 주장을 받아들일 수 없다.

approximate ⓐ ① 근사한, 비슷한 ② 근접하다(approach), 가까워지다

[əpráksəmèit] *한(a) 부락서 산 mate는 ①비슷한 데가 있고 금방 ②가까워진다

◦ approximately 대략, 약(about)

◦ ⓐapproximation 접근

◦ an approximate figure 근사치

• It takes a ship approximately eight hours to complete the trip.
배로 그 여행을 마치는 데는 대략 8시간 걸린다.

---

comply ⓥ동의하다, 따르다

[kəmplái] *컴 와서 함께 fly(날아 보자고) 하니 ①동의하고 ②따라왔다

◦ ⓝcompliance, -ancy [kəmpláiəns] ① 승낙, 응낙 ② 순종

• We decided to comply with the rules.
우리는 규칙을 따르기로 결정했다.

• Strict compliance with control center's instructions is essential to safety.
관제 센터의 지시를 밀접히 따르는 것이 안전에 필수적이다.

---

incumbent ⓐ ① 기대는, 의지하는(on) ② 의무로 지워지는

[inkʌ́mbənt] *income(수입)번다 그러므로 나에게 ①의지해라 나는 그것을 ②의무로 생각한다

• Helping you is an obligation incumbent on me.
너를 돕는 것은 나에게 주어진 의무이다.

---

homespun ⓐ손으로 짠, 소박한

[houmspʌn] *home에 있는 스푼은 내가 ①손으로 만든 거라 ②소박해

• In ancient times, the clothes are made of homespun cloth.
고대에는 옷들이 손으로 짠 천으로 만들어졌다.

---

obtest ⓥ탄원하다, 항의하다

[ɔbtést] *어부들이 테스트에 대해 ①항의하고 ②탄원한다

• I obtested for his innocence.
나는 그가 무죄라고 탄원했다.

supplicate ⓥ탄원하다

[sʌ́pləkèit] * 섣불리 갔다 탄원하려고

◦ ⓝsupplication [sʌ̀pləkeiʃən] 탄원, 애원

◦ supplicator [sʌ́pləkèitər] 탄원자, 애원자

◦ suppliant [sʌ́pliənt] 탄원하는, 탄원자

• It's the best thing you can do to supplicate for pardon.
용서를 구하는 것이 네가 할 수 있는 최선의 일이다.

---

elaborate ⓥ ① 정성들여 만들다, 상세히 설명하다 ② 공들인, 정교한

[ilǽbərèit] * 일 내 버렸다(=망쳐 버렸다) ①정성 들여 만든 ②정교한 것을

◦ ⓐelaborative [ilǽbərèitiv] 정성을 들인, 정교한

• Don't elaborate.
지나치게 공들이지 마라.

• Their works are more elaborate than ours.
그들의 작품이 우리들의 것보다 더 정교하다.

---

obsolete ⓐ안 쓰는, 쓸모없는, 시대에 뒤진, 쓸모없게 만들다

[ɑ̀bsəlíːt] * 없애랬다 안 쓰는 것은

• You are saying an obsolete words.
너는 안 쓰는 말을 쓰고 있다.

---

supplant ⓥ밀어내다, 대신 들어앉다, 대체하다(replace)

[səplǽnt] * 섣부른 plan이다 대체해라

• You had better supplant fatty food from your table.
당신의 식탁에서 지방이 많은 식품을 밀어 내는 것이 좋을 것입니다.

---

subsist ⓥ ① 살아가다, 생명을 보존하다 ② 존재하다, 존속하다

[səbsíst] * 서부에서 씨스터가 산다 즉 존재한다

◦ ⓝsubsistence 생존, 존재

• The old man subsists by a pension.
그 노인은 연금으로 살고 있다.

obstinate ⓐ고집이 센, 완고한

[ábstənit] *앞섰다니? 고집이 센 사람이(고집 센 사람이 앞서면 안 되는데)

◦ obstinate resistance to -에 대한 완강한 저항

• It was extremely difficult to persuade the obstinate old man.
고집 센 노인을 설득하기는 극도로 어려웠다.

obstipation ⓝ변비

[àbstəpéiʃən] *앞섰다 패션(유행)에서 그러나 그 여자 변비 걸렸다

• Long-term diet is effective for obstipation.
장기적인 식이요법이 변비에 효과적이다.

constipation ⓝ ① 변비 ② 활발치 못함

[kànstəpéiʃən] *obstipation이나 constipation이나 모두 변비다

• She suffers from constipation.
그녀는 변비로 고생을 한다.

trigger ⓝⓥ방아쇠(를 당기다)

[trígər] *타이거에게 방아쇠를 당기다

• The police over-suppression triggered the riot.
경찰의 과잉 진압이 폭동의 방아쇠를 당겼다.

ultraviolet ⓐ자외선(의)

[ʌltrəvaiələt] *violet 보라색 옆에 있는 자외선

• Ultraviolet rays can cause skin cancer.
자외선은 피부암을 일으킬 수 있다.

induct ⓥ ① 이끌어 들이다, 안내하다 ② (비결 따위를) 가르치다

[indʌ́kt] *인덕(인품)도 사람을 ①끌어들여 ②가르친다

• I was inducted into the U.S. Marines.
나는 미 해병대에 징집되었다.

• We must induct youths into the value of moral integrity.
우리는 젊은이들에게 도덕적 정결함의 가치를 가르쳐야 한다.

prim ⓐ꼼꼼한, 딱딱한

[prim] *프림 하나도 꼼꼼하게 따져 고른다

- She's rather prim and precise.
  그녀는 좀 고지식하다.

retrieve ⓥ만회하다, 보충하다

[ritríːv] *re(다시) 트라이(try)해 봐 만회하기 위해

- Robots will retrieve land mines.
  로봇들이 지뢰들을 회수할 것이다.
- I fight a legal battle to retrieve my reputation.
  나는 명예를 회복하기 위해 법적 투쟁을 벌인다.

give oneself to -몰두하다(devote oneself to)

- He decided to give himself to the study of physics.
  그는 물리학 연구에 몰두하기로 결심했다.

lime ⓝⓥ석회(石灰)(로 소독하다)

[laim] *line 따라 석회를 뿌리다

- A lime-plastered wall looks dismal.
  회벽은 음침해 보인다.

sublime ⓐⓥ ① 웅장한 ② 고상하게 하다

[səbláim] *서부의 lime(석회) 동굴이 웅장하다

- Nature creates sublime scenery.
  자연은 웅대한 경치를 창조한다.

commute ⓥ ① 변환하다, 대체(對替)하다 ② 통근(하다)

[kəmjúːt] *까뮈(철학자)도 ①통근하는 길을 ②바꾼다

*mute 아무 말 없이 come ①통근하더니 ②교체하고 갔다

◦ commutation [kɑ̀mjətéiʃən] 교환, 변환, 대체

- It took two hours for me to commute to work.
  내가 일하러 통근하는 데 두 시간 걸렸다.

defy ⓥ ① 도전하다, 반항하다 ② 허용하지 않다

[difái] *deny는 부정하는 것이고 defy는 ①반항하는 것인데 반항을 ②허용하지 않는다

◦ ⓝdefiance 반항

◦ ㉥deny 거절하다

◦ defy every criticism 비평의 여지가 없다

◦ ⓐdefiant [difáiənt] 도전적인, 반항적인

• I defy you to lift this stone.
  나는 너에게 이 돌을 들어 올려 보라고 도전한다.

• The value of the work defies description.
  그 작품의 가치는 이루 다 말할 수 없다.

---

patron ⓝ ① 단골 손님 ② 보호자, 후원자

[peitrən] *페이 털어놓은 ①단골손님이 ②후원자다

◦ ⓥpatronize ① 보호하다(protect), 후원하다(support) ② -의 단골손님이 되다

◦ ⓝpatronage ① 보호, 후원 ② 애호, 단골

• She is the patron of many volunteers.
  그녀는 많은 자원봉사자들의 후원자였다.

---

occur ⓥ발생하다, 일어나다

[əkə́:r] *아까 발생했다

◦ ⓝoccurrence [əkə́:rəns] 사건, 생긴 일

• When did the accident occur?
  사고가 언제 일어났는가?

• It occurred to me that he might have cheated me.
  그가 나를 속였을지도 모른다는 생각이 들었다.

---

recur ⓥ ① 다시 발생하다, 재발하다 ② 되돌아가다, 다시 말하다

[rikə́:r] *occur 아까 발생했는데 recur ①다시 발생했다 그래서 ②다시 말했다

◦ ⓐrecurrent [rikə́:rənt] 재발(재현)하는, 정기적으로 되풀이되는

◦ current [kə́:rənt] 현행의, 통용되는, 현재 발생하는

◦ ⓝrecurrence ① 재현(repetition), 재발, 순환 ② 상기, 회상, 추억

◦ ⓐrecursive 귀납적인, 순환적인

• This festival will be recurrent.
  이번 축제는 계속될 것이다. (주기적으로)

coalesce ⓥ합동하다, 연합하다

[kòuəlés] *coal(석탄)이 less(없어) 합쳐서 살자

• The brooks coalesce into one large river.
시냇물들이 한데 모여 큰 강이 되었다.

tardy ⓐ느린

[tá:rdi] *타지(타고 가지) 느리니까

• The child seems to be tardy in mental development.
그 아이는 지적 성장 면에서 느린 것 같다.

pall ⓝⓥ ① 관을 덮는 천, 휘장, 외투 ② 흥미를 잃다

[pɔ:l] *피(p)가 all(모두) 묻어 있다 ①관을 덮는 천에 그런 것에 나는 ②흥미가 없다

• A pall of panic were covering up the hostages.
공포의 장막이 인질들을 덮고 있었다.

appall ⓥ소름이 오싹 끼치게 하다

[əpɔ́:l] *pall(관을 덮는 천)이 소름이 오싹 끼치게 한다

◦ ⓐappalling 소름이 오싹 끼치는

• I was appalled to see a pall.
나는 관을 덮는 천을 보자 소름이 오싹 끼쳤다.

cathedral ⓝ대성당

[kəθí:drəl] *같이 들어갈 대성당

• There used to be a magnificent cathedral over there before war.
전쟁 전에 저쪽에 으리으리한 성당이 있었다.

replica ⓝ복사, 복제품

[réplikə] *re풀이카(되풀이카) 즉 복제품

◦ ⓥreplicate [répləkit] 되풀이하다, 복사하다

• The experiments were replicated but different results have been drawn.
실험들이 반복되었는데 다른 결과들이 도출되었다.

interrogate ⓥ질문하다, 캐묻다

[intérəgèit] *안으로(in) 데려갔다 그리고 심문했다

◦ ⓝinterrogation [intèrəgéiʃən] 질문, 심문

◦ ⓐinterrogative [ìntərάgətiv] 질문의, 미심쩍은 듯한

• Policemen are proficient in interrogating a criminal.
경찰관들은 범인을 심문하는 데 익숙하다.

---

drain ⓥ물기를 빼다, 배수하다

[drein] *드러운 rain을 배수시키다

◦ ⓝdrainage 배수

• The city is a well-drained.
그 도시는 배수 시설이 잘되어 있다.

---

sling ⓝⓥ ① 투석기(로 던지다), 내던지다, 새총 ② 걸치다

[sliŋ] *slang(속어) 쓰면서 ①집어 던진다 집어 던지니 ②걸친다

◦ sling-slung-slung

• Don't just sling your clothes on the floor.
옷을 바닥에 그냥 내던져 놓지 마.

• Her bag was slung over her shoulder.
그녀의 가방은 어깨에 걸쳐져 있었다.

• They were slung out of the club for fighting.
그들은 싸우다가 클럽에서 쫓겨났다.

---

slink ⓥ살금살금 기어가다

[sliŋk] *슬슬 link(고리, 원) 안으로 기어들어 간다

• I was trying to slink into my room.
나는 살살 나의 방으로 기어들어 가려고 하고 있었다.

---

coax ⓥ좋은 말로 달래다, 어르다

[kouks] *꼭 옥수수 사 준다고 하며 달랜다

• I coaxed my son to take his medicine.
나는 나의 아들을 달래서 약을 먹게 했다.

detonate ⓥ폭발시키다, 폭발하다

[détənèit] *대타를 냈다 폭발시키고 나서

◦ detonating powder 폭약

• There was a report of a bomb detonating in a crowded bus terminal.
붐비는 버스 터미널에서 폭탄이 폭발했다는 보도가 있었다.

---

sojourn ⓥⓝ 체류하다, 체류, 머무름

[sóudʒə:rn] *소주 한잔 먹고 체류한다

• During my sojourn in America, I came to know him.
미국에 머무르는 동안 나는 그를 알게 되었다.

---

insinuate ⓥ ① (사상 등을) 은근히 심어 주다 ② 어느덧 박히게 하다(instill)

[insínjuèit] *인제 보니 시누이였다 신랑에게 그런 생각을 은근히 심어 준 것이

◦ ⓐinsinuating 교묘히 환심을 사는, 알랑거리는

◦ ⓝinsinuation [insìnjuéiʃən] 슬며시 들어감(instillment), 교묘하게 환심을 삼, 암시

• He implied by insinuation that I should pay the cost.
그는 내가 비용을 지불해야 한다고 넌지시 암시했다.

---

astronaut ⓝ우주 비행사

[ǽstrənɔ̀:t] *astro 별(star)을 의미하는 결합사

◦ astronomer 천문학자

◦ astrology [əstrálədʒi] 점성학

• An astronaut travels to space.
우주 비행사는 우주로 여행한다.

---

itinerary ⓝ여정, 여행길

[aitínərèri] *이따 내려오리 여행길에서

• The itinerary for tomorrow is set.
내일 여행 일정이 정해졌습니다.

saunter ⓥ산책하다

[sɔ́:ntə:r] *쏘다닌다 산책하며

◦ stroll [stroul] 산책하다

• I spent much time on sauntering about.
나는 어슬렁어슬렁 산책하는 데 많은 시간을 썼다.

smear ⓥ ① 바르다 ② 문지르다

[smiə:r] *스미어들어(스며들어) ①바르고 ②문지르면

• Mother is smearing butter on bread.
엄마는 빵에 버터를 바르고 계신다.

malice ⓝ악의, 원한

[mǽlis] *말렸어 악의를 갖지 말라고

◦ ⓐmalicious [məlíʃəs] 악의 있는, 심술궂은

• He appears to bear malice against his boss.
그는 주인에게 원한이 있는 것처럼 보인다.

calamity ⓝ재난

[kəlǽməti] *칼로 맞다 재난이야

• His rashness formed the source of calamity.
그의 경솔함이 화근이 되었다.

crumple ⓥ구기다

[krʌ́mpl] *그럼 풀로 붙이기 전에 먼저 구겨라

◦ crumple to dust 폭삭 무너지다

◦ crumple a hat flat 모자를 납작하게 쭈그러뜨리다

• You give me crumpled bread to solace my miserable mind!
나의 비참한 마음을 위로하기 위해 찌그러진 빵을 주다니!

crumble ⓥ ① 바스러지다, 바스러뜨리다 ② 허물어지다

[krʌmbl] *crumple은 구기는 것이고, crumble은 바스러뜨리는 것이다

• We try to find the recipe to make the cookie less likely to crumble.
우리는 쿠키를 덜 바스러지게 할 레시피를 찾으려고 노력한다.

benign ⓐ ① 자비로운, 친절한 ② 온화한 ③ (의학) 양성의

[bináin] *비나이다 ①자비롭고 온화한 신에게 악성 종양이 아니라 ②양성이 되게 하소서

◦ ⓝbenignancy [binígnənsi] 자애 깊음, 인자

◦ ㉯malign [məláin] ① 악의가 있는 ② 악성의

• A benign climate is a distinctive feature of that region.
온화한 기후가 그 지역의 특징이다.

---

malignant ⓐⓝ악의에 찬, 악의를 품은 사람

[məlígnənt] *말리고 있는 그 여인(년)도 악의가 있어

◦ ㉾malign [məláin] ① 악의가 있는 ② 악성의

• I hope it's not a malignant tumor.
나는 그것이 악성 종양이 아니길 바란다.

---

decoy ⓥⓝ유혹하다, 유인하는 장치, 미끼

[dí:kɔi] *뒤에서 꼬여 ①미끼로 ②유혹해

• First decoy the birds within gunshot with a realistic decoy.
먼저 진짜 같아 보이는 먹이로 사정거리 안으로 새들을 유인해라.

---

baptize ⓥ물에 잠기다, 침례를 주다

[bæptaiz] *배 타야지 안 그러면 물에 빠진다

◦ ⓝbaptism 침례, 세례

• She was baptized Mary.
그녀는 메리라는 세례명을 받았다.

---

stammer ⓥ말을 더듬다

[stǽmə:r] *grammar(문법)를 stammer 더듬는다

• He stammered over a short sentence.
그는 더듬거리며 간단한 한 문장을 말했다.

ostrich ⓝ타조

[ɔ́(:)stritritʃ] *오스트리아 rich(부자)는 타조를 먹는다

• Have you ever seen an ostrich farm?
  타조 농장 본 적 있니?

oval ⓐ달걀 모양의, 타원형의

[óuvəl] *오버를 하네 타원형의 얼굴 미인 앞에서

• Oval face is the symbol of the beauty.
  계란형 얼굴은 미인의 상징이다.

partake ⓥ ① 참가하다, 함께하다 ② -한 기색이 있다

[pɑːrtéik] *파티에 갔다 ①참가하려는 ②기색을 띠고

• I decided not to partake in an enterprise with another person.
  나는 다른 사람과 함께 사업을 하지 않기로 결심했다.

• His manner partakes of insolence.
  그의 태도에는 오만한 기색이 있다.

alert ① 방심하지 않는 ② 경계(체제)

[ələ́ːrt] *얼었다 ①방심하지 않고 ②경계하다

◦ on the alert (방심하지 않고) 경계하여

• They alerted me to a danger.
  그들은 나에게 위험을 경고했다.

wither ⓥ시들다(fade), 시들게 하다

[wíðəːr] *위가 더 시든다(원래 위가 더 온도가 높잖아)

• The flowers withered up.
  꽃이 시들었다.

contour ⓝⓥ ① 윤곽(을 정하다) ② 정세, 형세

[kántuər] *칸(황제)이 투어 갈 때는 여정의 ①윤곽을 정하고 ②형세를 살펴라

• Plastic surgery reshapes the contours of the body.
  성형 수술은 몸의 윤곽을 다시 잡는다.

particle ⓝ미세한 양

[pá:rtikl] *part(부분)와 티끌이 극소량 있다

- I don't have a particle of doubt.
  나는 전혀 의심하지 않는다.

---

fuss ⓝ야단법석

[fʌs] *버스 안에서 야단법석이 났다

- I don't know what the fuss is all about.
  이 무슨 쓸데없는 소란인지 모르겠어.

---

crush ⓥ ① 눌러 부수다(crumble), 뭉개다, 뭉개지다 ② 밀어 넣다

[krʌʃ] *크! rush 달려 와서 ①밀어 넣고 ②부서뜨렸다

- My bag was crushed flat.
  내 가방이 납작하게 짜부라졌다.
- They crushed all their enemies out of existence.
  그들은 적군을 전멸시켰다.
- In summer the place crush up against many visitors.
  그곳에는 여름에 많은 사람이 몰려든다.

---

excrement ⓝ배설물, 똥

[ékskrəment] *밖으로 끌어내 멘트 똥이니까

- Pull the excrement out of the cage.
  배설물을 새장 밖으로 끌어내라.

---

imperial ⓐ ① 제국의, 황제의 ② 당당한

[impíəriəl] *이미 피어오를 제국(이미 번성할 제국)

◦ ⓐimperious [impíəriəs] ① 전제적인, 독재적인 ② 절박한

◦ imperialism 제국주의, 영토 확장주의

- The photo session was held at the imperial palace.
  사진 촬영은 왕궁에서 열렸다.

embezzle ⓥ횡령하다

[imbezl] * 배 째라고 한다 이미 횡령해 놓고

- He was found guilty of embezzling $150,000 of public funds.
  그는 공금 15만 달러를 횡령한 것으로 유죄 선고를 받았다.

nasty ⓐ불쾌한, 더러운

[nǽsti] * 냈어, 티를 불쾌한 티를

◦ nasty situation 골치 아픈 상황

- This smells nasty.
  이것은 역겨운 냄새가 난다.
- Don't say a nasty word.
  외설스러운 말을 하지 마라.

the way forward 성공으로 가는 길

- Believe that this is the way forward.
  너는 이 길이 성공으로 가는 길이라고 믿니?

rummage ⓥ샅샅이 뒤지다

[rʌ́midʒ] * 너미 집을 샅샅이 뒤진다

- The police rummaged her house for illegal fund.
  경찰은 불법 자금을 찾아내기 위해 그녀의 집을 샅샅이 뒤졌다.

defame ⓥ비방하다, 중상하다

[diféim] * 뒤에서 fame(명성)을 훼손하다 즉, 비방하다

◦ ⓝdefamation [dèfəméiʃən] 명예 훼손, 중상

◦ ⓐdefamatory [difǽmətɔ̀:ri] 명예 훼손의, 중상적인

- This article defamed the well-known celebrity.
  이 기사는 잘 알려진 유명 인사를 중상했다.

precipice ⓝ절벽, 위기

[présəpis] * 미리서(preci) 피했어 절벽을

◦ ⓐprecipitant [prisípətənt] 곤두박질치는, 줄달음치는

- Your company on the brink of a precipice.
  너의 회사는 위기에 처해 있다.

precipitate ⓥ ① 떨어뜨리다, 추락하다 ② 촉진시키다

[prisípətèit] *절벽(precipice)에서 데이트하다 ①추락했다 떨어지면서 속도가 ②촉진되었다

◦ ⓝprecipitation [prisìpətéiʃən] 추락, 돌진

◦ ⓐprecipitative 급한, 가속적인

◦ ⓝprecipitator [prisípətèitər] 촉진시키는 사람(것)

• His resignation precipitated a leadership crisis.
그의 사임이 지도력 위기를 촉발시켰다.

• The assassination of the president precipitated the country into war.
대통령 암살은 그 나라를 전쟁으로 몰고 갔다.

---

stride ⓝⓥ큰 걸음, 큰 걸음으로 걷다

[straid] *스타가 ride(타는) 대신에 큰 걸음으로 걸어가기로 했다

◦ make great strides 큰 발전을 이루다

• His stride is stately, even regal.
그의 걸음걸이는 위엄있고 심지어 제왕답다.

---

dangle ⓥ ① 매달리다 ② 흔들리다

[dǽŋgəl] *댕글댕글 ①매달려서 ②흔들린다

◦ dangle from the ceiling 천장에 매달려 있다

• You were always dangling around me.
너는 항상 나를 따라다녔어.

---

tangle ⓥ얽히게 하다 ⓝ얽힘, 혼잡

[tǽŋg-əl] *dangle dangle 매달려서 흔들리다 tangle 얽혔다

• Ropes are in tangle.
줄들이 헝클어져 있다.

---

reveal ⓥ드러내다

[riví:l] *니 비밀을 드러낸다

◦ ⓝrevelation [rèvəléiʃən] 폭로, (비밀의) 누설

• The footprints in the snow reveal that rabbits are out in search of food.
눈 위에 발자국은 토끼들이 먹이를 찾아 나왔다는 것을 드러내 준다.

tyrant ⓝ독재자

[tairənt] *타이른다 독재자를

∘ ⓝtyranny 폭정, 압제

• The country was ruled by a succession of tyrants.
그 나라는 세습 폭군들에 의해 다스려졌다.

---

obstacle ⓝ장애물

[ɑ́bstəkəl] *앞에서 턱 걸린 장애물

• Before you start, remove obstacles.
네가 시작하기 전에 장애물을 제거해라.

---

intersect ⓥ가로지르다, 교차하다

[ìntərsékt] *안으로 들어와(inter) 어떤 sect (영역)를 가로지른다

∘ ⓝintersection 가로지름, 교차점

• The lines intersect at right angles.
그 선들은 직각으로 만난다.

• The desert is intersected with gorges.
협곡이 사막을 가로지른다.

---

barren ⓐ ① 불모의 ② 불임의

[bǽrən] *빛바랜 불모의 땅

∘ ㊥sterile [stéril] 메마른, 불모의

∘ ㊤fertile [fə́:rtl] 비옥한

• His gift is barren of chaste motivation.
그의 선물에는 순수한 동기가 결여돼 있다.

---

sectarian ⓐ분파의, 종파의

[sektɛ́-əriən] *색다른 분파이다

∘ ⓝsect 분파, 종파

• They accused me of fueling sectarian tensions between two main sects.
그들은 내가 주요 두 분파 간의 긴장감을 부추겼다고 비난했다.

contribution ⓝ ① 기부 ② 공헌

[kàntrəbjúːʃən] *country(나라)에 부으신 공헌

◦ ⓥcontribute ① 기부하다(donate) ② 기고하다

◦ contributor 기부자, 공헌자

• Emotional stress can contribute to or even cause such ailments.
감정적인 스트레스는 그러한 질환들에 기여하거나 심지어 일으킬 수 있다.

---

ail ⓥ괴롭히다, 고통 주다(annoy, torment, afflict)

[eil] *에이! 일하라고 괴롭히네

◦ ailment 우환, 질병(malady)

• My baby is ailing.
애기가 아프다.

• Allergies are among America's most common ailments.
알레르기는 미국에서 가장 흔한 질환 중 하나이다.

---

apt ⓐ ① -하는 경향이 있는 ② 적절한 ③ 적성[재능]이 있는

[æpt] *아파트가 ①적성에 맞다고 ②적절한 아파트를 찾는 ③경향이 있다

◦ ⓝaptitude ① 경향, 습성 ② 능력, 소질 ③ 적성

• He is apt at speech.
연설에 재능이 있다.

• This is apt for cold weather.
이 코트는 추운 날씨에 적합하다.

• Children are apt to run in the street.
어린이들은 길에서 뛰는 경향이 있다.

• She has an aptitude for teaching.
그는 가르치는 일에 소질이 있다.

---

tempest ⓝⓥ ① 사나운 폭풍우 ② 대소동 ③ 사납게 날뛰다

[témpist] *(damn)댐! 페스트가 ①폭풍우처럼 ②사납게 날뛰어 ③대소동이 일어났다

◦ ⓐtempestuous [tempéstʃuəs] 사나운 비바람의, 폭풍우의

• The current situation is like a calm before the tempest.
현재의 상황은 폭풍 전의 고요함 같다.

stoop ⓥⓝ ① 몸을 구부리다, 굽히다 ② 현관

[stu:p] *stop한 후에 o 하나 더 쓰려고 ①몸을 구부린다 ②현관에서

- He stooped down suddenly to pick up a coin.
  그는 동전을 줍기 위해 급히 몸을 굽혔다.

---

break free 도망치다, 벗어나다

- He finally managed to break free from his attacker.
  그가 마침내 자기를 덮친 자의 손아귀를 벗어났다.

---

encompass ⓥ ① 둘러싸다 ② 포함하다 ③ 달성하다

[inkʌ́mpəs] *컴퍼스 안에 ①둘러싸서 모두 ②포함하는 일을 ③달성했다

- Astronomical knowledge cannot encompass all questions regarding the origin of the universe.
  천문학적 지식이 우주의 기원에 관한 모든 의문들을 밝혀 줄 수는 없다.

---

lessen ⓥ적게 하다, 감하다(diminish)

[lésn] *수업(lesson)을 좀 줄여라

- Laughter tends to relax a person, lessening tension.
  웃음은 긴장감을 덜어 주면서 사람을 풀어지게 해 주는 경향이 있다.

---

chord ⓝ ① 악기의 줄 ② 심금

[kɔ:rd] *코드를 맞춘다 악기의 줄로

- Tighten the chords on the instrument.
  악기의 줄을 팽팽하게 하라.
- The story strikes the right chord.
  그 이야기는 심금을 울린다.

---

faculty ⓝ ① 기능(function), 재능 ② 대학의 학부, 교수진, 교직원

[fækəlti] *팩에 넣은 막걸리와 티(차)를 마시면 ①기능이 좋아진다 그래서 ②대학 교직원들이 잘 마신다

◦ reasoning faculty 추리력

- His faculty of observation is very amazing.
  그의 관찰력은 놀랄 만하다.

encounter ⓝⓥ우연한 만남(만나다)

[enkáuntər] *카운터에서 우연히 만나다

◦ have an encounter with ~와 우연히 만나다

◦ come across 우연히 만나다(meet by chance)

• Walking along the street, I came across a friend of mine.
거리를 걷다가 나는 나의 친구를 우연히 만났다.

---

conserve ⓥ보존하다

[kənsə́:rv] *건설부에서 보존한다

◦ ⓝconservation [kὰnsə:rvéiʃən] 보존, 보호

• The conservation of nature is our obligation.
자연 보호는 우리의 의무이다.

---

preserve ⓥⓝ ① 보존하다, 유지하다 ② 전유물

[prizə́:rv] *미리 serve하려고 보존해 둔다

*conserve도 보존하는 것이고 preserve도 보존하는 것이다

◦ ⓝpreservation [prèzərvéiʃən] ① 보존, 저장 ② 보존 상태

• We must find ways to preserve wild animals.
우리는 야생 동물들을 보존할 방법을 찾아야 한다.

• Politics is no longer the preserve of men.
정치는 이제 더 이상 남성의 전유물이 아니다.

---

overwhelm ⓥ압도하다, 위에서 덮치다

[òuvərhwélm] *over 위에서 well(건강한)하고 늠름하여 나를 압도한다

◦ whelm=overwhelm

◦ ⓐoverwhelming [òuvərhwélmiŋ] 압도적인, 저항할 수 없는

• The caravan was overwhelmed by sandstorm.
대상(隊商)은 모래 폭풍으로 묻혔다.

---

bead ⓝⓥ구슬(을 꿰다)

[bi:d] *비도 구슬 같다

• Beads of dew hang from the grass.
이슬방울들이 풀잎에 매달려 있다.

bid ⓥ ① 물건값을 매기다(bid-bid-bid), 입찰하다 ② 명령하다(bid-bade-bidden)

[bid] *bead 구슬의 ①가격을 매기라고 즉 ②입찰하라고 ③명령했다

◦ make a bid for -에 입찰하다, (인기 따위를) 얻고자 노력하다

◦ bid on -에 입찰하다

◦ bid fair to 동사: -할 것 같다

• The minimum bid was set too high.
최저 입찰가가 너무 높게 책정되었다.

• Do as I bid you.
네가 명령하는 대로 해라.

• I guess it's time to bid you adieu.
작별을 고할 시간인 것 같아.

• This does not bid fair to last long.
이것은 영속할 것 같지 않다.

---

refute ⓥ반박하다, 이의를 제기하다

[rifjú:t] *refuse는 거절하는 것이고 refute는 좀 더 세게 반박하는 것이다

• There are many other objections that refute your statement.
너의 진술을 반박하는 많은 반론들이 있다.

---

outset ⓝ시작, 착수

[áutsèt] *밖에 세팅하기 시작했다

◦ at the outset 처음에

• He was perceptive about it from the outset.
그는 처음부터 그것에 대해 환히 알고 있었다.

---

bashful ⓐ수줍어하는

[bǽʃfəl] *배를 그녀(she)가 벌써 수줍어한다

• Someone who is bashful is easily embarrassed.
Bashful한 사람은 쉽게 당황한다.

mast ⓝⓥ ① 돛대(를 세우다) ② 기둥

[mæst] *master 주인이 돛대를 세운다

- I saw the tip of the mast.
  나는 돛대 끝을 보았다.

---

summon ⓥ소환하다

[sʌ́mən] *서면으로 소환하다

∘ summons [sʌ́mənz] 소환, 호출(장)

- I was summoned to the court in writing.
  나는 서면으로 법정에 소환되었다.

---

flavor ⓝ맛, 풍미

[fléivər] *favor하는 flavor(맛)

∘ fruit-flavored drink 과일 맛 낸 드링크

- This dish is bursting with flavor.
  이 요리는 정말 맛있다.

---

convey ⓥ운반하다, 전달하다

[kənvéi] *큰 배에 전달한다

∘ ⓝconveyance 운반, 수송

- The court of appeals ordered him to convey his property to me.
  항소 법원은 그에게 나에게 그의 재산을 양도하라고 명령했다.

---

triumph ⓝ승리

[tráiəmf] *트럼프에서 승리하다

∘ ⓐtriumphant [traiʌ́mfənt] 승리를 거둔

∘ in triumph 의기양양하여

- It is called the triumph of justice.
  그것은 정의의 승리라고 불린다.

sophomore ⓝ(4년제 대학·고등학교의) 2학년생

[sɔ́f-əmɔ̀:r] *소포가 더 많이(more) 온다 2학년생에게

◦ freshman 신입생

◦ senior 상급생(졸업반)

• Sophomores is used to college life now.
2학년생들은 대학 생활에 익숙해져 있다.

---

tribute ⓝ ① 공물, 조세 ② 찬사, 칭찬

[tríbju:t] *tree가 비웃다 자신에게 ①공물을 가져오고 ②찬사를 보낸다고(나무 숭배를 나무가 비웃는다)

◦ ⓐtributary [tríbjətèri] 공물을 바치는, 종속하는

• We all pay tribute to their great sense of responsibility.
우리들은 모두 그들의 놀라운 책임감에 경의를 표한다.

---

look upon A as B A를 B로 여기다

• He seemed to look upon me as a fool.
그는 나를 바보로 여기고 있는 것 같았다.

---

look down on -을 무시하다

• I look down on all forms of corruption.
나는 모든 형태의 부패를 경멸한다.

---

loath ⓐ지긋지긋한

[louθ] *로스구이가 이제 지긋지긋하다

◦ ⓥloathe 몹시 싫어하다

◦ ⓐloathsome 몹시 싫은

• I would do this for you nothing loath.
나는 이것을 너를 위해 기꺼이 하겠다.

---

demise ⓝ사망, 서거

[dimáiz] *뒤에서 맞아서 사망했다

• He was thinking about his friend's inevitable demise.
그는 그의 친구의 피할 수 없는 죽음에 대해 생각하고 있었다.

culminate ⓥ정점에 이르다, 최고점에 달하다, 꼭대기에 이르다

[kʌ́lmənèit] *칼 메고 내가 왔다 산꼭대기에 이르렀다

◦ culminate in 결국 -이 되다

◦ ⓝculmination 최고점

• The mass meeting culminated with an appeal for unity.
대회는 단합을 호소하며 절정을 이루었다.

---

forlorn ⓐ고독한, 외로운

[fə:rlɔ́:rn] *alone이나 forlorn이나 외롭기는 마찬가지다

• She looks so forlorn standing on the bench.
벤치에 앉아 있는 그녀가 외로워 보인다.

• There seems to be a future forlorn of hope before us.
우리 앞에 희망이 없는 미래가 있는 것 같다.

---

quote ⓥ인용하다

[kwout] *꿔 왔다 즉 인용했다

◦ ⓝquotation [kwoutéiʃən] 인용

• "Can I quote you on that?"
"그렇게 말씀하신 것으로 전해도 될까요?"

---

mandate ⓝⓥ ① 명령(command)(하다) ② (선거 구민의) 요구 ③ 위임(하다), 위탁 ④ 통치 (기간)

[mǽndeit] *그 man(남자)이 date 날짜를 정해서 ①위임하라고 ②명령한다

• The country is under the mandate.
그 나라는 위임 통치를 받고 있다.

• The presidential mandate of the United States is limited to two terms of four years each.
미국 대통령의 재임 기간은 4년 연임으로 제한되어 있다.

take over ① 인수하다(undertake) ② 더 자라다

- He took over the management of the company.
  그는 회상의 경영권을 인수받았다.
- Try not to let negative thoughts take over.
  부정적인 생각이 더 커지지 않도록 하라.
- In a deal, to edge out competitors, India and China jointly bid $500 million to take over a Syrian oil field.
  다른 경쟁자들을 따돌리고 유전을 확보하기 위해 인도와 중국은 5억 달러의 시리아 유전 개발 입찰에 공동으로 참여했습니다.

---

annoy ⓥ괴롭히다

[ənɔ́i] * 오누이를 괴롭힌다

◦ ⓝannoyance 성가심, 불쾌감

◦ feel annoyed 불쾌하게 느끼다

- That problem annoys me.
  그 문제가 골칫거리다.
- Tell him that you're annoyed.
  그에게 당신이 화가 났다고 얘기하세요.

---

fervor ⓝ작열, 열렬

[fə́ːrvər] * 퍼부어 열기를

*fever 열이고 fervor는 작열이다

◦ ⓐfervent [fə́ːrvənt] 뜨거운, 열심인

- The sun is fervent.
  해가 작열한다.

---

pay off 성공하다[성과를 올리다]

- Your investment paid off.
  너의 투자는 성공했다.

mystify ⓥ어리둥절하게 하다

[mistifai] *미스테리 봐 사람을 어리둥절하게 하잖아

- There is that about him which mystifies one.
  그에게는 무언가 사람을 미혹하는 부분이 있다.
- I was mystified by his sudden appearance.
  나는 그가 갑작스레 나타난 것에 대해 의아해했다.

breeze ⓝ산들바람

[bri:z] *불어오지 산들바람이

◦ ⓐbreezy 산들바람이 부는

- A breeze is a gentle wind.
  산들바람은 온화한 바람이다.

uncanny ⓐ매우 이상하고 괴이한

[ʌnkǽni] *할 수 없어 매우 이상하고 괴이해서

- With an uncanny instinct, he caught the falling baby.
  초자연적 본능으로 그는 떨어지는 아기를 붙잡았다.
- I felt an uncanny feeling of being followed.
  나는 미행 당하고 있다는 묘한 느낌이 들었다.

gullet ⓝ목구멍(throat), 식도(food passage)

[gʌ́lit] *걸렸다 식도에

- When I stand in front of a foreigner, I stick in my gullet.
  나는 외국인 앞에 서면 말이 나오질 않는다.

gust ⓝⓥ돌풍(이 불다)

[gʌst] *거셌다 돌풍이

- The signboards were thrown down by a violent gust of wind.
  맹렬한 돌풍에 간판들이 떨어졌다.

toddle ⓥ아장거리며 걷다, 걸어 다닌다

[tɔ́dl] *토요일엔 들로 나가 걷자

- The baby toddles around on Saturday.
  아기는 토요일에는 아장아장 걸어 다닌다.

buoy ⓝ부표, 찌

[bɔi] *보여 부표, 찌가

◦ ⓐbuoyant 부력이 있는, 떠오르는

• The tone of the market was buoyant in the morning.
시황은 오전 중 활발했다.

---

felony ⓝ중죄, 흉악 범죄

[féləni] *빼려 하니? 중죄인을

• I guess that illegal immigration doesn't mean a felony.
나는 불법 이민이 중범죄를 의미한다고 생각하지 않는다.

---

chattel ⓝ(재산 중) 동산, 소지품

[tʃǽtl] *채 틀어 ①동산 ②소지품을

• A child isn't merely a chattel.
자녀는 단순히 소지품이 아니다.

---

budget ⓝⓥ예산(을 편성하다)

[bʌ́dʒit] *버젓이 ①예산을 편성한다

• Government started making a budget for the next year.
정부는 내년도 예산안 편성을 시작했다.

---

contradict ⓥ ① 반대하다, 부정하다 ② -와 모순되다

[kàntrədíkt] *contra: 반대의 뜻을 가진 접두사 + dict: 구술하다, 말하다 뜻을 가진 어근

◦ ⓝcontradiction 부인, 부정

◦ ⓐcontradictory 모순된, 일치하지 않는

• He contradicts everything I say even when I am completely right.
그는 내가 분명히 옳을 때에도 내가 말하는 모든 것을 반대한다.

---

damn ⓝⓥ비난(하다), 질책하다

[dæm] *god damn 하느님이 질책하신다

• He damned my works.
그는 나의 작품들을 혹평했다.

condemn ⓥ ① 비난하다(reproach, blame, denounce) ② 유죄판결을 내리다(sentence) ③ 운명 짓다

[kəndém] *큰 damn 즉 크게 ①비난하고 ②운명 지을 ③유죄 판결을 내린다

◦ ⓝcondemnation 유죄 판결, 비난

• The murder was condemned to death.
그 살인자는 사형선고를 받았다.

• I am condemned to suffer hardships.
나는 고초를 겪을 운명이었다.

discipline ⓥⓝ ① 훈련(하다) ② 기강, 질서

[dísəplin] *뒤 수풀엔 ①훈련이 있는데 훈련하려면 ②기강이 있어야 한다

◦ ⓝdisciple [disáipəl] 제자

• The commander exercised his troops in military discipline.
지휘관은 자신의 군대에게 군사훈련을 시켰다.

abscond ⓥ도망하다

[æbskánd] *어부가 스칸디나 반도로 도망가다

◦ ⓝabscondence 도망, 실종

◦ abscond with the bag 가방을 갖고 달아나다.

• He absconded from Seoul, but was arrested.
그는 서울을 탈출했으나 체포되었다.

nurture ⓝⓥ양육(하다), 키우다

[nə́:rtʃə:r] *너를 줘 양육해서(장인 장모가 사위에게 하는 말)

• Humility can be nurtured.
겸손도 배양할 수 있다.

heretic ⓝ이교도, 이단자

[hérətik] *어디 여기(here)서 틱틱거려? 이교도 주제에

◦ ㉥heresy [hérəsi] 이교, 이단

◦ ⓐheretical [hirétikəl] 이교의, 이단의

• People tend to call those who have different thoughts from theirs heretics and reject.
사람들은 자신들과 다른 생각들을 가진 사람들을 이단자라고 부르며 배척하는 경향이 있다.

adversity ⓝ역경, 고난

[ædvə́ːrsəti] *애도 벌섰다 고난이야

• Adversity makes one more mature.
역경은 사람을 더 성숙하게 만든다.

---

disposition ⓝ ① 배열, 배치 ② 처분, 처리 ③ 의향, 성향

[dìspəzíʃən] *이(this) 포지션에 ①배치한다 ②성향대로 ③처리한 거야(불만 갖지마)

◦ ⓥdispose ①배치하다 ②처분하다 ③-할 의향이 생기게 하다

◦ ⓝdisposal [dispóuzəl] 처분, 처리

◦ ⓐdisposed ①배치된 ②-할 마음이 있는

◦ dispose of -을 처리하다

• Dispose of them in the bins provided.
그것들을 제공되는 통들에 넣어라.

• Let's dispose of this case here and now.
지금 여기서 이 문제를 처리해 버리자.

• I tried not to lose a cheerful disposition despite adversity.
나는 역경에도 불구하고 밝은 성향을 잃지 않으려고 노력했다.

---

compromise ⓥ ① 양보하다, 타협하다 ② 명예를 더럽히다

[kámprəmàiz] *와서 약속하고(promise) ①타협하다니 ②명예를 더럽혔군!

◦ an honourable compromise 명예를 손상시키지 않는 타협

• Two parties came to compromise.
두 당은 타협하게 되었다.

---

comprise ⓥ ① 포함한다(include) ② -로 구성되다(consist of, be composed of)

[kəmpráiz] *compromise 타협한 후에 ①포함하여 ②구성되었다

• His course of study comprises European history.
그의 수업 과정은 유럽의 역사로 이루어져 있다.

• His office comprises 1,000 volumes.
그의 사무실은 1,000권의 책을 가지고 있다.

predestinate ⓥ미리 예정하다

[pridéstənèit] *pre 미리 destination 목적지를 예정하다

◦ ⓝpredestination 예정

• We are predestinated to the perfect happiness.
우리는 완벽한 행복으로 운명 지어져 있다.

---

paralyze ⓥ마비시키다

[pǽrəlàiz] *팔을 놔야지(붙잡지 말고 놓으라고) 팔을 마비시킬 거야?

◦ ⓝparalysis [pərǽləsis] 마비

• He was paralyzed in one arm.
그는 팔 하나가 불구가 되었다.

---

understate ⓥ축소해서 말하다, 줄잡아 말하다

[ʌndərsteit] *아래로 축소해서 말하다

◦ ㉯overstate 과장해서 말하다

• I don't want to understate the seriousness of the situation.
나는 상황의 심각성을 축소해서 말하고 싶지 않다.

---

moan ⓝ신음 소리, 슬퍼함(lamentation) ⓥ슬퍼하다

[moun] *몬데(뭔데) 그렇게 슬퍼하니?

◦ ㉮mourn 슬퍼하다, 한탄하다

• I heard a moan of pain from the room.
나는 방에서 나는 고통의 신음 소리를 들었다.

---

hazy ⓐ흐릿한, 안개 낀

[héizi] *해가 지니 흐릿해지네 *해이해지면 즉 정신이 흐릿해진다

◦ ⓝhaze [heiz] 아지랑이(mist)

• Our eyes get hazy with age.
우리의 눈은 나이가 들면서 흐릿해진다.

---

flake ⓝⓥ얇은 조각, 박편으로 만들다

[fleik] *콘 프레이크는 얇은 조각이다

• The paint had flaked off.
페인트가 벗겨져 나갔다.

poultry ⓝ가금류

[póultri] *pole(장대)나 tree(나무)에 앉은 가금류들

• You can refer to chickens and ducks as poultry.
  닭이나 오리 등을 가금류라고 부를 수 있다.

---

sovereign ⓝ ① 군주, 통치자 ② 독립국

[sʌv-ərin] *소 버린 ①독립국의 ②통치자(축산업을 포기한 통치자)

◦ ⓝsovereignty [sʌ́v-ərinti] 주권, 종주권, 통치권

• Sovereignty belongs to a people.
  주권은 국민에 속한다.

---

suspense ⓝ ① 미결정, 일시 보류 ② 걱정, 불안

[səspéns] *expense 비용 때문에 suspense ①걱정되어 ②미결정으로 ③일시 보류한다

◦ ⓥsuspend ① 매달다(hang) ② 중지하다, 연기하다(adjourn), ③ 불안하게 하다 (*미결인 채로 매달려 있다)

◦ ⓝsuspension [səspénʃən] ① 매달기 ② 미결정 ③ 중지

• Mother suspended toys by a thread.
  엄마는 실로 장난감들을 매달았다.

---

bout ⓝ한판 승부

[baut] *봐 out 이야 한판 승부에서

◦ have a bout with -와 승부를 겨루다

• The first bout is taking place.
  경기의 첫 회가 열렸다.

---

imposing ⓐ ① 당당한, 훌륭한 ② 인상적인(impressive)

[impóuziŋ] *임의 표정이 ①당당하고 훌륭하고 ②인상적이다

• He wears an imposing expression.
  그는 당당한 표정을 띠고 있다.

bride ⓝ신부

[braid] *pride를 느끼는 신부

◦ bridegroom 신랑

◦ groom ① 신랑 ② 장식하다

• The bride and groom greet the guests.
신랑과 신부가 하객들에게 인사를 한다.

---

groom ⓥⓝ ① 장식하다, 손질하다 ② 신랑

[gru(:)m] *그 room을 ①신랑이 ②장식한다

• A ape is grooming her baby.
원숭이가 새끼의 털을 손질하고 있다.

---

tint ⓝⓥ ① 엷은 빛깔 ② 색의 농담 ③색깔을 칠하다

[tint] *튄다 색깔을 칠하니

• Trees are dressed in green of a blue tint.
나무들이 청색이 도는 초록빛을 입고 있다.

---

alien ⓐⓝ ① 외국의, 이질적인 ② 외계인

[éiljən, -liən] *에! 1, 2년 ①외국이나 ②외계에 좀 갔다 오려고 한다

◦ ⓥalienate 소외시키다, 분리시키다

• I felt alienated.
나는 소외감을 느꼈다.

---

blot ⓝ점, 얼룩 ⓥ더럽히다

[blɑt] *볼 낯이 없다 ①얼룩으로 ②더럽혀져서

◦ wipe out a blot 얼룩을 지워 없애다

◦ blot out 지워 없애다

• The trash on the beach was a blot on the landscape.
해변의 쓰레기는 경관을 망치는 얼룩이었다.

• An inkfish blotted out its traces with its ink.
오징어가 먹물로 자취를 흐렸다.

blotch ⓝ부스럼, 검버섯, 얼룩, 반점

[blɑtʃ] *blot도 얼룩이고 blotch도 얼룩이다

• I have a weird blotch on my stomach.
복부에 이상한 반점이 생겼다.

---

weird ⓐ이상한

[wiərd] *위가 얼다 이상하네(아래가 얼어야 하는데)

• There is a weird phenomenon in the weather.
날씨에 이상한 현상이 일어나고 있다.

---

irrespective ⓐ관계없는, 상관하지 않는(of)

[ìrispéktiv] *respect 존경하든 안 하든 상관없어

• I see ability irrespective of sex.
나는 남녀 관계없이 능력을 본다.

---

battalion ⓝ대대, 부대

[bətǽljən] *보태러 온(지원하러 온) 대대

◦ ㉥regiment [rédʒəmənt] (군사)연대
(*레저(여유 시간)가 많다 연대로 가면)

• This order is from a battalion commander.
이 명령은 대대장으로부터이다.

---

console ⓥ위로하다(soothe) ⓝ위로

[kənsóul] *큰 소리로 soul(영혼)을 위로하다

◦ ⓝconsolation 위로

◦ ㊙solace [sάləs] 위로(하다)(soothe, relieve)
(*살렸어 위로해서)

◦ ㊙soothe [su:ð] 위로하다
(*수도 없이 위로한다)

• She consoled me for my misfortune.
그녀는 나의 불행에 대해 나를 위로했다.

• I found no consolation from what he said.
나는 그가 말한 것에서 아무런 위로도 발견하지 못했다.

disparage ⓥ얕보다, 무시한다

[dispǽridʒ] *디스 페이지를 무시한다

◦ look down on 얕보다

• It is obvious that he disparages me.
그가 나를 얕보는 것은 분명하다.

---

depict ⓥ묘사하다, 그리다

[dipíkt] *뒤에서 픽춰(picture)를 묘사하다

◦ ⓝdepiction 그림, 묘사

• Depict the appearance of the suspect you witnessed.
네가 목격한 용의자의 외모를 묘사해 보라.

---

astonish ⓥ놀라게 하다

[əstániʃ] *어 스타니 쉬 그녀가? 놀랍군

◦ ⓐastonishing 놀라운(amazing)

◦ ⓝastonishment 놀람

• I was astonished at the news.
나는 그 소식에 놀랐다.

---

kin ⓝ친족, 혈족

[kin] *키는 친족끼리 비슷하다

◦ kindred [kíndrid] (집합적) 친족, 친척

◦ kinsman [kínzmən] 혈족의 사람, 혈연자

• I am his next of kin.
나는 그의 가장 가까운 친척이다.

---

sting ⓥ(침 등으로) 찌르다, 쏘다 ⓝ쏘인 상처

[stiŋ] *쓱 나와서 팅하고 쏜다

• I was stung on the forehead by a bee.
나는 벌에게 이마를 쏘였다.

disgusting ⓐ메스꺼운, 혐오스러운

[disgʌ́stiŋ] *이거에 sting 쏘이니 속이 메스껍다

- It's disgusting that parties condemn one another baselessly.
  정당들이 서로 근거 없이 비난하는 것이 지겹다.

---

mock ⓥⓝ ① 조롱하다(scoff, ridicule), 놀림감 ② 흉내 내다 ③ 가짜의, 모조의

[mɑk] *막 ①흉내 내며 ②조롱한다

◦ ㊒mockery [mɑ́kəri] ① 비웃음, 냉소 ② 가짜, 흉내

◦ mock-up 실물 크기의 모형

◦ make fun of 조롱하다

- He was a mock in the class.
  그는 반에서 놀림감이다.

---

lumber ⓝⓥ ① (재목)을 베어 내다 ② 잡동사니(들을 어수선하게 쌓아 올리다)

[lʌ́mbər] *넘버(number)를 매긴다 ①잡동사니들과 ②재목에 그리고 ③쌓아 올린다

◦ lumber A with B: A에게 B를 떠맡기다

- Lumber is very useful stuff.
  재목은 매우 유익한 물질이다.
- You should not lumber me with your homework.
  너는 나에게 너의 숙제를 떠맡기지 말아야 한다.

---

timber ⓝⓥ ① 재목, 목재(lumber) ② 재목으로 바치다

[tímbəːr] *팀이 함께 버틴다 큰 목재를 들고

*lumber도 목재고 timber도 목재다.

◦ a log of timber 통나무

- The timber industry is in recession.
  목재 산업이 불황이다.

hoarse ⓐ목쉰 소리의

[hɔːrs] *horse가 목이 쉬었다(너무 많이 울었나 봐)

◦ rave oneself hoarse 소리를 질러 목이 쉬다

• I shout myself hoarse.
나는 목이 쉬도록 외쳤다.

---

amiable ⓐ호감을 주는, 상냥한(tender, gentle)

[éimiəbəl] *애미를 업을 상냥한 자녀

◦ ㊒amicable 상냥한, 우호적인

◦ make oneself amiable to a person -에게 상냥하게 대하다

• She made herself amiable to us.
그녀는 우리에게 상냥하게 대해 주었다.

---

burst out 갑자기 소리치다(exclaim suddenly)

• She burst out that she was tired of hearing my complaints.
그녀가 나의 불평을 듣는데 싫증이 난다고 갑자기 소리를 쳤다.

---

explode=implode ⓥ폭발하다, 폭발시키다

[iksplóud] *밖으로 풀러도 (explode) 터지고 안으로 풀러도(implode) 터진다

◦ ⓝexplosion [iksplóuʒən] 폭발

◦ ⓐexplosive 폭발하기 쉬운, 폭발성의, 폭약

◦ explode with rage 화를 터뜨리다

• A grenade exploded right next to my car.
수류탄이 내 차 바로 옆에서 폭발했다.

---

slope ⓝ경사면, 비탈

[sloup] *슬로프는 눈썰매장의 경사면이다.

◦ ㊒incline 경사면

• The young folks are skiing on frozen slopes.
어린애들이 얼어붙은 경사면에서 스키를 타고 있다.

lunar ⓐ달의

[lúːnər] *누나와 달 구경 간다

- They will spend the Lunar New Year holiday not here but abroad.
  그들은 음력 설을 여기가 아닌 해외에서 보낼 것이다.

---

swerve ⓥ ① 빗나가다, 벗어나다 ② 방향을 틀다

[swəːrv] *수월하게 보고 ①방향을 틀다 ②빗나갔다

◦ swerve from -에서 벗어나다

◦ swerve to -로 방향을 틀다

- He never swerves an inch from his obligation.
  그는 의무에서 조금도 벗어나는 일이 없다.

---

ecology ⓝ생태학, 환경학

[iːkálədʒi] *이 college에서는 생태학을 가르친다

◦ the ecology movement 생태계 (보존) 운동

- This new laboratory specializes in ecological system.
  이 새로운 연구소는 생태계를 전문적으로 연구한다.

---

petition ⓝⓥ청원, 간청(하다)

[pitíʃən] *피티(피디) 선생님께 간청한다

- You may as well petition for divorce.
  너는 이혼 신청서를 내는 게 더 낫겠다.

---

obscure ⓐ ① 불명료한 ② 주의를 끌지 않는 ③ 어두운(dim)

[əbskjúər] *ob(맥주)의 치료(cure) 효과는 불분명하다

◦ ㊌vague 모호한

◦ ⓝobscurity [əbskjúərəti] ① 어두컴컴함 ② 불명료 ③ 세상에 알려지지 않음

- The public figure retired into obscurity.
  그 유명 인사는 은퇴했다.

pitfall ⓝ함정

[pítfɔ̀:l] *pit 구덩이에 fall 떨어지는 함정

◦ the pitfall of excessive pride 지나친 자만의 위험

• You overlooked a hidden pitfall.
너는 숨어 있는 함정을 간과했다.

---

mourning ⓝ슬픔, 비탄

[mɔ́:rniŋ] *모닝(아침)부터 슬퍼한다

◦ ⓥmourn 슬퍼하다, 탄식하다

◦ ㊌lament 슬퍼하다(grieve, wail)

◦ ⓐmournful 슬퍼하는

• We mourned for the death of our disciples.
우리는 제자들의 죽음을 슬퍼했다.

---

lava ⓝ용암, 마그마

[lǽvə] *나와 봐 lava 용암, 마그마야

• Much lava gushed from the volcano.
많은 용암이 화산에서 분출했다.

---

larva ⓝ애벌레

[lɑ́:rvə] *용암 사이에 알(r)이 끼어 애벌레가 되었다

• A small larva hatches from the egg and changes into pupa.
작은 애벌레가 알에서 부화되어 번데기로 변한다.

---

whirl ⓝⓥ빙빙 돌다, 회전(하다)

[w3:rl] *훨훨 돈다

• The boys whirled around the floor.
소년들이 바닥을 빙빙 돌았다.

• My thoughts are in a whirl.
생각이 혼란에 빠져 있다.

twirl ⓥ빙빙 돌다(돌리다)

[tw3:rl] *whirl도 도는 것이고 twirl도 도는 것이다.

- A thread is unwound with a twirl.
  실이 돌돌 풀린다.

slap ⓝⓥ손바닥으로 철썩 때림(때리다)

[slæp] *슬며시 와서 냅다 손바닥으로 철썩 때린다

- I gave him a slap across the face.
  나는 그의 뺨을 철썩 때렸다.

clap ⓥ꽝 치다, 손바닥을 치다, 박수 치다

[klæp] *slap이나 clap이나 손바닥으로 세게 치기는 마찬가지다

◦ give one a clap 누구에게 박수를 치다

- The audience claped their hands for her beautiful singing.
  그녀의 아름다운 노래에 대해 청중은 손뼉을 쳤다.

hatch ⓥⓝ ① 부화하다 ② 승강구, 출입구 ③ (음모 등을) 꾀하다

[hætʃ] *해쳐 부화하여 승강구를 열고 나오면 해치려고 꾀한다

◦ an escape hatch 탈출구

◦ a serving hatch 음식을 내는 창구

- When the chicks are hatched, they look very cute.
  병아리들이 부화되었을 때, 그것들은 매우 귀엽게 보인다.

fugitive ⓐⓝ ① 도망치는, 도망자 ② 고정되지 않은, 일시적인

[fjú:dʒətiv] *부자의 TV를 들고 ①도망쳤다 ②일시적인 고용인이

◦ a fugitive soldier 탈주병

- Soldiers are pursing a fugitive.
  군인들이 탈주자를 추격하고 있다.

dock ⓝⓥ ① 선착장, 부두(에 대다) ② 피고석

[dɔk] *deck가 깔린 ①선착장이나 법정의 ②피고석

- The person sitting in the dock seemed to have given up everything.
  피고석에 앉아 있는 사람은 모든 것을 포기한 것처럼 보였다.
- The ship was brought into a dock.
  배가 부두 안으로 들여졌다.

yell ⓝⓥ고함(치다)

[jel] *얘(이 아이)를 좀 진정시켜 봐 고함치고 있잖아?

- Don't try to solve the conflict by yelling.
  고함치는 것으로 갈등을 해소하려고 하지 마라.

---

sentence ⓝⓥ ① 문장 ② 판결을 선고하다

[séntəns] *문장(sentence)으로 판결을 선고한다

◦ life sentence 종신형

- The prisoner was sentenced to be hanged.
  그 죄수는 사형 선고를 받았다.

---

sentiment ⓝ감성, 소감

[séntəmənt] *센티멘털하다 또는 센치해진다고 말한다 감성이 풍부할 때

◦ sentimental [sèntəméntl] 감정적인, 감상적인, 다정다감한

◦ public sentiment 여론

- She is full of sentiment.
  그녀는 매우 감성적인 사람이다.

---

spirited ⓐ기운찬, 활발한, 용기 있는

[spíritid] *spirit(영)가 튀다 활기차게

- His public-spirited act was widely reported as paragon.
  그의 공공심 있는 행동은 귀감으로 널리 보도되었다.

---

pose ⓝⓥ ① 자세, 포즈(를 취하다) ② 주장하다, 문제를 제기하다

[pouz] *포우즈를 취하다 ①주장하고 ②문제를 제기하려고

- The water crisis poses health risks to billions of earth's inhabitants.
  물 위기는 수십억의 지구 거주자들에게 건강상의 위험을 제기한다.

---

extricate ⓥ곤경에서 구출해 주다

[ékstrəkèit] *엑스트라가 갔다 곤경에 빠진 감독을 구출해 주려고

◦ extricable 구해줄 수 있는

- A temporary stand-in actor went to extricate the director in trouble.
  임시 대역 배우가 곤경에 처한 감독을 구해주려고 갔다.

maze ⓝ미로

[meiz] *매이지 미로에

◦ an inextricable maze 빠져나갈 수 없는 미로

• He was in a maze.
그는 미로에 빠졌다.

---

ratio ⓝ비, 비율

[réiʃiòu] *내시오 일정 비율을

◦ ⓑ비ration ① 정해진 액수, 정해진 양 ② (식량, 연료 등을) 배급하다

• The country's ratio of doctors to patients is relatively high.
그 나라는 환자에 대한 의사의 비율이 상대적으로 높다.

---

deterge ⓥ깨끗하게 하다, 세척하다

[ditə́:rdʒ] *뒤도 털지 깨끗하게 하려면

◦ ⓐⓝdetergent ① 깨끗하게 하는 ② 세제

• The detergent dissolves stains.
세재는 때를 분해해 준다.

---

dump ⓥⓝ ① 털썩 내려뜨리다, (쓰레기 따위를) 내버리다 ② 무더기, 더미

[dʌmp] *덤프 트럭이 ①무더기를 ②털썩 떨어뜨린다

◦ ⓤ유lump 무더기, 덩어리(*dump도 덩어리고 lump도 덩어리다)

• The dump of trash in the park is a disgrace to this city.
공원의 쓰레기 더미는 이 도시의 수치이다.

• The truck dumped the gravels on the street.
트럭이 길에 자갈을 부렸다.

---

lump ⓝⓥ ① 덩어리, 한 조각, 한 묶음 ② 한 묶음으로 하다, 한 덩어리가 되다

[lʌmp] *dump가 lump 덩어리, 묶음을 싣고 간다

• This vegetable costs five dollars by the lump.
이 야채는 한데 묶어서 5달러이다.

savory ⓐ풍미 있는, 맛 좋은, 향기로운

[séiv-əri] *사 버려 맛있으니까

◦ ⓝⓥsavor(savour) 맛(이 나다)

• This tea savors of fruit.
이 차는 과일 맛이 난다.

• They brought us such a savory fruits.
그들은 우리에게 매우 맛있는 과일들을 가져왔다.

---

cordial ⓐⓝ ① 진심에서 우러난 ② 기운을 나게하는, 강심성의, 강심제

[kɔ́:rdʒəl] *구절 구절 ①진심에서 우러난 것이라 ②기운을 나게 하는군

◦ a cordial food 강장식(食)

• We received a cordial reception from his family.
우리는 그의 가족으로부터 진심에서 우러난 대접을 받았다.

---

grenade ⓝ수류탄

[grənéid] *끄러내다 수류탄 쥔 자를

• There's a big hole where the grenade went off.
수류탄이 폭발한 자리에 큰 구덩이가 생겼다.

---

parable ⓝ우화, 비유담 ⓥ비유로 이야기하다

[pǽrəbəl] *fable도 우화이고 parable도 우화이다.

• Jesus Christ taught many things in parables, including the parable of the wheat and weeds
예수께서는 밀과 잡초의 비유를 포함하여 많은 가르침들을 비유로 가르치셨다.

---

senator ⓝ상원 의원

[sénətər] *세놓다 상원 의원에게

• He is known as a senator carrying through what is right conduct.
그는 옳은 행동을 밀고 나가는 상원 의원으로 알려져 있다.

yoke ⓝⓥ멍에(를 매게 하다)

[jouk] *욕봤다 멍에 매고

- I want to be yoked to you in marriage.
  나는 당신과 결혼으로 멍에를 매기를 원합니다.
- Signing the contract put a yoke on you.
  계약서에 서명하는 것은 너에게 의무를 지운다.

---

yolk ⓝ노른자

[joulk] *yoke(멍에) 메기 전에는 yolk 노른자를 먹어야 된다.

- Add an egg yolk to stick the mixture together.
  달걀 노른자를 넣어서 혼합한 재료가 뭉치게 하라.

---

reimburse ⓥ변제하다

[ri:imbə:rs] *니 이름으로(네 이름으로)벌써 변제했다

- We will reimburse any expenses incurred.
  발생하는 모든 비용은 저희가 배상해 드립니다.

---

gallop ⓥ전속력으로 질주한다

[gæləp] *개를 로프로 묶어서 전력 질주한다

- Race horses gallop around the race track.
  경주마들이 경마장을 질주한다.

---

radioactive ⓐ방사성의, 방사능의

[rèidiouǽktiv] *레디오를 액티브하면(작동하면) 방사능 물질이 나온다

◦ ⓝradioactivity [rèidiouæktívəti] 방사능(성)

◦ radioactive leakage 방사능 누출

- I am afraid of the possibility of radioactive contamination.
  방사능 오염의 가능성을 두려워한다.

---

facade ⓝ정면

[fəsɑ:d] *face에다 대고 정면으로

- Before getting on the podium, you should put up a facade.
  연단에 오르기 전에 외관을 바로잡아야 한다.

fall to -를 시작하다

◦ fall to work 일을 시작하다

• He fell to his homework and finished soon.
그는 숙제를 시작하고 곧 끝냈다.

fall out of -로 부터 빠져나오다, 중단하다

• He fell out of smoking.
그는 흡연을 중단했다.

bandit ⓝ강도, 산적

[bǽndit] * 밴드를 붙인 강도들(싸우다 상처가 나서 밴드를 붙인 강도들)

• The bandits ambushed the stagecoach.
강도들이 매복하고 있다가 역마차를 습격했다.

pagan ⓝ이교도

[péigən] * 폐건물에 사는 이교도

• Pagans fell victim to hatred and prejudice.
이교도들은 증오와 편견의 희생이 되었다.

surpass ⓥ-보다 낫다, -을 능가하다

[sərpǽs] * 서로 패스하면 상대를 능가할 수 있다

◦ ⓐsurpassing [sərpǽsiŋ] 뛰어난, 빼어난

• He surpassed his father in music.
그는 음악에서 그의 아버지를 능가했다.

deal with -와 거래하다

• I've been dealing with him for seven years.
나는 그와 7년 동안 거래를 해 왔다.

heathen=heathenry ⓝⓐ이교도(의)

[hí:ðən] *히든(감추어진) 이교도

◦ heathenism 이교, 이단

◦ heathenry 이교, 이교도

• To convert the heathen was done simultaneously with cultural conflict.
이교도를 개종시키는 일은 문화적 갈등과 함께 병행되었다.

---

sprout ⓥ싹이 나다

[spraut] *숲으로 out 나왔다 싹 나는 것 보려고

◦ bean sprout 콩나물

• The new leaves sprouted up on the sprigs.
새잎들이 잔가지들 위에 나왔다.

---

dialect ⓝ방언, 지방 사투리

[dáiəlèkt] *다이렉트로 사투리가 나온다

• You had better not speak in dialect publicly.
너는 공개적으로는 사투리로 말하지 않는 것이 더 낫다.

---

hibernate ⓥ겨울잠을 자다

[háibərnèit] *하이버 쓰고 겨울잠을 잔다

• Animals that hibernate in the winter accumulate fat in the fall.
겨울에 동면을 하는 동물들은 가을에 지방을 축적한다.

---

oblique ⓐ ① 비스듬한, 기울어진(slanting) ② 애매 모호한, 완곡한

[əblí:k] *OB(맥주)가 이크 기울어졌다.

◦ ⓝobliquity [əblíkwəti] 경사, 기울기, 바르지 못한 행동

• The criminals' answers to the police were oblique.
경찰의 질문에 대한 범인들의 대답은 애매모호했다.

• The last few oblique rays of evening sunshine.
저녁 햇빛의 마지막 몇 줄기가 비스듬히 들어왔다.

lineage ⓝ혈통, 계통, 계보

[líniidʒ] *라인(line)이지 어떤 혈통의 계보 라인

• Confirm the lineage of this companion animal.
이 반려동물의 혈통을 확인해라.

---

distinctly ⓐⓓ뚜렷하게, 명백하게(obviously, evidently)

[distíŋktli] *이 탱크들이 명백하게 보인다

◦ ⓐdistinct ① 별개의, 다른 ② 뚜렷한

◦ ⓝdistinction ① 구별, 차별 ② 특성

◦ ㉥vague 모호한, 애매한

◦ ㉥distinctive [distíŋktiv] 독특한, 특이한, 구별되는

• This apple has its distinctive smell.
이 사과는 독특한 냄새를 가지고 있다.

• I couldn't see the thief distinctly in the darkness.
우리는 어둠 속에서 그 도둑을 뚜렷하게 볼 수는 없었다.

---

null ⓐ효력이 없는, 무익한, 수학의 영

[nʌl] *널 효력이 없는 0 같은 무익한 존재래?

◦ ⓥnullify [nʌ̀ləfài] 무효로 하다

◦ ⓝnullity [nʌ́ləti] 무효, 무효 행위

• The law became null for a breach of the constitution.
그 법은 헌법 위반으로 무효가 되었다.

---

discern ⓥ분간하다

[disə́:rn] *이것을 언제 분간하냐?

◦ ⓝdiscernment 인식, 분별력

◦ discern a distant figure 멀리 있는 사람을 알아보다.

• He can not discern good from bad.
그는 선악을 분간할 수 없다.

abstain ⓥ ① 기권하다, 그만두다, 끊다 ② 삼가다, 자제하다

[æbstéin] *애 보시는 때는 ①자제해라 ②기권도 할 줄 알아야지 애를 위해

◦ abstain from -을 삼가다

◦ abstain from voting 기권하다

◦ ⓝabstinence=abstinency [ǽbstənəns] 절제, 금욕

◦ ⓝabstention [æbsténʃən] 자제, 절제

• The doctor advised me to abstain from drinking.
의사는 나에게 금주를 충고했다.

• The resolution passed with C and M abstaining.
결의안은 C와 M이 기권한 가운데 통과되었다.

---

scream ⓥ비명을 지르다

[skriːm] *아이스크림을 먹고 비명을 지른다

• She screamed for a help.
그녀는 도와 달라고 비명을 질렀다.

---

exonerate ⓥ ① 무죄를 증명하다 ② 면제해 주다, 해방시켜 주다

[igzάnərèit] *으이고! 자(저 아이)가 내려왔다 너의 ①무죄를 증명하여 ②면제해 주려고

◦ ⓝexoneration ①면죄 ②면제

• He was exonerated from the charge of theft.
그는 절도 혐의가 풀렸다.

---

emergency ⓝ위급, 사변, 비상사태

[imə́ːrdʒənsi] *아마 전시 비상사태일 거야

◦ emergency stairs 비상계단

◦ emergency measure 비상 조치

• This first aid is from an emergency measure.
우선적 도움은 응급 조치로 취해진다.

---

prevalent ⓐ(널리) 보급된, 유행하는, 유력한

[prévələnt] *풀이 별란 티(tea)가 되어 널리 보급되었다.

◦ ⓥprevail [privéil] ① 우세하다 ② 유행하다 ③ 유력하다 ④ 설득하다

◦ ⓐprevailing ① 우세한 ② 효과있는 ③ 유행하는

• Suicide has been prevalent like a hidden epidemic.
자살이 보이지 않는 전염병처럼 유행이 되어왔다.

border ⓝ테두리, 경계, 국경

[bɔ́:rdə:r] *보도한다 국경 상황을

◦ ㊒bound=boundary 경계

• The spies tried to cross the border.
스파이들이 국경을 넘으려고 시도했다.

---

sedentary ⓐⓝ늘 앉아있는(사람), 한곳에 머무르는

[sednteri] *세든다리 한곳에 머무르려고

• He became increasingly sedentary in later life.
그는 만년에 들어 점점 더 몸을 많이 움직이지 않게 되었다.

---

perplex ⓥ당혹케 하다, 난감하다

[pərpléks] *relax는 긴장을 완화시키는 것이고 perplex는 당황하게 하는 것이다

*complex 복잡해서 나를 pexplex 당황케 한다

◦ ⓐperplexed 당혹한

◦ ⓝperplexity [pərpléksəti] 당혹, 혼란

• I am perplexed with your sudden appearance.
네가 갑작스럽게 나타나니 당황스럽다.

---

associate ⓥ ① 연합시키다 ② –와 교제하다

[əsóuʃièit] *어서 오셨다 ①연합하여 ②교제하러

◦ ⓝassociation [əsòusiéiʃən] ① 교제 ② 연합 ③ 협회

• He is associated with the word of bravery.
그는 용기라는 말과 연관 지어진다.

• I will not associate myself with such a conspiracy.
그런 음모를 지지하지 않겠소.

---

defunct ⓐ지금은 사용하지 않는, 소멸한

[difʌŋkt] *뒤가 뻥 뚫려 지금은 사용하지 않는다.

• The lawyers sought to examine the books of the defunct corporation.
변호사들은 파산한 회사의 장부를 조사하려고 했다.

accommodate ⓥ ①-에 편의를 도모하다 ② -에 제공하다 ③숙박시키다

[əkɔ́mədèit] *꼬마들의 데이트에 ①편의를 ②제공하며 ③숙박시킬 수 있나?

◦ ⓝaccommodation ① 편의(시설) ② 적응

• Model house is well accommodated.
모델 하우스는 시설이 잘 갖추어져 있다.

• At the current rate, by the 2000, this city will have to accommodate about 30 percent of the population.
현재 추세대로라면 2000년쯤이면 이 도시는 인구의 약 30퍼센트를 수용해야 할 것이다.

---

gasp ⓥ ① 헐떡거린다 ② 열망하다

[gæsp] *개가 숲에서 ①헐떡거린다 헐떡거리며 ②열망한다

◦ gasp at (-에 대한 놀람으로) 숨을 급히 몰아쉬다.

• He often breathes with gasps these days.
그는 요즘 종종 숨을 헐떡인다.

• He gasps after being prominent.
그는 탁월해기를 열망한다.

---

beseech ⓥ탄원하다

[bisí:tʃ] *비셨지? 탄원하며

◦ beseech-besought-besought

• I beseech you to forgive my son.
나의 아들을 용서해 달라고 탄원합니다.

---

captive ⓝ포로, 체포된 사람

[kǽptiv] *캡 쓰고 TV에 나온다 체포된 사람이

◦ ⓝcaptivity [kæptívəti] 사로잡힘

◦ ⓥcapture [kǽptʃər] 생포(하다), 체포하다

• The princess besought the king for the captive's life.
공주는 포로의 목숨을 살려주도록 왕에게 탄원했다.

recapture ⓝⓥ탈환(하다), 회복(하다)

[riːkǽptʃəːr] *다시(re) capture 체포하는 것이므로 탈환한 것이다

• We attempted a surprise attack to recapture a fort.
우리는 요새를 탈환하기 위해 기습 공격을 감행했다.

---

incline ⓥ마음이 기울다, 기울어지게 하다.

[inkláin] *잉크의 라인이 기울어진다.

◦ ⓝinclination 의향, 뜻, 성향

• His sincere attitude inclined me to trust him.
그가 분명히 진실해 보여서 나는 그를 믿는 쪽으로 마음이 움직였다.

• The gentle slope has suddenly changed into a steep incline.
완만하던 경사가 갑자기 급경사로 바뀌었다.

---

decline ⓥ ① 기울다, 쇠퇴하다 ② 거절하다

[dikláin] *incline도 기우는 것이고 decline도 ①기우는 것이다
뒤의 큰 라인이 ①기울고 쇠퇴한다 그래서 ②거절했다

◦ decline an offer 제안을 거절하다

• I have declined in English score.
나는 영어 점수가 떨어졌다.

---

attest ⓥ증명하다, 증언하다

[ətést] *한번 테스트 해보고 증명한다

• His good grade attests his diligence.
그의 좋은 성적은 그의 근면을 증명한다.

---

enthusiasm ⓝ열심, 열중

[enθúːziæ̀zəm] *인수 저 애 좀 봐 정말 열심히야

◦ ㊒passion

◦ ⓐenthusiastic=enthusiastical 열심인

• He is enthusiastic in investigation.
그는 조사에 열심이다.

posterior ⓐ(시간·순서가)뒤의, 다음의

[pastíəriər] *빠스(버스)후에 뛰어오리 즉 시간적으로 뒤에

◦ ㉥anterior 앞선, 이전의

• The world is in great disarray posterior to the year 2020.
2020년 이후에 세계는 큰 혼란에 빠져있다.

---

anterior ⓐ(시간적, 공간적으로) 앞선, 이전의

[æntíəriər] *안 뛰어오리 시간적으로나 공간적으로나 앞섰으니까

• The anterior part of the novel shows the cause of the conflict.
그 소설의 앞 부분은 갈등의 원인을 보여준다.

---

magnify ⓥ확대하다, 크게 하다

[mǽgnəfài] *매번 그녀는 파이를 크게 한다.

◦ ⓝmagnitude ① 크기, 양 ② 중요성

◦ magnify the danger 위험성을 과대평가하다

• Convincing evidence of the magnitude of this tragedy was presented at the Congress.
이러한 비극의 규모에 대한 설득력 있는 증거가 의회에 제출되었다.

---

magnificent ⓐ웅장한, 장엄한, 엄청난

[mægnífəsənt] *magnify 확장한다 magnificent 웅장하게

◦ a magnificent spectacle 장관(壯觀)

◦ a magnificent work of scholarship 훌륭한 학문적 저작

• The dawn light reveals the magnificent form of mountains.
새벽 빛이 장엄한 산들의 모습을 드러나게 한다.

---

solitary ⓐ ① 고독한, 쓸쓸한 ② 유일한(only, single)

[sálitèri] *살았다리 ①외롭게 ②혼자서

◦ ⓝsolitude [sálitjù:d] 고독

◦ ㉾lonely 외로운, 고독한

• He made toward across the jungle as a solitary traveler.
그는 외로운 여행자로 정글을 통과하였다.

launch ⓥ ① (배를)진수시키다, 던지다 ② 시작하다

[lɔ:ntʃ] ＊lunch 먹고 ①배를 진수시키는 일을 ②시작하자

◦ launch a scheme 계획을 착수하다

◦ launch out on a voyage 항해에 나서다

• The space shuttle will be launched tomorrow.
우주선이 내일 발사될 것이다.

---

oversight ⓝ ① 간과, 실수, 착오 ② 관리, 감독

◦ under the oversight of -의 감독아래

• I didn't mean to leave your name off the list; it was an oversight.
내가 그 명단에서 너의 이름을 빼려던 것은 아니었다. 그건 실수였다.

• The committee has oversight of finance and general policy.
그 위원회가 재정과 총 정책을 관리한다.

---

exotic ⓐ외국의, 이국적인

[igzátik] ＊이거! 자택이 이국적이네요(주택 양식이 이국적이라고)

• We can taste exotic international cuisine in this restaurant.
우리는 이 식당에서 이국적인 각각의 음식을 맛볼 수 있다.

---

compensate ⓥ보상하다(make up for)

[kámpənsèit] ＊컴 와서 펜 샀다 보상해 주려고 (친구의 펜을 망가뜨려 보상해 주려고)

◦ ⓝcompensation [kàmpənséiʃən] 배상

• ㊌recompense 보상하다

• You should compensate me for loss.
너는 나에게 손실을 보상해 주어야 한다.

---

recompense ⓥ보상(하다), 보답(하다)

[rékəmpèns] ＊다시 와서 펜을 사 또 보상해 주려고 (또 망가뜨렸나 봐)

• She rewarded the boy with 5 dollars in recompense for helping her.
그녀는 그 소년에게 도와준 대가로 5달러를 주었다.

custody ⓝ보호, 양육(권)

[kʌstədi] *카스타드(과자 이름)를 보호해라.

• The man was in the custody of the police.
그 남자는 경찰의 보호를 받았다.

• Who has custody of the children?
아이들의 양육권은 누가 가지고 있어요?

---

diarrhea ⓝ설사(병)

[dàiərí:ə] *다이어리(일기)에 설사라고 적다

• I have been suffering from diarrhea for two days.
나는 설사로 이틀째 고생하고 있다.

---

preside ⓥ ① 사회하다 ② 관장하다

[prizáid] *president 대통령은 preside ①사회하고 ②관장하는 사람이다.

◦ preside over the trade 거래를 관장하다.

• He like to preside at the meeting.
그는 모임에서 사회를 보는 것을 좋아한다.

---

tremble ⓥ떨다, 전율하다, 두려워하다 ⓝ떨림, 전율

[trémbəl] *드럼이 불나게 떤다

• She trembles with fear of being arrested.
그녀는 체포될 것이라는 공포에 떨고 있다.

---

abandon ⓥ버리다, 포기하다(give up)

[əbǽndən] *어! 번 돈을 버리네

◦ abandon oneself to-: -에 빠지다

• We abandoned the old car in the empty parking lot.
우리는 낡은 차를 빈 주차장에 버렸다.

indulge ⓥ ① -푹 빠지게 하다, 만족시키다 ② 제멋대로 하게 하다

[indʌ́ldʒ] *인제 좀 덜하지 한때는 ①푹 빠져 ②제멋대로 살았는데

◦ ⓝindulgence ① 멋대로 하게 둠, ② 탐닉, 방종 ③ 은혜, 특권

• He indulged himself in pleasures.
그는 쾌락에 푹 빠졌다.

• We indulge in a conspiracy of silence.
우리는 침묵이라는 음모에 빠져있다.

---

disguise ⓝⓥ①변장(하다), (가장)하다(masquerade)

[disgáiz] *this guy 지(이 녀석이지) 변장했구나 *이제 가야지 변장했으니

◦ in disguise 변장한

◦ with disguise 속여서

• Noble words can be the disguise of bad intentions.
그럴듯한 말로 나쁜 의도를 숨길 수 있다.

• He disguised himself as a beggar.
그는 거지로 변장했다.

---

donate ⓥ기부하다

[dóuneit] *돈 냈다 기부했다

◦ ⓝdonation [dounéiʃən] 증여

◦ donator [dóuneitər] 기부자

◦ donor [dóunər] 기증자

• He has donated more than 100 million dollars to charity in the past several years.
그는 지난 몇 년 동안 모두 1억 달러 이상을 자선 기관에 기부했습니다.

---

charity ⓝ자비, 자선

[tʃǽrəti] *잘했다 자비를 베풀었으니

◦ ⓐcharitable [tʃǽrətəbəl] 자비로운

• He did an act of charity to the poor.
그는 가난한 사람들에게 자비를 베풀었다.

parch ⓥ볶다, 그을리다, 바싹 말린다

[pɑːrtʃ] *파와 취나물을 햇볕에 바짝 말리거나 볶아라

◦ ⓐparching [pɑ́ːrtʃiŋ] 찌는 듯한, 타는 듯한

• Dry indoor air can parch sensitive skin and worsen itching and flaking.
덥고, 건조한 실내공기는 민감한 피부를 건조하게 하고 간지러움과 부스럼을 심하게 할 수 있다.

---

monument ⓝ기념비, 기념물

[mάnjəmənt] *많어! 많다 기념물이

◦ ⓐmonumental [mὰnjəméntl] ① 기념 건조물의 ② 불멸의

• We must protect natural monuments.
우리는 천연 기념물들을 보호해야 한다.

---

impair ⓥ해치다, 손상시키다, 감하다

[impέər] *임의 pair(짝) 내 임의 짝이라고 하는 여자를 완전히 손상시켜라

• Exercise self-restraint not to impair your health.
건강이 상하지 않도록 자제해라.

---

do away with 제거하다

• We should do away with bad customs as soon as possible.
우리는 나쁜 관습들은 가능한 한 빨리 없애야 한다.

---

fossil ⓝ화석

[fάsl] *바스러질 화석

• Fossils are ludicrously insufficient to construct the theory of evolution.
화석은 진화론을 구성하기에는 터무니없이 부족하다.

---

haunt ⓥ ① (어떤 장소에)자주 가다 ② 계속 붙어 다닌다

[hɔːnt] *혼이 틀림없이 계속 붙어다니는 거야

• He haunted the art galleries.
그는 미술관에 자주 갔다.

underpin ⓥ뒷받침하다, 근거를 대다

[ʌndərpin] *pin 아래를 뒷받침해라

• That underpins the thesis that I am advancing.
그것은 내가 주장하고 있는 이론을 뒷받침해 주고 있다.

---

blast ⓝⓥ ① 한바탕의 바람, 돌풍, 부는 소리 ② 폭발(하다)

[blæst] *불었다 last 마지막으로 ①돌풍이 ②폭발하듯이

∘ ⓐblasted 벼락맞은

∘ a blast on a trumpet 나팔 소리

∘ at a blast 단숨에

• My hat was blown off by a blast of wind.
나의 모자가 돌풍에 의해 날아갔다.

---

embrace ⓥ ① 포옹하다, 껴안다 ② 에워싸다 ③ 바라보다

[imbréis] *임을 race에 보내기 전에 ①포옹한다 팔로 ②에워싸고 ③바라보며

∘ ⓝembracement [embréismənt] 포옹, 수락

• We embraced the whole mountain.
우리는 산 전체를 한눈에 바라보았다.

• It is important for you to embrace the fact that you are black.
네가 흑인이라는 사실을 받아들이는 것이 중요하다.

---

embarrass ⓥ당황하게 하다, 곤경에 빠뜨리다

[imbǽrəs] *임이 버렸어 나를 그 일은 나를 당황하게 했어

∘ ⓝembarrassment ① 당황, 곤혹 ② (보통 pl.) 재정 곤란

• I am embarrassed in financial difficulties.
나는 재정난에 빠져있다.

There is nothing for it but to 부정사: -할 수밖에 없다

• There is nothing for it but to wait till you like me.
네가 나를 좋아할 때까지 기다릴 수밖에 없다.

obnoxious ⓐ비위 상하는, 불쾌한

[əbnɑ́kʃəs] *어부가 낚시했어 불쾌한 냄새가 나는 물에서

◦ obnoxious behaviour 아주 불쾌한 행동

◦ You're not even aware of your obnoxious behavior.
너는 너의 불쾌한 행동을 의식조차 못 하는구나.

---

scribe ⓝ필기사, 서기관 ⓥ선을 긋다.

[skraib]

◦ prescribe [priskráib] 처방하다.

◦ subscribe [səbskráib] 규정하다.

◦ describe [diskráib] 묘사하다.

◦ script [skript] ① 손으로 쓴 글(print에 대해) ② 초안, 원본

• Masoret scholars are the scribes who copy copies.
마소렛 학자들은 사본을 베끼는 필기사들이다.

---

inscribe ⓥ적다, 새기다, 파다

[inskráib] *in 안에 scribe 하는 것이므로 새기는 것이다

*describe는 묘사하는 것이고 inscribe는 안에 새기는 것이다.

◦ ⓝinscription ① 비명(碑銘), 비문(碑文), (화폐 따위의) 명각(銘刻)
② (책의) 제명(題銘); 서명(書名)

• They inscribed a gravestone with the hero's name.
그들은 영웅의 이름을 비석에 새겼다.

---

basin ⓝ ① 대야, 웅덩이 ② 분지

[béisn] *base(베이스 캠프)는 ①대야처럼 생긴 ②분지에 두어라.

• The city is located in the middle of a basin.
그 도시는 분지의 중앙에 위치하고 있다.

---

curtail ⓥ짧게(잘라) 줄이다, 생략하다

[kəːrtéil] *커튼을 좀 짧게 잘라내라

◦ ⓝcurtailment 줄임, 단축

• We are curtailed of our expenses.
우리는 경비를 삭감당하였다.

pictorial ⓐ그림의, 그림 같은

[piktɔ́:riəl] ∗빅토리아를 그린 그림

◦ a pictorial magazine 화보

◦ ㊞picturesque 그림 같은

• A pictorial landscape was laid out in front of my eyes.
그림 같은 풍경이 내 눈 앞에 펼쳐졌다.

---

humility ⓝ ① 겸손 ② 비하

[hju:míləti] ∗휴! 밀렸다 겸손해서

◦ ⓥhumiliate 욕보이다, 창피를 주다

◦ ⓐhumiliating 면목 없는, 치욕이 되는

◦ ⓝhumiliation 창피줌, 굴욕

• I don't doubt that he tried to humiliate me in front of the girls.
그가 소녀들 앞에서 나를 창피를 주려고 시도했다고 나는 확신한다.

---

humane ⓐ자비로운, 인문학적인

[hju:méin] ∗human 사람이 자비롭다

◦ humane studies 인문 과학

• Many people would say that that was a humane judgment.
많은 사람들은 그것이 인간적인 판단이라고 말한다.

---

confiscate ⓥ몰수하다.

[kɑ́nfiskèit] ∗칸(황제)을 피해서 갔다 몰수하려고 하니까

• The revision would also allow the government to confiscate illegal funds.
그 개정안은 정부가 불법 자금을 몰수하는 것을 허락한다.

---

firm ⓐⓝ ① 단단한(not easily shaken) ② 회사

[fə:rm] ∗farm 이 ①튼튼한 firm ②회사가 되었다

◦ ㊞solid 단단한

◦ ㊥infirm 연약한

◦ ㊞corporation [kɔ̀:rpəréiʃən] 상사, 회사

• I stood firmly on my position.
나는 나의 입장을 확고하게 고수했다.

confirm ⓥ확인하다, 확증하다, 확실하게 하다

[kənfə́:rm] *큰 회사(firm)임을 확인하다.

◦ ⓝconfirmation 확정, 확증

• These articles confirm my suspicions.
이 물건들은 나의 의심을 확실하게 한다.

• It is a major barrier to the treaty confirmation.
그것이 그 조약을 확정하는데 가장 큰 장애물이다.

---

affirm ⓥ확언하다, 단언하다

[əfə́:rm] *confirm은 확인하는 것이고 affirm은 확언하는 것이다.

◦ ⓝaffirmation [æ̀fərméiʃən] 확언, 단언

◦ ⓐaffirmative 확언적인, 긍정적인

◦ ⓐaffirmatory [əfə́:rmətɔ̀:ri] 단정적인, 긍정적인

• He affirmed that the rumor was true.
그는 그 소문이 진실이라고 단언했다.

---

that is to say 다시말해

• He's a local government administrator, that is to say a civil servant.
그는 지방 정부의 관리 즉 다시 말해 공무원이다.

---

as a matter of course 당연한 일로서

• Restrictions and punishment were considered as a matter of course in prison.
제한과 처벌은 감옥에서 당연한 일로 여겨졌다.

---

dissipate ⓥ ① 흩어지게 하다 ② 탕진하다

[dísəpèit] *뒤에서 팼다 왜 돈을 ①탕진하여 ②재산을 흩어지게 하느냐고

◦ ⓝdissipation ① 흩어짐 ② 낭비 ③ 기분전환

• Want of money consequent upon his dissipation led him to commit theft.
그는 탕진한 결과 돈이 궁하여 도둑질을 했다.

cuddle ⓥ껴안다

[kʌ́dl] *커! 들러붙어 껴안고 있구만

*puddle 진흙 구덩이 안에서 cuddle 껴안고 있다

• The baby cuddle up with a pillow.
아기가 베개를 꼭 껴안고 잔다.

---

grain ⓝ ① 낟알, 곡물 ② 극히 조금

[grein] *그 rain(비) 때문에 ①곡물이 생산되었다 ②아주 조금

• He left without a grain of affection.
그는 조금의 애정도 없이 떠났다.

---

ingrain ① 타고난, 깊이 밴 ② 원료를 염색한

[íngrèin] *곡물(grain)의 뿌리가 안으로 ①깊이 박혔다 처음부터 ②염색한 듯

• He is a rogue in grain.
그는 바탕부터 나쁜 사람이다.

---

vein ⓝ ① 혈관, 정맥 ② 기질, 기분(temper)

[vein] *베인- ①혈관을 베었다 혈관에는 ②기질이 나타난다

◦ ㉥artery [á:rtəri] 동맥

• Medicine can be injected into the vein.
약이 혈관으로 주사될 수 있다.

• He has a poetic vein.
그는 시적인 기질을 가졌다.

---

artery ⓝ동맥

[á:rtəri] *art 예술이리 동맥은(동맥이 예술처럼 잘 만들어졌다)

• One of the patient's heart arteries is blocked.
심장 동맥 중의 하나가 막혔다.

---

marvel ⓝ놀라운 일 ⓥ놀라다

[má:rv-əl] *마벌(말벌) 때문에 놀라다

◦ ⓐmarvelous 놀라운

• I marvel that he could do so!
그가 그렇게 할 수 있다니!

short of -이 부족한

- I was short of money.
  나는 그 때 돈이 부족했다.

minister ⓝ ① 장관, 각료 ② 목사

[mínistər] *미니 스타(작은 스타)가 ①장관이 되었다 원래 ②목사였는데

- The minister let daylight into new political measures.
  장관이 새로운 정치 법안을 공표하였다.

administer ⓥ ① 관리하다, 통치하다 ② 주다, 공급한다

[ədmínistər] *minister 장관이 ①통치하며 국민에게 ②공급한다

◦ ⓥadministrate [ædmínəstrèit] 관리하다, 통치하다

◦ ⓝadministration ① 경영 ② 통치

◦ ⓐadministrative ① 관리의 ② 행정상의

- The country was under British administration for many years.
  그 나라는 여러 해 동안 영국의 통치하에 있었다.

precarious ⓐ불확실한, 불안한, 믿을 수 없는

[prikέəriəs] *미리 care 하랬어 불확실하니까

- A precarious assumption leads to misunderstanding of others.
  근거 없는 추측은 다른 사람에 대한 오해를 일으킨다.

warden ⓝ관리자, 감시인 ⓥ감독하다

[wɔ́:rdn] *워!(와!) 든든히 지킨다 감시인이

◦ ㊎ward ① 보호, 감독(하다) ② 병실

◦ be under ward 연금되어 있다

◦ be in ward to -: -의 감독을 받고 있다

- The warden neglected to patrol the grounds within the jail.
  그 교도관은 교도소 구내 구역을 순찰하는 일을 게을리했다.

marble ⓝ대리석, 공깃돌

[má:rb-əl] *mar 손상시킨다 불로 대리석을

◦ play marbles 공기놀이하다

- They try to grave an inscription on marble.
  그들은 대리석에 비명을 새기려고 시도한다.

pebble ⓝⓥ자갈(로 덮다)

[pébəl] ∗bubble(거품)이 pebble(자갈) 사이에 있다

∗marble은 대리석이고 pebble은 자갈이다

◦ ⓐpebbly [pébli] 자갈이 많은, 자갈투성이의

◦ ⓝpebblestone [pébəlstòun] 조약돌

• I laid pebbles in the yard in preparation for the rainy season.
장마를 대비하여 마당에 자갈을 깔았다.

---

plot ⓝⓥ ① 계획, 음모(를 세우다) ② 구성, 줄거리

[plɔt] ∗피가 많은(lot) ①음모, 계획의 ②줄거리를 ③구성한다

◦ ㉾conspiracy 음모

• This seems to be some kind of plot.
이것은 모종의 음모 같다.

• This is a book with a complex plot.
이 책은 구성이 대단히 복잡한 책이다.

---

juvenile ⓐⓝ ① 젊은 ② 아동

[dʒúːvənàil] ∗주부들이 나일강에서 논다 젊은 아동을 데리고

◦ ⓝjuvenility [dʒùːvəníləti] 연소(한 소년 소녀)

◦ juvenile literature 아동문학

• The whole society is responsible for the increase of juvenile crimes.
사회 전체가 청소년 범죄의 증가에 책임이 있다.

---

grate ⓥⓝ ① 비비다, 갈다 ② (난로 등의)쇠살대

[greit] ∗grateful(감사)하면서 손을 ①비볐다 ②쇠살대를 붙잡고

• They grated the teeth.
그들은 이를 갈았다.

---

usher ⓝⓥ안내인, 안내하다

[ʌ́ʃər] ∗어서 안내해라

• A robust young man ushered me into the drawing room.
건장한 젊은이가 나를 객실로 안내했다.

demoralize ⓥ-의 풍기를 문란케하다, 타락시키다, 사기를 꺾다

[dimɔ́:rəlàiz] *moral 도덕 moralize 도덕을 가르치다 demoralize 풍기를 문란케 하다

- Many religious leaders do not maralize, but rather demoralize.
  많은 종교자들이 도덕을 고양하는 것이 아니라 오히려 풍기를 문란케한다.

---

congressman ⓝ국회의원, 하원의원

[káŋgrismən] *깡이 그리 쎈 man(남자들)이야 하원의원들은

◦ ㉥senator 상원의원

◦ congress 국회, 의회, 대회

◦ congressional 회의의, 집회의

- He tried to exert his influence on the congressman.
  그는 그 하원의원에게 영향력을 발휘하려고 했다.

---

envy ⓝ시기, 샘 ⓥ부러워하다

[énvi] *앤이라는 이름의 왕비를 부러워한다

◦ ⓐenvious 부러워하는

- I envy you your fortune.
  나는 너의 행운이 부럽다.

---

vulnerable ⓐ상처받기 쉬운, 공격받기 쉬운

[vʌ́lnərəbəl] *버너는 불에 취약하다.

- Young children are especially vulnerable to food poisoning
  어린아이들이 특히 식중독에 취약하다.

---

lad ⓝ젊은이, 소년, 청년

[læd] *lad는 청년이고 lady는 숙녀다

- A lad made a concession for lady.
  청년은 숙녀를 위해 양보했다.

---

muster ⓝ소집, 점호, 소집하다

[mʌ́stə:r] *must 반드시 해야 한다 점호, 소집은

- When the muster is over, the soldiers can take a rest.
  점호가 끝나면 군인들은 휴식을 취할 수 있다.

radius ⓝ반경, 반지름

[réidiəs] *레이더스(레이더들)이 보는 반경이 얼마나 될까?

- The radius of a circle is half the diameter.
  원의 반지름은 지름의 반이다.

---

tame ⓐⓥ ① 길든, 재배된 ② 무기력한 ③ 길들이다

[teim] *팀을 ①길들이다 길들여서 ②무기력해졌다

◦ tame submission 무기력한 복종

- They have many tame animals.
  많은 길들여진 동물들을 소유하고 있다.

---

conscience ⓝ ① 양심 ② 의식, 자각

[kánʃəns] *큰 선수가 되려면 ①양심과 ②의식이 있어야 돼.

◦ ⓐconscientious [kànʃiénʃəs] 양심적인

- Everyone has freedom of thought, conscience and religion.
  사람들은 누구나 사상과 양심과 종교의 자유를 갖는다.

---

conscious ⓐ의식하고 있는, 알고 있는

[kánʃəs] *conscience 양심적으로 의식한다.

◦ ⓝconsciousness [kánʃəsnis] 자각, 의식

◦ ㉥unconscious [ʌnkánʃəs] 무의식적인

◦ be conscious of--: --을 의식하다

- I am hardly conscious of his pain.
  나는 그의 고통을 거의 의식하지 못한다.
- We are likely to be prejudiced unconsciously against the disabled.
  우리는 장애인들에 대해 무의식적으로 편견을 갖기 쉽다.

---

abhor ⓥ몹시 싫어하다

[æbhɔ́:r] *어부가 호랑이를 싫어한다

◦ ⓝabhorrence [æbhɔ́:rəns] 혐오

◦ ⓐabhorrent [æbhɔ́:rənt] 몹시 싫은, 지겨운

- I am abhorrent of it.
  나는 그것이 정말 싫다.

heed ⓥ유의하다, 주의를 기울이다

[hi:d] *히드라에 유의하다(주의를 기울이다)

- ⓐheedful 주의 깊은(attentive)
- heedless 부주의한(careless)
- give (pay) heed to-: -에 유의하다(주의를 기울이다)
- He didn't pay heed to the warning.
  그는 경고에 주의를 기울이지 않았다.

---

vestige ⓝ자취, 흔적, 유물

[véstidʒ] *best한 쥐는 흔적을 남기지 않는다.

- Vestiges of the Stone Age were excavated.
  석기 시대의 유물이 출토되었다.

---

simulate ⓥ흉내 내다, 모의 실험하다.

[símjəlèit] *시뮬레이션은 ①흉내내며 ②모의 실험하는 것이다.

- I tried to simulate surprise at the news.
  나는 그 소식을 듣고 놀라는 척하려고 했다.

---

stimulate ⓥ① 자극하다 ② 격려하다(incite)

[stímjəlèit] *simulate 모의 실험이라도 해 보라고 ①격려하고 ②자극한다.

- ⓝstimulus 자극
- ⓝstimulant 흥분제
- The written word stimulates the thinking faculty.
  기록된 말은 사고력을 자극한다.

---

make the most of --를 최대한 활용하다

- Make the most of the chance to meet her.
  그녀를 만나는 기회를 최대한 활용해라.

---

utensil ⓝ ① 가정 용품 ② 도구

[ju:ténsəl] *유태인이 쓸 ①가정 용품이나 ②도구

- kitchen utensils 부엌 세간
- We use utensils in order to cook or to do other tasks in our home.
  우리는 요리하거나 집안의 다른 일을 하기 위해 가정용품들을 사용한다.

utilize ⓥ이용하다, 활용하다.

[júːtəlàiz] *you가 틀어 놔야지 내가 이용하게

◦ ⓝutility 유용성, 쓸모있음

• Gold is treasured not only for its beauty, but also for its utility.
금은 그 자체의 아름다움뿐만 아니라 그것의 유용성 때문에 소중히 여겨지고 있다.

---

come by 얻다, 획득하다

• The disabled still find it difficult to come by jobs.
장애인들은 직업을 얻기가 여전히 힘들다는 것을 안다.

---

blemish ⓥ흠(을 내다) ⓝ오점

[blémiʃ] *불러 me와 she를 그리고 흠을 잡는다.

• He ignored my suggestion without blemish.
그는 나의 제안을 완전히 무시했다.

---

frost ⓝⓥ ① 서리(로 덮다), 냉담, 서리처럼 희게 하다 ② 실패

[frɔst] *프로스트(유명한 시인 이름)는 ①서리 내린 길을 걸었다, 서리 내리면 ②실패한다

◦ ⓐfrosty 서리가 내리는, 혹한의, 반백의

• This land has been frosted over.
이 땅은 서리로 뒤덮여 있다.

---

frustrate ⓥ ① (적 따위를)쳐부수다, 기를 꺾다 ② (계획 따위를)헛되게 하다

[frʌ́streit] *frost 서리 내렸다 기를 꺾었다(서리 내리면 풀들의 기가 꺾인다)

◦ ⓐfrustrated [frʌ́streitid] 실망한, 욕구불만의, 좌절된

◦ ⓝfrustration [frʌstréiʃ-ən] 좌절

• A persistent wind frustrated my attempt to rake the lawn.
끊임없이 부는 바람이 잔디를 갈퀴질하는 나의 시도를 무산시켰다.

---

by no means 결코 -이 아닌

• I am by no means against your suggestion.
나는 결코 너의 제안에 반대하는 것이 아니다.

defeat ⓥⓝ ① 쳐부수다, 공격하다 ② 패배, 좌절

[difí:t] * 뒤로 피했다 ①공격하니 그러나 ②패배시켰다

• We defeated the opponent in the battle.
전투에서 우리는 적을 쳐부수었다.

---

sympathy ⓝ동정, 호의

[símpəθi] * 심(마음 심) 봤어 동정심 있게

◦ ㊌empathy 감정 이입, 공감

◦ in sympathy with –: –에 동조하여

◦ ㊙antipathy [æntípəθi] 반감, 혐오

◦ ⓐsympathetic [sìmpəθétik] 동정적인

◦ ⓥsympathize [símpəθàiz] 동정하다, 위로하다(with)

• She will have a lot of sympathy for you.
그녀는 너에게 많이 공감하실 것이다.

---

pathetic ⓐ애처로운

[pəθétik] *sympathetic 동정적이 된다 pathetic 애처로우니까

• It is a lame and pathetic argument.
그것은 시시하고 한심한 논쟁이다.

---

trivial ⓐ ① 사소한, 하찮은 ② 평범한

[tríviəl] * 틀려버릴 ①하찮은 ②평범한 것이니까

◦ ⓝtriviality [trìviǽləti] 하찮음, 평범

• I am not concerned with such trivial matters.
나는 그런 하찮은 문제에는 관심이 없다.

---

sheriff ⓝ보안관

[ʃerif] *she + if 그녀가 만약 보안관이라면

• He was arrested for cursing the sheriff.
그는 보안관에게 욕한 혐의로 체포되었다.

---

evangelize ⓥ복음을 전파하다

[ivǽndʒəlàiz] * 이 반절 낮에(반나절 동안) 복음 전파한다

* 이브에게 angel(천사)이 낮에 복음을 전파한다.

• By evangelizing, you can practice your love for your neighbors.
복음을 전함으로써 이웃에 대한 사랑을 실천할 수 있습니다.

remote ⓐ멀리 떨어진

[rimóut] *remote control(리모콘)이 멀리 떨어져 있는 조절기

◦ ⓝremotion [rimóuʃ-ən] ① 멀리 떨어져 있음 ② 제거

• We lived in a remote area.
우리는 멀리 떨어진 오지에서 살았다.

---

clay ⓝ점토, 진흙

[klei] *클레이 진흙 속에서(씨앗이 하는 말)

• Seeds grow well in the clay that has a lot of minerals.
씨앗들은 미네랄이 많은 진흙에서 잘 자란다.

---

eventually ⓐⓓ드디어, 마침내

[ivéntʃuəli] *이번에는 추월하리 마침내

• He carrid out his aim eventually.
그는 드디어 성취했다.

---

tidy ⓐⓥ말쑥한, 단정한(하게 하다)

[táidi] *타이도 말쑥하게 맸다.

• Tidy up yourself.
옷차림을 단정히 해라.

---

dire ⓐ ① 무서운(terrible) ② 기분나쁜, 우울한

[daiər] *다이어(다이어 몬드)를 보면 ①기분 나쁘고 ②무서워

• I am in dire need of your support.
나는 너의 지원을 절실히 필요로 한다.

---

dismal ⓝⓐ음울(한), 불길(한)

[dízməl] *이 말은 음울하고 불길하게 들린다.

• She is in the dismals.
그는 우울한 상태에 있다.

credulous ⓐ잘 믿는, 속기 쉬운

[krédʒələs] *"그래 줄래(그렇게 해줄래) 했어" 그럼 잘 믿고 잘 속아

◦ ⓑcredible [krédəbəl] 믿을만한

◦ ⓝcredulity [kridjú:ləti] 믿기 쉬움, 경신

• I always worry because my son so credulous.
나의 아들이 너무 남을 잘 믿어서 항상 걱정이다.

---

expire ⓥ ① 끝나다, 만기가 되다 ② 숨을 내쉬다, 배출하다

[ikspáiər] *X파일이 ①만기가 끝나자 (안도의) ②숨을 내쉬었다

◦ ⓝexpiry [ikspáiəri] 소멸, 종료

• My driver's license expires next month.
나의 운전면허증은 다음 달이 만기이다.

---

tug ⓥⓝ ① 당기다, 끌다(pull) ② 분투, 노력

[tʌg] *턱! ①당긴다 ②분투 노력하며

◦ ⓑtugboat [tʌ́gbòut] 예인선, 터그 보트

• We had a great tug to dissuade him.
우리는 그를 단념시키기 위해 몹시 힘들었다.

---

tropical ⓐ ① 열대 지방의 ② 열정적인

[trápik-əl] *트로피와 피클을 함께 상으로 준다 열대 지방에서는

• People eat a lot of pickles in tropical areas.
열대 지역의 사람들은 피클을 많이 먹는다.

---

instinctive ⓐ본능적인

[instíŋktiv] *인수는 땡겨 TV가 본능적으로

◦ ⓝinstinct 본능

◦ by instinctive 본능적으로

◦ instinctive ability 본능적인 능력

• In Su is attached to TV instincively.
인수는 본능적으로 TV를 좋아한다.

• Animals are apt to act on instinct.
동물들은 본능대로 행동하는 경향이 있다.

chest ⓝ ① 대형 상자, 궤 ② 금고 ③ 가슴

[tʃest] *①가슴까지 닿는 ②큰 궤짝이 알고 보니 ③금고이다

• A large chest containing money is opened.
돈이 들어 있던 큰 궤짝이 열려있다.

---

estimate ⓝⓥ ① (측정, 평가, 추정)하다, 평가하다, 추정하다

[éstəmèit] *애썼다 mate(친구)야 ①측정하고 ②평가하느라고

◦ ⓝestimation 의견, 판단, 평가

• We estimate that it will take about ten years to complete the project.
그 사업을 완수하는 데 약 10년 걸릴 것이라고 추산한다.

---

astound ⓥ놀라게 하다

[əstáund] *어!스타가 운다 정말 나를 놀라게 하는군(스타가 왜 울지?)

◦ ⓐastounding 놀라게 하는, 대단한

• I was astounded at the news that it turned out the most precious treasure.
나는 그것이 가장 값비싼 보물로 판명되었다는 소식에 놀랐다.

---

invoice ⓝⓥ(상품의)송장(을 발송하다)

[ínvɔis] *voice(목소리)로 읽어봐 송장(물품 명세표)을

• Some of the invoiced goods were not received.
송장에 기입된 몇 개의 물품이 접수되지 않았다.

---

meantime ⓝ그 동안

• The plane leaves in three hours, and I'm not sure what to do in the meantime.
비행기는 3시간 후에 출발하는데 그동안 뭘 해야 할지를 모르겠다.

---

skeleton ⓝ뼈대, 골격, 윤곽

[skélətn] *스캔 하려거든 뼈대부터 해라

◦ a skeleton staff 최소 한도의 인원

◦ a skeleton in the cupboard 집안의 비밀

• The human skeleton consists of 206 bones.
인간의 골격은 206개의 뼈로 구성되어 있다.

blanch ⓥ희게 하다, 표백하다(bleach)

[blæntʃ] *branch(나뭇가지)를 표백한다

• He was blanched at the bad news.
그는 그 나쁜 소식을 듣고 하얗게 질렸다.

blench ⓥ뒷걸음치다, 주춤하다

[blentʃ] *blanch(머리 염색, 표백)하자고 하니 뒷걸음친다

• He blenched at the scene of killing chicken.
그는 닭을 잡는 장면을 보고 움찔했다.

carry out (임무 등)을 수행한다

• You must carry out your task at once.
너는 너의 임무를 즉시 수행해야 한다.

frown ⓥ눈살을 찌푸리다 ⓝ찌푸린 얼굴

[fraun] *브라운 씨가 눈살을 찌푸린다

• He wears a frown.
그가 얼굴을 찡그린다.

• He frowned at me.
그는 나를 보고 얼굴을 찌뿌렸다.

spouse ⓝ배우자

[spauz] *섭하여 우지(울지) 배우자가

• He chose the suitable woman for a spouse.
그는 배우자로 적합한 여성을 선택했다.

preconception ⓝ ① 예상 ② 선입관 ③ 개념

[prìːkənsépʃən] *미리 개념을 갖는 것이니 ①예상이고 ②선입관이다

• Be careful not to be influenced by preconception.
선입관에 의해 영향받지 않도록 조심해라.

harvest ⓝⓥ수확(기)하다.

[hɑ́:rvist] *하비스트 과자는 수확한 곡물로 만든다.

◦ ⓝharvesting 수확

• This year's harvest will be abundant.
  올해의 수확은 풍성할 것이다.

---

meadow ⓝ목초지(grassy field), 초원

[médou] *매도 있다 초원에 *매도했다 목초지를

• Let's run on the green meadows together.
  푸른 초원 위를 함께 달립시다.

---

heyday ⓝ전성기

[héidèi] *헤헤 하는 날 즉 전성기

• He had to leave the stage in his heyday.
  그는 전성기에 무대를 떠나야 했다.

---

according to -에 따르면

• According to today's newspaper, it's going to rain.
  오늘의 신문에 따르면 비가 올 것 같다.

---

slack ⓐ ① 느슨한, 태만한 ② 되는 대로의

[slæk] *슬슬 lack(부족)해진다 ①느슨해지고 ②되는 대로 하면

◦ take up the slack 기강을 바로잡다, 고삐를 죄다

• I was scolded for slacking off.
  나는 태만하다고 꾸지람을 들었다.

---

trial ⓝ ① 재판 ② 시도 ③ 시련

[trái-əl] *①재판을 ②시도하느라 ③시련이 많다

• The friction of trials can cause wonderful features.
  시련들의 갈등은 훌륭한 특성을 산출한다.

zenith ⓝ천정, 절정

[zí:niθ] *지났어 절정을

• He disappeared at his zenith.

그는 전성기에 사라졌다.

---

imminent ⓐ날짜가 임박한, 절박한

[ímənənt] *이미 넌 틀렸어 상황이 절박해

◦ ⓝimminence=imminency 급박, 긴박(성)

• A combat seems imminent.

전투가 임박한 것 같다.

---

lease ⓝⓥ차용(하다) 임차(하다)

[li:s] *니쓰라고 임차했다 *release 풀어준다 lease 차용 계약을

◦ by(on) lease 임대(차)로

• We put our house to lease.

우리는 집을 임대했다.

---

breach ⓝⓥ ① 위반, 침해 ② 갈라진 틈 ③ 깨뜨리다

[bri:tʃ] *불일치하여 ①깨뜨리고 ②틈과 ③위반이 생기게 했다

• I hate a breach of faith.

나는 배신을 혐오한다.

• He says it could be the breach of Japan's sovereign rights.

그는 그것은 일본의 주권에 대한 침해라고 말한다.

---

din ⓝ떠듦, 소음 ⓥ귀를 멍멍하게 하다

[din] *철자가 dinner의 절반이므로 dinner 하려다 중간에서 그만두었다 하도 시끄러워서

• The din interrupted the dinner.

소음 때문에 식사가 중단되었다.

---

dim ⓐ어둑한, 희미한

[dim] *din 소음이 난다 dim 어두운 데서

• I saw the dim outline of a man who stood in the darkness.

어둠 속에 서 있는 한 남자의 흐릿한 윤곽이 보였다.

rust ⓝⓥ(금속의) 녹(이 나다)

[rʌst] lost 잃었다가 나중에 찾아 보니 녹이 슬어 있었다

◦ gather rust 녹슬다

• Remove rust from tools.
연장들에서 녹을 제거하세요.

---

crust ⓝ빵 껍질

[krʌst] *크! 녹 rust가 껍질에 슬어 있다

• I am not impressed by a crust of kindness.
나는 표면적인 친절함에 의해 감동을 받지 않는다.